살면서 알게 되는 사실 중 하나는 세상에 모두가 흔쾌히 동의하는 사안은 거의 없다는 것이다. 중대한 이슈에는 합의가 있을 법하지만, 판돈이 클수록 그만큼 차이가 격해질 뿐이다. 신앙과 신학도 마찬가지다. 저기 아래 지옥의 존재와 성격에 대해 폭넓은 생각의 차가 있는 것처럼, 저기 위 하늘나라에 대해서도 넓은 견해 차이가 존재한다. 이런 상황은 확신을 어렵게 하거나 아예 불가능한 것으로 만드는 것 같다. 그래서 (반동성애 서약서처럼) 권위로 일치를 조작하거나, 이런저런 방식으로 색다른 목소리를 잠재운다. 이런 경향은 개인의 내적 사유에서나 공적 담론의 영역에서나 마찬가지다. 그러나 조작되거나 강요된 일치가 진정한 신앙의 동력으로 기능할 수는 없다. 오히려 우리는 서로 다른 목소리를 내고, 서로 그 소리를 조율하는 과정에서 살아 있는 신앙의 역동을 경험한다.

이 시리즈의 모든 책이 그렇지만, 『천국에 대한 네 가지 견해』 역시 사랑을 겸한 소신과 겸손을 곁들인 경청을 훈련하는 좋은 지침서다. 죽음 이후의 운명에 관한 책이기에, 이 책은 신자들이 바라는 궁극적 목표인 구원에 관한 물음과 직결된다. 이 책의 틀을 이루는 열 가지 물음은 늘 궁금해하는 구석구석을 긁어 주는 것이기도 하지만, 동시에 죽음 이후 우리의 운명에 관해 좀 더 넓고 조밀한 사유를 유도하는 좋은 마중물이기도 하다. 사인사색의 답변을 경청하면서, 우리는 각 저자가 드러내는 전제가 무엇인지, 어떤 식으로 성경 본문에 접근하며, 어떤 본문에 더 치중하는지, 또 얼마나 설득력 있게 자신의 입장을 제시하며 얼마나 효과적으로 다른 사람의 주장에 대응하는지 배운다. 이를 통해 우리는 하늘나라에 대한 내 생각을 반성해 보고, 내 성경 읽기를 다시 돌아보며, 어떤 생각이 가장 현명한 선택일지 고민한다. 이 중요한 주제에 관해 많은 것을 배울 수 있다는 점이 좋다. 더 나아가 선명하면서도 부드러운 저자들의 대화를 따라가며, 서로의 다름을 신앙적으로 끌어안으며 이를 조율하려는 자세를 배우는 것도 유익하다. 이 책의 저자들이 모두 동의하는 것처럼, 사후 세계에 관한 물음조차 오늘 우리의 삶과 떨어질 수 없는 주제임을 확인하는 것도 이 책의 유익 중 하나다. 개인적으로, C. S. 루이스의 세례를 듬뿍 받은 가톨릭 철학자가 참여함으로써, 이 책의 대화가 더욱 흥미로웠다. 각 저자가 말하는 내용과 이를 전달하는 언어에 주의하며 책을 읽어 가면서 독자들은 하나의 책에서 여러 수확을 얻는 좋은 경험을 하게 될 것이다.

권연경
숭실대학교 기독교학과 교수

천국 교리는 기독교에서 가장 중요한 교리는 아니지만 다른 모든 가르침의 요약이자 정점이라고 할 수 있다. 실제 천국에서 누릴 지복은 원시 기독교 이래 지금껏 수많은 그리스도인의 신심과 상상력을 사로잡았다. 하지만 문제는 천국에 대한 인간의 상상력은 무궁무진한 데 반해, 이에 대한 성경의 묘사는 인간의 호기심을 충족시키기에는 너무 단출하다는 데 있다. 그 결과 천국에 대한 다양한 해석만큼이나 잘못된 가르침도 종종 역사 속에서 등장했다. 이러한 어려움과 혼란을 배경 삼아 『천국에 대한 네 가지 견해』는 전통 복음주의 개신교 관점, 새 땅 관점, 지상의 천국 관점, 가톨릭 관점에서 천국 교리를 각각 설명하고자 시도한다. 각기 다른 입장을 대표하는 네 저자는 천국에 대한 서로 다른 관점 사이의 연속성과 차이를 친절하고 섬세하게 제시함으로써, 성경과 전통에 기반해 종말에 관한 올바른 이해를 형성하도록 도와준다. 천국에 대한 갈망을 가지고 지금 여기서 천국을 살아가는 신앙의 순례자들에게 이만큼 값지고 믿음직한 신학의 이정표는 찾기 쉽지 않을 것이다.

김진혁
횃불트리니티신학대학원대학교 조직신학 부교수

최근 들어 한국 교회에 '하나님 나라'에 대한 논의가 활발하게 일어나고 있다. 특별히 최근에는 내세적·내적인 하나님 나라보다는 하나님 나라의 현재성에 대한 강조가 있는데, 이는 그 동안 잃어버렸던 균형을 회복한다는 면에서 고무적이다. 그러나 현재적 하나님 나라를 지나치게 강조해 미래적 하나님 나라에 대한 상상과 믿음이 약화되는 경향은 아쉽다. 이런 상황에서 이 책은 시의적절하다. 저자들은 미래적 하나님 나라의 의미에서 '천국'이라는 단어를 고심 끝에 채택해, 성경을 기반으로 '천국'을 네 가지 목소리로 설명하고 서로 토론한다. 네 가지 견해를 통해 하나님 나라의 현재성과 미래성이 어떤 방식으로 연결되고 단절되는지를 살펴보자. 특히, 성경의 근거와 각 주장자의 신학 전제를 살피면서, 거룩한 상상력으로 완성될 하나님 나라, 곧 '천국'에 대해 생각해 보자. 임한 하나님 나라를 오늘 세상 한복판에서 살아 내는 자들이 소망하고 인내할 이유가 선명해질 것이다.

김형국
하나님나라복음DNA네트워크 대표

천국에 대한 네 가지 견해

IVP(InterVarsity Press)는
캠퍼스와 세상 속의 하나님 나라 운동을 지향하는
IVF(InterVarsity Christian Fellowship)의 출판부로
생각하는 그리스도인을 위한 문서 운동을 실천합니다.

© 2022 by Michael E. Wittmer, John S. Feinberg, Peter J. Kreeft,
Michael Allen, J. Richard Middleton.
Originally published in English under the title
Four Views on Heaven
Published by The Zondervan Corporation L.L.C.
501 Nelson Place, Nashville, TN 37214, USA
All rights reserved.

Published by arrangement with The Zondervan Corporation L.L.C.,
a subsidiary of HarperCollins Christian Publishing, Inc.
through rMaeng2, Seoul, Republic of Korea.

This Korean Edition © 2023 by Korea InterVarsity Press
156-10 Donggyo-ro, Mapo-gu, Seoul 04031, Republic of Korea.

이 한국어판의 저작권은 알맹2 에이전시를 통하여
The Zondervan Corporation L.L.C.와 독점 계약한 IVP에 있습니다.
신 저작권법에 의하여 한국 내에서 보호받는 저작물이므로
무단 전재와 무단 복제를 금합니다.

천국에 대한 네 가지 견해
Four Views on Heaven

존 파인버그   마이클 앨런

리처드 미들턴   피터 크리프트

그리스도인이 죽으면
어떻게 되는가

마이클 위트머 편집
오현미 옮김

IVP

차례

기고자들 _8
서문·마이클 위트머 _9

제1장 전통 복음주의 개신교 관점 존 파인버그 _33

답변   리처드 미들턴 _67
      마이클 앨런 _79
      피터 크리프트 _87
응답   존 파인버그 _95

제2장 새 땅 관점 리처드 미들턴 _101

답변   존 파인버그 _149
      마이클 앨런 _157
      피터 크리프트 _167
응답   리처드 미들턴 _171

제3장 지상의 천국 관점 마이클 앨런 _ 179

    답변   존 파인버그 _ 215
              리처드 미들턴 _ 225
              피터 크리프트 _ 235
    응답   마이클 앨런 _ 241

제4장 가톨릭 관점 피터 크리프트 _ 247

    답변   존 파인버그 _ 289
              리처드 미들턴 _ 301
              마이클 앨런 _ 311
    응답   피터 크리프트 _ 321

결론 · 마이클 위트머 _ 331
성경 찾아보기 _ 337
주제/저자 찾아보기 _ 343

기고자들

마이클 앨런 Michael Allen; PhD, 휘튼 칼리지 플로리다주 리폼드 신학교의 존 다이어 트림블 조직신학 교수다. 저서로는 *Grounded in Heaven, Ephesians, Sanctification*이 있다.

존 파인버그 John S. Feinberg; PhD, 시카고 대학교 트리니티 복음주의 신학교의 성경/조직신학 교수다. 저서로는 『예정과 자유의지』(공저, 부흥과개혁사), *No One Like Him, Light in a Dark Place, The Many Faces of Evil*이 있다.

피터 크리프트 Peter Kreeft; PhD, 포드햄 대학교 보스턴 칼리지의 철학 교수다. 저서로는 『예수 철학』(서광사), *Catholics and Protestants, Heaven, Everything You Ever Wanted to Know about Heaven*이 있다.

리처드 미들턴 J. Richard Middleton; PhD, 암스테르담 자유 대학교 뉴욕주 로버츠 웨슬리언 대학교 노스이스턴 신학교의 성경적 세계관과 주해 교수다. 저서로는 『그리스도인의 비전』 『여전히 우리는 진리를 말할 수 있는가』(공저, 이상 IVP), 『해방의 형상』(SFC출판부), 『새 하늘과 새 땅』(새물결플러스), *Abraham's Silence*가 있다.

마이클 위트머 Michael Wittmer; PhD, 캘빈 신학교 코너스톤 신학교의 조직/역사신학 교수다. 저서로는 *Heaven Is a Place on Earth, Don't Stop Believing, Becoming Worldly Saints*가 있다.

서문 마이클 위트머

대다수 사람들은 천국에 대해 그리 곰곰이 생각하지 않는다. 천국이라고 하면 "그 후 이들은 영원히 행복하게 살았습니다"라는 동화의 마지막 문장 같은 것으로 생각하는 경향이 있다. 사람들은 죽은 이들이 땅에서 무슨 일을 했든 지금 천국에서도 그 일을 하고 있으며 다만 땅에서보다 조금 더 잘할 뿐이라고 생각한다. 생전에 골프를 즐기던 사람이라면 하늘의 페어웨이 한가운데로 긴 드라이브를 날리고 있을 것이다. 그림 그리기를 좋아하던 사람이라면 장엄한 경치 앞에 이젤을 세우고 있을 것이다. 이들의 친구가 밴조(banjo)를 연주하던 사람이라면 지금 천국 밴드에서 즉흥 연주를 하고 있을 것이다. 믿을 수가 없다. **천국에 밴조가 있다고?!**

진지하게 말하자면, 그리스도인들조차도 죽을 때 어떤 일이 생기는지 그다지 깊이 생각하지 않는다. 우리는 하나님이 약속하신 모든 것을 한꺼번에 얻는다고 가정하고 하나님이 약속하신 미래를 모두 머릿속에 그리는 경향이 있다. 장례식에 가면, 세상을 떠난 사랑하는 사람이 지금 야구를 하고 있거나 파이를 굽고 있거나 시를 쓰고 있을 거라는 설교를 종종 듣는다. 우리는 그런 설교를 듣고 '정말요? 어떻게 그런 일을 한다는 겁니까?'라고 묻는 일이 거의 없다. 우리는 사랑하는 사람의 시신이 관에 누워 부활을 기다리고 있는 모습을 본다. 그 사람이 언젠가는 이 설교에서 말하는 일들을 다 할 수도 있다. 하지만 지금은?

지금은 종말론에 관해 성경이 세 가지 R을 가르친다는 점에 주목하기 좋은 때다. 그 세 가지는 그리스도의 재림(Return), 몸의 부활(Resurrection), 만물의 회복(Restoration)이다. 사랑하는 사람이 그리스도 안에서 죽어 지금 "주와 함께"(고후 5:8) 있다는 사실에 대해 하나님을 찬양하라. 하지만 아무래도 이 사람들은 하나님이 약속하신 것을 아직 다 받지 못한 것 같다.[1] 이들은 예수가 이 땅에 돌아오실 때 받게 될 부활체(resurrection body)를 아직 기다리고 있다(살전 4:16). 성탄절 전날 밤이 되어야 아이들에게 양말을 열어 보라고 허락하는 지혜로운 부모처럼, 우리 아버지는 우리에게 약속된 선물을 우리가 죽는 순간에 모두 주시지는 않는다. 물론 우리가 죽는 순간 아버지는 우리가 일찍이 받아 본 선물 중 최고의 선물을 주신다. 이생에서 우리 구주의 품으로 바로 건너가니 말이다. 하지만 하나님은 그리스도의 재림과 우리의 부활이라는 성탄절 아침을 위해 더 많은 선물을 아껴 놓으신다. 그날이 되어야 우리의 구속(救贖)은 완성될 것이다. 그날이 되어야만 우리는 우리에게 있을 수 있는 모든 방식으로 회복될 것이다.

요점을 말하자면 이렇다. 많은 그리스도인이 내생(來生)의 다양한

---

[1] "아무래도 -인 것 같다"고 말한 것은, 신자가 죽으면 하나님의 영원 세상에 합류한다고 단언하는 신학자도 있고, 신자가 새 땅으로 신속히 보내질 것이라고 말하는 신학자도 있기 때문이다. 어느 경우든, 이런 주장들에서는 신자가 죽는 순간에 부활체를 받는다고 볼 수 있다.

단계를 모호하게 만듦으로써 종말론에 관해 혼란을 야기한다. 신학자들은 보통 하나님이 개별 신자들에게 약속하신 미래를 '중간 상태'와 '최종 상태'로 구별함으로써 이런 혼란을 피한다. 성경은 우리가 주와 함께 있다는 것 외에는 중간 상태에 관해 별말을 하지 않는다(눅 23:43; 고후 5:6-8; 빌 1:21-23; 살전 4:14). 이것만으로 충분하다. 천국에 갔다가 예수와 눈 한 번 마주치지 못하고 돌아온 사람들을 축하하는 '천국 관광' 류의 책들과 달리 성경은 천국을 '천국답게' 해 주는 것은 예수의 존재임을 지적한다. 그런데 중간 상태는 성경의 초점이 아니다. 성경의 시선이 머무는 곳은 종말, 즉 예수가 재림하셔서 모든 사람을 부활시키시고 심판하시며 만물을 회복시키실 때다(행 3:21; 골 1:20; 계 20-22장).

우리도 이 점에 초점을 맞출 것이다. 이 책은 중간 상태, 즉 **그리스도인이 죽을 때 어떤 일이 생기는가**에 관한 책이 아니다. 이 책은 우리의 최종 상태, 즉 **그리스도인이 죽은 후에 어떤 일이 생기는가**에 관한 책이다. 그날의 끝, 모든 말씀과 일이 다 이뤄졌을 때 그리스도인은 어디에서 영원히 살게 될까? 그곳은 어떤 곳이며, 우리는 그곳에서 무엇을 하게 될까?

우리가 최종 상태에 초점을 맞춘다는 점을 감안할 때, 『천국에 대한 네 가지 견해』(*Four Views on Heaven*)가 이 책 제목으로 과연 타당한지 의아해하는 독자들이 있을 수도 있겠다. **천국**(heaven)이라는 말은 흔히 우리가 죽는 순간 시작되는 존재 양식, 즉 육체가 없고, 공기 같고, 초자연적인 존재 양식과 연관된다. 그래서 우리가 이제부터 살펴보려는 최종 상태, 즉 성경에서 묘사하는 "새 하늘과 새 땅"(사 65:17-

25; 벧후 3:10-13; 계 21:1-3을 보라)을 뜻하는 말로 쓰기에 최적의 단어가 아닐 수도 있다. 동의한다. 하지만 여전히 대다수 사람들은 구원받은 사람의 최종적 현존을 뜻하는 말로 **천국**이라는 말을 쓴다. 그 대다수 사람들과의 소통을 위해, 그리고 "새 땅" 관점에 특권을 주는 일을 피하기 위해 우리는 이 책에서 이제부터 말하려는 것을 **천국**으로 정의하고 이 용어를 계속 쓰기로 결정했다. 책 제목은 존더반 출판사(Zondervan)에서 카운터포인트(Counterpoint) 시리즈로 펴낸 또 한 권의 책과 짝을 이루기도 한다. 이 책을 『지옥 논쟁』(*Four Views on Hell*)과 유쾌하게 대응을 이루는 책으로 생각해 주기 바란다.[2]

천국의 아주 짧은 역사

천국에 대한 주요 견해가 왜 네 가지인지 독자들이 쉽게 이해할 수 있도록, 교회가 우리의 최종 상태에 대해 어떤 믿음을 갖고 있는지 다음과 같이 간략히 스케치해 보겠다. 어느 한쪽 견해로 치우쳐 독자들에게 영향을 끼치는 일을 피하기 위해 최대한 중립을 유지하면서 요약해 보겠다.

구약은 의인이 새 땅에서 살리라고 말하면서도(사 65:17-25) 이들이 천국에 가리라고 넌지시 암시한다(에녹과 엘리야가 하늘로 옮겨 간 사례 외에도, 시 16:11; 49:15; 73:24-25; 전 3:21을 보라). 마찬가지로 신약에도 땅(벧후 3:13; 계 21:1-5)과 하늘(고전 15:42-49; 고후 5:1-8; 히 11:13-16) 두 곳 모

---

[2] Preston Sprinkle, ed., *Four Views on Hell*, 2nd ed. (Grand Rapids: Zondervan, 2016). 『지옥 논쟁』 (새물결플러스).

두에서의 최종 운명을 지지하는 근거로 쓰일 수 있는 구절들이 있다. 초기 교회는 땅과 하늘 모두를 말하고자 하면서도 강조는 하늘에 두었다. 일부 학자들은 초기 교회가 천국에 강조점을 둔 것은 주변 그리스 문화의 영향이라고 하는데, 이 문화는 플라톤을 따라서 모든 영혼의 목표가 하늘로 돌아가 거기서 영원하고 불변하며 합리적인 이상[플라톤이 형상(Forms)이라고 일컫는]을 깊이 명상하는 것이라고 강조했다. 또 다른 학자들은 교회가 그저 성경의 인도를 따르고 있었을 뿐이며, 성경은 신자들이 이 타락한 세상을 뒤로하고 떠날 것이라 약속했다고 말한다. 어느 쪽이든, 그리스도인의 최고 목표는 하늘에 들어가 영원히 하나님을 예배하는 것이었다.[3]

교회의 첫 신학자이자 영지주의 사냥꾼이었던 이레나이우스(Irenaeus, 약 120/140-약 202년)를 생각해 보라. 영지주의는 땅과 물리적 세상을 천하게 여긴 이단 사상으로, 이레나이우스는 이에 맞서 우리의 최종 운명은 현재 우리의 창조 세계와 본질적으로 동일한 새 하늘과 땅이라고 가르쳤다. 하나님은 이 땅을 멸하지 않으실 것이다. 하나님은 이 땅을 구원하실 것이다. 하지만 비교적 소수의 그리스도인들만을 위해서 그렇게 하실 것이다. 이레나이우스는 예수가 말씀하신 씨 뿌리는 자의 비유(마 13:3-9)를 차용해 100배 열매를 맺는 제자는 천국에서 영원히 살 수 있는 특권을 누리게 되지만, 60배 열매를 맺는 제

---

[3] 요약 내용은 다음 책들에서 찾아볼 수 있다. Brian E. Daley, *The Hope of the Early Church: A Handbook of Patristic Eschatology* (New York: Cambridge University Press, 1991); Jeffrey Burton Russell, *A History of Heaven: The Singing Silence* (Princeton: Princeton University Press, 1997); Colleen McDannell and Bernhard Lang, *Heaven: A History*, 2nd ed. (New Haven: Yale University Press, 2001). 성경 기사에 대한 고대 근동과 유럽의 배경에 대해서는, J. Edward Wright, *The Early History of Heaven* (New York: Oxford University Press, 2000)을 보라.

자는 중간 수준의 낙원을 누릴 것이고, 겨우 30배 열매 맺는 이는 땅에 남겨질 것이라고 했다. 저마다 자기가 받아 마땅한 상급을 받는다.[4]

하늘을 편애하는 이레나이우스의 견해는 동·서방 교회 양쪽의 가장 영향력 있는 신학자들의 지지를 받았다. 동방 교회의 경우, 오리게네스(Origen, 185-254년)의 글에서 논란이 될 만한 부분을 그의 사후 그를 흠모하던 루피누스(Rufinus)가 지워 없앴기에 오리게네스가 어떤 믿음을 갖고 있었는지에 관해서는 약간의 논쟁이 있다. 그럼에도 오리게네스는 이생에서 하나님에게 품었던 사랑이 식은 사람들이 다시 하나님께로 돌아올 기회를 마련하기 위해 땅이 창조되었다고 가르친 것이 분명하다. 하나님은 모든 영혼이 자신에게 돌아와 사랑 넘치는 천상의 교제를 나누게 될 때까지, 필요하다면 여러 번 연속해서 세상을 창조하실 것이다. 하나님은 이들의 몸을 한층 더 향상시키셔서 "더 정결하고, 영묘하고, 천상적인 영역"에서 살기 적합하게 하실 것이다. 그곳에서 신자들은 기쁨으로 하나님의 영광을 바라보고 하나님을 아는 지식을 한층 더 많이 얻으면서, 지복직관(beatific vision)을 영원히 누릴 것이다.[5]

서방 교회에서, 아우구스티누스(Augustine, 354-430년)는 조만간 부패할 우리의 존재가 하나님 및 그분의 영원성과 연합하기를 고대했다. 아우구스티누스의 원숙한 저작 『하나님의 도성』(*The City of God*)은 땅과 우리의 몸을 긍정하는 한편 그것들이 더 고상하고 천상적인 열쇠로

---

4 *Against Heresies* 36.1-2.
5 Origen, *First Principles* 2.1-3과 3.5-6. Joseph Willson Trigg, *Origen* (Atlanta: John Knox, 1983), pp. 108-115, 그리고 Daley, *Hope of the Early Church*, pp. 50-54를 보라.

변모하기를 갈망한다. 예수가 다시 오시면 현재 이 땅에서의 우리 몸은 "물질적이되 천상적인 거처로 올라갈" 것이고, 우리가 지금 존재하는 이 땅은 기초만 남기고 다 해체되어 우리의 몸에 어울리는 썩지 않는 환경으로 재건될 것이다. 누구도 죽음은 피할 수 없다. 예수가 다시 오시는 시점에 살아 있는 사람들은 공중에서 그분을 맞이하러 갈 때 신속히 죽음을 통과해야 한다(살전 4:17). 이 사람들은 이제 영화롭게 된 죽지 않을 몸을 가지고 순식간에 다시 살아날 것이다. 세상이 불타는 동안 하나님은 썩지 않을 몸을 가진 성도들을 가장 높고 무탈한 하늘에 숨겨 두셨다가 새 창조 세계로 돌려보내실 것이며, 거기서 우리는 하나님을 직접 보는 복을 영원히 누릴 것이다.[6] 하나님을 "아무 간섭 없이" "더할 수 없이 명료하고 분명하게" 볼 수 있는 불가해한 특권을 고려할 때, 아우구스티누스는 그 외의 다른 어떤 것도 상상할 수 없었다. 그는 이렇게 말했다. "그 어떤 악도 없는 곳, 그 어떤 선도 유보되지 않는 곳, 모든 것 되시는 하나님을 여유롭게 찬양할 수 있는 곳이라니, 그 기쁨이 얼마나 크겠는가! 게으름에 따른 무위(無爲)도 없으며 결핍 때문에 고생하며 일할 필요도 없는 상태에서 다른 어떤 할 일이 있을 수 있겠는가? 나로서는 다른 할 일이 떠오르지 않는다."[7]

중세 교회는 초기 교회가 지복직관에 집중한 것을 더 강화했다. 클레르보의 베르나르(Bernard of Clairvaux, 1090-1153년)는 아가를 본문으로 18년 동안 86편의 설교를 작성했으며, 그 에로틱한 시를 통해 그리

---

[6] Augustine, *City of God*, trans. Henry Bettenson (New York: Penguin, 2003), 22.4 (pp. 1026-1027). 같은 책 22.16, 18, 20, 24도 보라. Daley, *Hope of the Early Church*, pp. 131-150도 보라.
[7] Augustine, *City of God*, 22.29-30 (pp. 1085-1087).

스도인과 그리스도의 궁극적이고도 열정적인 연합을 그려 냈다. 이 연합은 부활 후에 있을 것이며, 그때가 되면 현재의 "덧없고 병약한 몸"에 방해받지 않고 마침내 우리를 위해 하나님을 사랑하는 게 아니라 하나님을 위해 우리 자신을 사랑하게 될 것이다.[8]

토마스 아퀴나스(Thomas Aquinas, 약 1224-1274년)는 종말에 내려질 하나님의 불은 우리가 사는 세상을 완전히 태워 없애지 않을 것이며, 그보다 이 땅의 죄와 타락을 깨끗이 씻어 낼 것이라고 주장했다. 하지만 이 불은 의인과 죄인 모두의 몸을 태워 재로 만들 것이되, 의인은 아무 고통도 느끼지 않을 것이라고 한다. 이어서 하나님은 이 세상 및 성도들의 몸을 새롭게 하실 것이며, 우리의 유한한 본성을 은혜롭게 고양시키셔서 우리가 본성적으로는 알 수 없는 것을 알 수 있게 하시고 유한(有限)은 보지 못하는 것을 볼 수 있게 하실 것이다. 우리는 "하나님을 직접 보는"데서 영원한 기쁨을 찾고, 하나님의 복됨에 참여함으로 하나님을 더 많이 닮아 가며, "하나님이 자기 자신을 보듯 하나님을 볼" 수 있게 됨에 따라 우리가 창조된 목적을 영원히 향유할 것이라고 한다.[9]

중세인들의 천국 개념은 단테 알리기에리(Dante Alighieri, 1265-1321년)의 『신곡』(*Divine Comedy*)에서 절정을 이루었다. 이 걸작은 『지옥』(*Inferno*), 『연옥』(*Purgatorio*), 『낙원』(*Paradiso*) 세 권으로 이뤄졌으며, 단테

---

[8] Bernard of Clairvaux, *On Loving God*, 10-12, Christian Classics Ethereal Library, https://ccel.org/ccel/bernard/loving_god/loving_god.xii.html.

[9] Thomas Aquinas, *Summa Theologica*, trans. Fathers of the English Dominican Province (Westminster, MD: Christian Classics, 1948), 1a.12 (vol. 1:48-59); Supplement, Questions 74, 91-92 (vol. 5:2853-2862, 2937-2956); *Summa contra Gentiles*, trans. Vernon J. Bourke (Garden City, NY: Image, 1956), book 3, part 1, chs. 47-54, 61 (pp. 158-186, 200-201).

가 이 땅의 낙원에서 시작해 천상의 낙원에 이르기까지의 신비한 여정을 그린 작품이다. 단테는 안내자들, 사랑하는 여인 베아트리체, 그리고 마지막으로 모든 성인 중 가장 위대한 클레르보의 베르나르에게 이끌려 다양한 천상의 영역을 지나 위로 올라간다. 단테는 각 단계마다 다양한 성인들을 언급하면서 달·해·행성을 지나 제1운동자, 즉 다른 모든 것을 움직이는 지고(至高)의 영역에 도달한다. 단테는 이제 우주의 바깥쪽 가장자리에 이르는데, 이 가장자리 너머에는 아무것도 존재하지 않는다. 그 바깥쪽에 무엇이 있든, 거기 존재하기에는 너무 현실적이다. 단테는 자신이 지나온 곳을 내려다본다. 저 아래, 또 그 아래, 눈부신 빛의 영역을 지나 단테는 맨 밑바닥에 있는 땅을 본다. 단테는 몸을 가누고 위쪽과 바깥쪽으로 시선을 돌리면서 빛이 번쩍이는 지점을 보지 않으려 한다. 이 빛은 시간과 공간 속에 존재하지 않지만, 저편에서 내려오는 천사들의 영역으로 둘러싸인 우주의 도덕적 중심이다. 단테가 이 빛 쪽을 바라보자, 빛은 단테를 눈멀게 하는 동시에 신선하고 영적인 광경으로 그를 가득 채운다. 단테는 사랑과 빛에 압도된다. 하나님의 아름다움이 너무 과하다. 베르나르의 지도와 동정녀 마리아의 도움으로 단테는 마침내 하나님께 영적 시선을 고정한다. 그는 자신이 본 것을 말로 설명하지 못하고, 다만 "무한한 존재이자 선 자체이신 분과 하나가 되었다." 이제 단테는 피조물이 알 수 있는 모든 것을 이해했고 피조물이 감당할 수 있는 모든 사랑과 아름다움을 영원히 실감했다.[10]

---

10 Russell, *History of Heaven*, pp. 151-185.

단테가 묘사한 별세계의 빛나는 사랑의 천국은 그 후 3백 년 이상 천국의 표준 광경이 되었다. 이런 모습의 천국에 이의가 제기된 것은 르네상스 때였는데, 이 문화 갱생 운동은 천국을 곧 우리 인간의 염원이 실현되는 것으로 보았다. 르네상스 시대 사람들에게 천국은 가족 및 친구들과 행복하게 재회하는 것이요, 평화와 사회적 조화의 영역이었으며, 하나님은 뒷전으로 물러나 우리의 기쁨을 가능하게 해 주는 자애로운 신이었다.[11]

종교개혁자들은 르네상스의 신학적 날개에 해당했으며, 이들은 인본주의적 욕망의 장점을 교회가 역사적으로 하나님께 초점을 맞춰 온 것과 결합시키려고 했다. 이러한 시도는 이들의 천국관, 특히 마르틴 루터(Martin Luther)의 체계적이지 못한 천국관에 약간의 긴장을 낳았다. 루터는 우리가 죽는 순간 시간의 세계를 떠나 하나님의 영원으로 들어간다고 주장했다. "우리는 죽는 순간 저마다 나름의 종말(Last Day)을 맞"으므로 그 즉시 세상의 끝에 도달한다.[12] 영원에는 전(前)이나 후(後)가 없기 때문에, "족장들이라 할지라도 우리보다 앞서 종말에 이르지 못할 것이다."[13] 우리는 천국에서 음식과 포도주를 욕망하지 않고 "그저 하나님을 바라보고 묵상하는 것만으로 만족할 것이다."[14] 그렇지만 루터는 인본주의적 염려를 다소 드러냈다. 루터는 이렇게 털어놓았다. "이 문제를 자주 생각해 보기는 하지만, [천국에서] 무

---

11 Gerald Bray, "The History of Heaven", in *Heaven*, ed. Christopher W. Morgan and Robert A. Peterson, Theology in Community (Wheaton, IL: Crossway, 2014), pp. 199-200.
12 Paul Althaus, *The Theology of Martin Luther*, trans. Robert C. Schultz (Philadelphia: Fortress, 1966), p. 416.
13 Althaus, *Theology of Martin Luther*, p. 416.
14 Ewald M. Plass, *What Luther Says*, 3 vols. (St. Louis: Concordia, 1959), 2:623.

슨 일로 시간을 보내게 될지는 잘 모르겠다. 그곳에는 기분전환할 일도 없고, 노동도, 먹고 마실 일도, 처리해야 할 일도 없으니 말이다. 하지만 하나님 안에서 우리가 계속 전념할 만한 일이 충분히 있을 것이라고 믿는다."[15] 요하네스 게르하르트(Johann Gerhard)와 요하네스 퀜스테트(Johann Quenstedt) 같은 후대 루터교도들은 우리의 현 세상이 멸절될 것이라고 생각했지만(이들은 이것이 신앙의 한 조항이 되어서는 안 된다고 강조했다), 이들과 달리 루터 자신은 로마서 8:21에 근거해 이 세상이 부패에서 깨끗해지고 변화되어 "작업복" 대신 "잔치 의상"을 입게 될 것이라고 믿었다.[16] 루터는 이렇게 말했다. "간단히 말해, 이런 덧없는 물건들의 본질에 속하는 것이 무엇이든, 이 무상한 인생과 활동을 구성하는 게 무엇이든, 다 중단될 것이다."[17] 루터는 이 새로워진 창조 세계에서는 하나님을 직접 보는 복을 누리게 될 것이고 그에 따라 우리의 부활체가 능력을 입어 "지극히 가볍고 신속해져서 불꽃처럼, 아니, 태양이 하늘을 가로지르는 것처럼 속도를 낼 것이고, 그래서 순식간에 여기 이 땅에 있거나 저 위 하늘에 있을 것"이라고 가설을 세웠다.[18] 우리는 "하늘과 땅으로 들어가 태양과 달 및 다른 모든 피조물과 더불어 가볍게 날아다닐 것이다."[19] 그러면서도 루터는 이것이 대

---

15 Plass, *What Luther Says*, 2:621.
16 Plass, *What Luther Says*, 3:1529. 이 땅의 운명에 관해 루터교도들 사이에 의견이 불일치하는 것에 대해서는, Francis Pieper, *Christian Dogmatics*, vol. 3 (St. Louis: Concordia, 1953), pp. 542-543, 그리고 John Theodore Mueller, *Christian Dogmatics* (St. Louis: Concordia, 1934), pp. 631-633를 보라.
17 Pieper, *Christian Dogmatics*, 3:542-543.
18 Plass, *What Luther Says*, 2:623-624.
19 Plass, *What Luther Says*, 2:624.

부분 추측임을 인정했다. "우리가 영생에 관해 알아봤자 엄마 배 속의 아이가 곧 태어날 세상에 관해 아는 것만큼도 못하다."[20]

장 칼뱅(John Calvin)도 땅과 하늘, 물질적인 것과 영적인 것 사이의 긴장을 설명한다. 『기독교 강요』(*Institutes of the Christian Religion*) 3권에서 칼뱅은 우리의 지고선(至高善)은 "하나님과의 연합"이라는 플라톤의 말에 동의하면서 부활에 관한 장(章)의 서두를 연다.[21] 하지만 칼뱅은 부활 개념을 비웃은 플라톤과 마니교도들의 "엄청난…오류"에는 반대했다.[22] 칼뱅은 우리의 현재 몸이 부활한다고 주장했다. 그렇지만 우리의 종말의 육체성을 강조하면서도 칼뱅은 시종일관 그 영적인 구성 요소를 우위에 두었다. 칼뱅은 구약 선지자들이 우리의 운명을 "물질적 용어로" 표현한 것은 단지 "그 영적인 복됨을 표현할 만한 말을 찾아낼 수 없었기 때문"이라고 했다.[23] 이사야가 "말하는 '새 하늘'과 '새 땅'"은 "만물을 새롭게 하신 그리스도의 다스림"을 가리킨다.[24] 이사야는 "나무나 짐승, 또는 별들의 질서"에 관해서가 아니라 "인간이 내적으로 새로워지는 것"에 관해 말한다.[25] 영적인 것이 가장 중요한데, 이는 "하나님이 마르지 않는 샘처럼 모든 선한 것의 충만함을 자기 안에 담고 계시며", 그래서 "그분 너머에서는 아무것도 찾을 수 없기" 때

---

20 Althaus, *Theology of Martin Luther*, p. 425.
21 John Calvin, *Institutes of the Christian Religion*, ed. John T. McNeill, trans. Ford Lewis Battles, 2 vols. (Philadelphia: Westminster, 1960), 2:988 (3.25.2).
22 Calvin, *Institutes*, 2:998 (3.25.7).
23 Calvin, *Institutes*, 2:1005 (3.25.10).
24 John Calvin, *Commentary on the Book of the Prophet Isaiah*, trans. William Pringle, 4 vols. (Grand Rapids: Eerdmans, 1948), 4:437.
25 Calvin, *Commentary on Isaiah*, 4:437.

문이다.²⁶

이 세상을 대하는 칼뱅의 양면적 태도는 그가 세상의 종말을 묘사하는 말에 잘 나타난다. 베드로후서 3:10 주석에서 칼뱅은 하늘에서 오는 불이 세상의 부패를 다 태워 없애기도 하고 깨끗케도 하리라고 말했다. 이 세상의 물질이 "타 없어지는 것은 오직 새로운 성질을 받기 위해서이며, 그런 한편 본질은 여전히 동일할 것이다."²⁷ 본질의 연속성에도 불구하고 칼뱅은 새 땅이 곧 이 세상은 아닐 것이라고 믿었던 것 같다. 시편 102:25-26 주해에서 칼뱅은 선지자가 하늘과 땅이 멸망하리라고 말한 것은 이 하늘과 땅의 "혁신이 너무 완벽해서 전과 동일한 하늘이 아니라 다른 하늘일 것"이기 때문이라고 말했다.²⁸ 이 두 구절 주석에서 칼뱅의 적용은 동일하다. "땅의 것에 몰두"하지 말고 "다른 어느 곳도 아닌 하나님 안에서만 안정을 추구"해야 한다는 것이다.²⁹ 요컨대 화려한 도시 제네바에서 수십 년을 산 칼뱅과, 하나님께 영원히 집중하는 것을 방해하는 그 어떤 것도 원하지 않은 칼뱅이 동일 인물이라는 것이다. 영화롭게 된 성도들이 천사들처럼 될 텐데 하나님이 왜 굳이 이 세상을 회복시키려 하시는지는 칼뱅도 확실히 알지 못했다. 하지만 칼뱅은 이렇게 짐작했다. 새 땅을 "보면", 비록

---

26 Calvin, *Institutes*, 2:1005 (3,25,10).
27 John Calvin, *Calvin's Commentaries: The Epistle of Paul the Apostle to the Hebrews and The First and Second Epistles of St. Peter*, trans. William B. Johnston, Calvin's New Testament Commentaries 12 (Grand Rapids: Eerdmans, 1989), p. 365.
28 John Calvin, *Commentary on the Book of Psalms*, trans. James Anderson, 5 vols. (Grand Rapids: Eerdmans, 1949), 4:123.
29 Calvin, *Hebrews and The First and Second Epistles of St. Peter*, p. 365, 그리고 같은 저자의 *Commentary on the Book of Psalms*, 4:123.

우리가 그 땅을 이용하지 않는다 해도 "우리가 지금 누리는 모든 쾌적한 설비를 훨씬 능가할 만큼의 유쾌함과 즐거움"으로 충만해지리라고 말이다.[30] 칼뱅은 자신의 견해에 담긴 종말론적 긴장에 관해서는 신경 쓰지 않았으며, 세세한 내용을 조정하려고 이리저리 생각해 보고 싶어 하지도 않았다. 칼뱅은 천국의 상세한 내용에 관한 질문은 일축해 버렸다. "나는 쓸데없는 문제를 불필요하게 연구하기를 개인적으로 삼갈 뿐만 아니라, 그런 질문들에 답변함으로써 사람들의 경박함에 기여하는 일이 없도록 경계해야 한다고 생각한다."[31] 그래서 칼뱅은 어쩌면 이 책을 싫어할지도 모른다.

17세기는 새 하늘과 땅 문제에 관해 칼뱅만큼이나 어쩔 줄 몰라 했던 것 같다. 내 동료 존 더프(John Duff)는 17세기 잉글랜드에서 성경의 이 표현이 무슨 의미였는지를 주제로 학위 논문을 썼다.[32] 더프는 일부 신학자들이 이 표현을 은유적으로 이해했음을 알아냈다. 즉, 새 하늘과 땅을 1세기에 시작된 새로운 복음 선포의 시대 또는 교황 제도가 무너지고 전 세계에 참 기독교가 융성하게 될 미래의 천년을 나타내는 말로 이해했다는 것이다. 대다수 사람들은 새 땅을 문자적으로 해석했다. 이들은 우리의 현 세상이 멸절되기보다는 혁신될 것으로, 그러나 그것이 우리를 위한 혁신은 아닐 것이라고 믿었다. 성도들은 세 번째 하늘, 또는 가장 높은 하늘에서 하나님과 영원히 살게 될 것이고, 우리는 회복된 땅을 내려다보며 이를 하나님의 영광과 지혜와

---

30 Calvin, *Institutes*, 2:1007 (3.25.11).
31 Calvin, *Institutes*, 2:1006 (3.25.11).
32 John Duff, "'A Knot Worth Unloosing': The Interpretation of the New Heavens and Earth in Seventeenth-Century England" (PhD diss., Calvin Theological Seminary, 2014).

권능의 기념물로 여기며 기뻐할 것이다. 새 땅에는 식물과 물고기와 새와 짐승이 있을 수도 있고 없을 수도 있지만, 사람은 확실히 없을 것이다. 새 땅은 본질적으로 '출입 금지' 팻말이 붙은 국립 공원 같을 것이다. 보기에는 아름답지만 이용할 수는 없는 것이다. 소수의 신학자들은 성도들이 이 회복된 땅에서 예수와 함께 영원히 살되, 예수가 아버지의 천상 나라를 다스리는 머리로서의 자기 위치를 포기한 후에야 그렇게 될 것이라고 믿었다. 예수가 궁극적으로 지상 나라를 받으셔서 하나님이 아브라함과 다윗에게 하신 약속을 성취하시리라는 것이다. 이 소수 의견에도 불구하고, 대다수 17세기 잉글랜드 신학자들은 하나님의 백성이 천상에서 종말을 맞을 것으로 내다보았다.

잉글랜드 그리스도인들이 전반적으로 그렇게 믿었다면 대다수 청교도들도 그렇게 믿었다고 볼 수 있다. 이 열렬한 개신교도들은 천국의 행복에 관해 자주 이야기했고, 상급 및 '영혼을 매료시키는' 하나님 직관에 대한 약속이 어떻게 우리를 분발시켜 지금 여기서 예수를 섬기게 만드는지에 대해서도 종종 이야기했다. 때로 이들은 좀 흥분하기도 했다. 가장 위대한 청교도 신학자임에 틀림없는 조너선 에드워즈(Jonathan Edwards, 1703-1758년)는 심판 날 예수가 땅으로 돌아와 원수들을 물리치신 후 부활한 신자들과 함께 하늘로 돌아가실 것이라고 믿었다. 이들은 그곳에서 하나님의 아름다움과 영광에 어쩌면 조금 과하게 몰두해 하나님을 찬양하고 섬기면서 영원히 살 것이다. 에드워즈는 만유내재신론(panentheist) 영역으로 어슬렁거리며 들어가, 가장 거룩한 성도들은 "하나님과 자신들 사이의 광대하고 무한한 거리로 더 깊이 침투할 것이며, 하나님이 모든 것의 모든 것이 되시도록 자신들을 소멸시키는 그들의 기쁨은 더 커질 것"이라고 경솔하게 기뻐했다.[33] 사람이 하나님의 수준으로까지 고양되는 것은 신령해 보일 수도 있지만, 이는 기독교보다는 불교의 개념이다.

에드워즈가 살던 18세기는 근대(modern) 세계의 도래를 알린 시대이기도 했는데, 이 시기에 발흥한 세속주의는 천국 개념 자체에 이의를 제기했다. 프랑스 혁명은 천국을 압제받는 이들을 달래려는 종교적 술수라고 일축했다. 죽을 때 천국을 약속받으면 압제받으면서도 많은 것을 참아 내기 때문이다. 혁명은 이들의 순진함을 결딴내고는 신앙 깊은 체하는 압제자들을 타도하고 천국이 아니라 지금 여기서의 삶의 조건을 향상시키라고 부추겼다. 계몽된 근대인들은 천국에 관해 그다지 시시콜콜 걱정하지 않았다. 오히려 이들은 천국은 존재하지 않는다는 믿음으로 해방감을 느꼈다. 이렇게 지금 여기서의 삶을 강조하는 태도는 오늘날까지 계속되고 있다. 존 레논(John Lennon)의 인기 있는 노래 "이매진"(Imagine)을 생각해 보라. 이 노래는 위기의 시대를 사는 사람들에게 "천국 같은 것은 없다고 상상해 봐, 해 보면 쉬워"라고 말하면서 그들을 반직관적으로 고무시킨다.[34] 종교는 눈속임이다, 그러니 천국에 가려고 애쓰지 말고 차라리 천국의 이상을 이 땅에 실현하기를 힘써야 한다는 것이다. 그들은 사랑, 평화, 사회주의가 '인간의 형제애'를 진작시키리라고 믿는다.

---

[33] John Piper, *God's Passion for His Glory* (Wheaton, IL: Crossway, 1998), p. 161에 인용된 Jonathan Edwards, "Miscellany #5"(필자 강조). 『하나님의 열심』(부흥과개혁사). Gary Scott Smith, *Heaven in the American Imagination* (New York: Oxford University Press, 2011), pp. 12-18와 31-40도 보라.

[34] John Lennon, "Imagine", *Imagine* (London: Apple Records, 1971).

이 세속적 꿈의 종교적 변형이 신학적 자유주의로 등장했다. 개신교 진보주의자들은 사회 복음을 장려했는데, 이 복음은 경제적·교육적 형편을 향상시켜서 하나님 나라를 이 땅으로 가져오기를 열망한다. 이들 대부분은 장래의 천국만 바라면 지금 여기서 해야 할 일에 집중하지 못하게 된다고 생각했다. 어떤 이들은 천국을 믿기를 아예 중단했다. 라인홀드 니버(Reinhold Niebuhr)는 "나는 사람의 불멸을 믿지 않는다"고 인정했고, 폴 틸리히(Paul Tillich)는 영생이란 존재의 근거(the ground of Being)와의 현재적이고 실존적인 관계라고 재정의했다.[35] 20세기 공공신학자들은 만유내재신론자 경향이 있었다. 죽을 때 우리의 개별 자아는 존재(Being) 자체 속으로 흩어지며, 소량의 인간성(人間性)은 신성(神性)의 대양 가운데 영원히 실종된다는 것이다.

신학적 자유주의의 결론을 모든 이들이 다 받아들이지는 않았다. 복음주의 부흥 운동은 죄를 자각한 이들이 꾸준히 천국을 지향하게 만들었으며, 흑인 그리스도인들은 성경적 확신 및 계속되는 고난과 불의 덕분에 결코 천국을 포기하지 않았다. 이들은 "가나안 땅 귀한 성"을 갈망했으니, 그곳에서는 이들의 오래 참음이 하나님의 의롭고 영원한 다스림으로 상급을 받을 터였다. 또 하나의 중요한 반응은 세대주의(dispensationalism)에서 생겨났다. 이 새로운 해석학은 19세기 영국에서 시작되어 20세기 미국에서 본궤도에 올랐다. 세대주의는 자유주의에 저항하며 성경을 스스로 읽을 수 있는 열쇠를 일반 그리스도인들에게 주겠다고 약속했다. 성경의 여러 구절을 이해하는 비결은 이 구

---

35 Smith, *Heaven in the American Imagination*, pp. 134-139, 162-166.

절들이 이스라엘이나 교회에 관해 말하고 있는지를 물어보는 것이었다. 하나님에게는 우리가 구별해야 할 별개의 두 백성이 있다. 이스라엘은 하나님의 지상 백성이고 교회는 하나님의 천국 백성이었기에, 세대주의는 그리스도인들이 천국에 초점을 맞추게 했다. 천국이 그리스도인들의 진정한 집이라는 것이다. 최근의 예로, 『목적이 이끄는 삶』(The Purpose Driven Life)을 보라. 이 책은 땅은 "당신의 영구한 집이나 최종 목적지가 아니다. 당신은 지금 땅을 통과하고 있으며 땅을 방문하고 있을 뿐"이라고 그리스도인들에게 말한다. 사실 "많은 그리스도인이 자신의 왕과 그분의 나라를 배신했다. 이들은 자신이 땅에 살고 있으므로 땅이 자신의 집이라고 어리석게 결론 내렸다. 땅은 이들의 집이 아니다."[36]

그러한 하늘 중심의 경건주의에 이의를 제기한 것은 네덜란드의 신칼뱅주의였다. 이 20세기 전환기 운동을 이끈 사람은 아브라함 카이퍼(Abraham Kuyper)와 헤르만 바빙크(Herman Bavinck)로, 이들은 세대주의의 복음주의적 보수주의 본능을 높이 평가했지만, 개인 구원을 강조하는 성향을 좀 더 폭 넓은 기독교 세계관과 통합시키기를 바랐다. 그래서 두 사람은 창조의 선함, 일반 은총, 문화 명령에 관한 책을 썼다. 이들은 은혜가 자연을 회복시키기 때문에, 예수를 따르면 그리스도인은 단순히 세상에 초연해지는 게 아니라 오히려 세상 속으로 이끌려 들어가야 한다고 역설했다. 이들은 우리의 최종 본향이 새 하늘

---

[36] Rick Warren, *The Purpose Driven Life* (Grand Rapids: Zondervan, 2002), pp. 48-51. 『목적이 이끄는 삶』(디모데). 세대주의가 천국을 강조하는 것에 대한 설명으로는, Michael Williams, *This World Is Not My Home: The Origins and Development of Dispensationalism* (Fearn, Scotland: Mentor, 2003), pp. 175-211를 보라.

과 새 땅이라고 말했으며, 그중에서도 땅을 강조했다. 우리가 땅에서 마지막을 맞는다는 이 관점은 오늘날 알 월터스(Al Wolters), 리처드 마우(Richard Mouw), 코넬리우스 플랜팅가(Cornelius Plantinga Jr.) 같은 네덜란드 신학자들에게서 찾아볼 수 있다. 이 관점의 영향력은 네덜란드계 사회 너머로도 퍼져 나갔으며, 랜디 알콘(Randy Alcorn), 라이트(N. T. Wright), 리처드 미들턴(Richard Middleton), 빌(G. K. Beale), 그리고 필자 같은 복음주의자들에게서도 뚜렷이 볼 수 있다.[37]

추는 늘 왔다갔다하고 있으며, 한쪽 극단을 과잉 교정하다가는 반대쪽 수렁에 빠지기 쉽다. 최근 토드 빌링스(Todd Billings), 스코트 스웨인(Scott Swain), 마이클 앨런 같은 복음주의자들은 일부 신칼뱅주의자들의 저작에서 이런 현상을 볼 수 있다고 여긴다. 이 저작들은 우리가 이 땅에서 종말을 맞으리라는 점에 너무 초점을 맞춘 나머지 천국의 주 관심사가 예수라는 것을 망각했다.[38] 이에 대해 네덜란드의 신칼뱅주의자들은 약간의 교정이 필요했다고 응수할지도 모른다. 세대주의적 복음주의의 거점인 무디 성경 연구소(Moody Bible Institute)를

---

[37] Albert M. Wolters, *Creation Regained: Biblical Basics for a Reformational Worldview*, 2nd ed. (Grand Rapids: Eerdmans, 2005). 『창조 타락 구속』(IVP); Richard J. Mouw, *When the Kings Come Marching In: Isaiah and the New Jerusalem*, rev. ed. (Grand Rapids: Eerdmans, 2002). 『왕들이 입성하는 날』(SFC출판부); Cornelius Plantinga Jr., *Engaging God's World: A Reformed Vision of Faith, Learning, and Living* (Grand Rapids: Eerdmans, 2002). 『기독지성의 책임』(규장); Randy Alcorn, *Heaven: A Comprehensive Guide to Everything the Bible Says about Our Eternal Home* (Carol Stream, IL: Tyndale, 2004). 『헤븐』(요단출판사); N. T. Wright, *Surprised by Hope* (New York: HarperOne, 2008). 『마침내 드러난 하나님 나라』(IVP); J. Richard Middleton, *A New Heaven and a New Earth* (Grand Rapids: Baker Academic, 2014). 『새 하늘과 새 땅』(새물결플러스); G. K. Beale, *The Temple and the Church's Mission: A Biblical Theology of the Dwelling Place of God*, New Studies in Biblical Theology 17 (Downers Grove, IL: InterVarsity Press, 2014). 『성전신학』(새물결플러스); Michael Wittmer, *Becoming Worldly Saints* (Grand Rapids: Zondervan, 2015), *Heaven Is a Place on Earth* (Grand Rapids: Zondervan, 2004).

생각해 보라. 이 연구소의 교리 선언문은 5조에서 교회는 "주님께서 자기 나라를 세우려고 나타나시기 전 공중으로 들어 올려져 주님을 만난다"는 말로 끝을 맺는다. 이보다 앞서 3조 주석에서는 예수의 "천년 통치"가 이 나라라고 말한다.[39] 하지만 그 나라는 겨우 천 년 존속한다. 그다음에는 어떤 일이 생기는가? 선언문은 아무 말도 하지 않는다. 이 책이 채우고자 하는 것이 바로 그런 여백이다.

천국의 역사에 관해서는 아직 할 말이 더 많지만, 교회의 천국관이 어떻게 전개되어 왔는지 요점을 파악하기 위해서는 이것만으로도 충분하다. 이제 속도를 높였으므로 이 책에 등장하는 다양한 견해는 물론 그 견해를 지지하는 이들이 어디에 속해 있는지 더 잘 이해할 수 있을 것이다.

천국에 대한 질문

이 책의 첫 번째 기고자는 존 파인버그다. 그는 트리니티 복음주의 신학교의 성경/조직신학 교수이며, 종말론을 주제로 한 저서 발간을 앞두고 있다. 파인버그는 우리의 최종 운명이 현재 이 땅에서의 삶과 거의 연속성이 없다는 전통 복음주의 개신교의 견해를 옹호하는 주도적 신학자다. 다수의 복음주의자들과 마찬가지로 파인버그도 우리의

---

38 Michael Allen, *Grounded in Heaven* (Grand Rapids: Eerdmans, 2018); Michael S. Horton, Scott Swain, and Michael Wittmer, "The Need for Heaven", *Modern Reformation* (September-October 2016): pp. 38-49; J. Todd Billings, "The New View of Heaven Is Too Small", *Christianity Today*, February 15, 2018, www.christianitytoday.com/ct/2018/february-web-only/new-view-of-heaven-too-small-resurrection-hope.html.

39 "Moody Bible Institute Doctrinal Statement", www.moodybible.org/beliefs/.

최종 상태 바로 전에 일어나는 대환란과 천년왕국 같은 사건들에 관해 의견을 말한다.

두 번째 기고자는 리처드 미들턴이다. 그는 노스이스턴 신학교의 성경적 세계관과 주해 교수이며, 저서로는 『새 하늘과 새 땅』이 있다. 미들턴은 자칭 카이퍼파 웨슬리교도(Kuyperian Wesleyan)다. 왜냐하면 그는 신칼뱅주의 입장과 새 창조에 관한 웨슬리의 성숙한 견해를 융합한 웨슬리파 성경학자이기 때문이다. 미들턴의 입장을 전통 견해에 대한 부분적 대응으로 볼 수 있는데, 이는 그가 이 세상과 다음 세상이 땅에서 연속됨을 강조하는 까닭이다.

세 번째 기고자는 마이클 앨런이다. 그는 올랜도 소재 리폼드 신학교의 조직신학 교수이자 학장이며, 저서로는 『하늘에 기반을 두다』(*Grounded in Heaven*, Eerdmans, 2018)가 있다. 앨런이 집필한 장은 부분적으로 신칼뱅주의 입장에 대한 답변으로 볼 수 있는데, 앨런은 신칼뱅주의가 우리 최종 상태의 지상성(earthiness)을 너무 강조한 나머지 가장 중요한 부분, 즉 우리가 하나님을 직접 볼 수 있는 복을 망각하지 않았나 생각한다.

네 번째 기고자는 피터 크리프트다. 그는 보스턴 칼리지의 철학 교수이며, 저서로는 『천국에 관해 알고 싶었던 모든 것』(*Everything You Ever Wanted to Know about Heaven*, Ignatius, 1990)과 『천국』(*Heaven*, Ignatius, 1989)이 있다. 크리프트는 제2차 바티칸 공의회 이후 로마가톨릭의 현대 천국관을 설명한다. 크리프트는 네덜란드 신칼뱅주의의 북미 지역 본산인 칼빈 칼리지를 졸업했기에 로마가톨릭의 입장이 대중적 개신교의 견해와 어떤 점에서 유사하고 어떤 점에서 다른지 그 뉘앙스를 특별히 명쾌하게 전달할 수 있는 위치에 있다.

이 짤막한 천국의 역사를 읽어 나가다 보면 다양한 방식으로 자주 표출되는 긴장감을 눈치챌 수 있을 것이다. 어떤 때는 땅과 하늘 사이의 긴장 같고, 어떤 때는 창조와 구속, 시간과 영원, 육체와 영 사이의 긴장 같고, 또 어떤 때는 우리가 향유하는 문화와 그리스도 사이의 긴장 같기도 한 이 긴장감은 이 책에서 천국에 대한 다양한 견해를 구별하는 데 큰 도움이 된다. 이러한 차이를 부각시키기 위해 나는 기고자들이 각자 집필한 장에서 다음 열 가지 질문에 답변해 주기를 요청했다. 처음 여섯 가지 질문은 반드시 답변해야 할 질문이고, 나머지 네 가지 질문은 선택적으로 답변할 수 있다(하지만 이는 그리스도인들이 흔히 던지는 질문이다). 기고자들은 해당 질문에 명쾌한 답이 없다고 여겨지면 자유로이 그렇다고 말할 수 있었으며, 관련 있다고 생각하는 다른 문제들을 다룰 수도 있었다. 또한 자신과 견해가 같은 사람들이 공유하지 않는 특이한 견해는 피해 주기를, 자신의 특정 관점이 자신의 입장에 꼭 필요하지 않은 경우 적어도 독자들에게는 이를 알려 주기를 요청했다.

열 가지 질문은 다음과 같다.

1. **구원받은 사람이 최종적으로 있게 되는 곳은 어디인가?** "새 하늘과 새 땅"을 어떻게 이해하는가? 우리는 하늘에서 영원히 살게 될까, 아니면 땅에서 영원히 살게 될까?
2. **그곳에서 우리는 '어떤' 모습일까?** 현재 우리는 몸과 영혼의 통합적 결합체로, 별개의 두 부분이 하나의 신비한 전체로 얽힌 존재다. 영

화롭게 된 최종 상태에서 우리는 어떤 모습일까? 우리는 어떻게 변화될 것이며, 어떤 면에서 여전히 동일한 모습일까? 바울이 말하는 "신령한 몸"(고전 15:42-50)을 어떻게 이해하는가?

3. **그곳에서 우리는 '무엇'을 할까?** 우리가 최종 상태에서 하나님을 예배하는 모습을 설명해 줄 수 있는가? 예배 외에 다른 일을 하기는 할까? 만약 한다면 어떤 일을 할까? 그런 활동들에 대해 설명해 줄 수 있는가?

4. **우리는 하나님을 어떻게 보고, 하나님에게서 무엇을, 그리고 누구를 보게 될까?** 예수만을 보게 될까, 아니면 성령과 성부도 보게 될까? 성령과 성부도 본다면, 우리의 시각에는 모종의 중개가 필요할까, 아니면 직접 볼 수 있을까?

5. **종말에 대한 당신의 견해는 중간 상태와 어떻게 연관되는가?** 이 둘은 어떻게 유사하고 어떻게 다른가?

6. **종말에 대한 당신의 견해는 우리의 현재 삶과 어떻게 연관되는가?** 이 둘은 어떻게 유사하고 어떻게 다른가? 우리의 종말은 현재 우리의 삶에 어떻게 영향을 끼쳐야 하는가?

7. **우리는 특별한 능력을 갖게 될까?** 우리의 "신령한 몸"은 우리의 현재 몸이 할 수 없는 어떤 일을 할 수 있게 될까? 예를 들어, 우리는 본질적으로 불멸하게 될까?

8. **이생에서 정신적 외상을 남긴 사건이나 지금 우리 곁에 없는 사랑하는 사람들을 기억하게 될까?** 만약 기억한다면, 어떻게 그 기억이 우리의 기쁨을 앗아 가지 못할까? 기억하지 못한다면, 우리의 정체성을 구성하는 중요한 부분을 잃은 것 아닌가?

9. **배우자 및 다른 가족과의 관계는 어떻게 될까?** 최종 상태에서도 결혼이나 성(性), 혹은 가족 구성이 있을까? 여전히 성별(性別)이 있을까? 만약 있다면 우리는 의복을 입을까?
10. **우리는 최종 상태에서도 죄를 지을 수 있을까?** 지을 수 없다면 우리는 어떤 의미에서 자유의지를 가지고 있는가?

기고자들의 면면을 살펴보았고 이들에게 어떤 질문이 주어졌는지 알아보았으므로 이제 이들의 답변을 파고들어 가 볼 시간이다. 저쪽 세상에서 만납시다.

제1장

전통 복음주의 개신교 관점

존 파인버그

사람은 누구나 천국에 가고 싶어 하지만, 죽기를 원하는 사람은 아무도 없다.[1] 하지만 그리스도를 개인의 구주로 삼으면서 휴거 시점에 살아 있는 사람이 아닌 한, 천국에 가기 위해서는 먼저 죽어야 할 가능성이 아주 높다. 그 뒤에는 어떻게 되는가? 그리스도인은 죽어서 천국에 가리라 늘 소망한다. 일부 불신자들은 천국도 지옥도 없다고 생각하는 데 아주 능숙하지만, 조만간 이들은 육체의 죽음이 끝이 아니라는 슬픈 사실을 깨달을 것이다. 지옥은 정말로 있으며, 아무리 그럴듯한 상상을 하더라도 그리스도 밖에 있는 사람은 지옥을 피할 수 없고 피하지도 않을 것이다.

그렇다면 그리스도를 구주로 믿고 의지하는 사람에게는 죽음 후 어떤 일이 생기는가? 장례식 후(심지어 장례식 전에도) 죽은 신자의 몸에 어떤 일이 생기는지 우리는 알고 있다. 하지만 비물질적 부분, 즉 신자의 영혼은 어떻게 되는가? 육체적 죽음 직후 바로 하나님의 임재로 안내되는가, 아니면 그 전에 기다리는 기간이 있는가? 성경은 몸의 최종 부활을 가르치지만, 영혼이 이미 하나님의 임재 안에 있다면 몸이 굳이 왜 필요한가? 그리고, 일단 부활이 일어난 후 우리는 여전히

---

[1] 달리 언급하지 않는 한 이후 성경을 인용할 때는 NASB를 사용한다(본서는 개역개정을 사용했으며, NASB와 번역이 다른 부분만 사역했다-옮긴이).

서로를 알아볼까? 아기가 유아 때 죽으면 성인으로 부활할까? 신자가 일단 부활해 영화롭게 되면, 그다음에는? 가장 가까운 구름을 찾아내 하루 종일 즐겁게 수금을 연주하면서 그 주변을 떠다닐까? 아니면 좀 더 의미 있는 일이 있을까? 이는 모두 호기심을 자아내는 질문이며, 우리가 지금 그리스도를 얼마나 믿고 의지하든 일단 죽은 후 어떤 일이 있을지 궁금해하는 것은 지극히 당연하다. 안타깝게도 성경에는 이런 질문을 다루는 구절이 많지 않다. 물론 답변을 찾는 데 도움이 되는 내용을 보여 주기는 한다.

성경에 따르면, 그리스도를 아는 사람들은 영원을 위한 최종 상태에 이르기 전 일련의 사건을 겪는다. 이 점을 이해하기 위해서는 먼저 마지막 때에 있을 일들에 대한 필자의 이해를 간략히 설명해 보이는 게 도움이 될 것이다. 일련의 사건이 이어질 때, 각 사건이 대략 어느 시점에 일어나는지 의견을 말할 수도 있겠지만 그건 다음 기회로 미루겠다. 지금 내 목적은, 신자들이 최종 운명을 향해 가는 길에 다양한 단계와 사건이 있다는 내 말이 무슨 의미인지 독자들이 이해할 수 있도록 돕는 것이다. 일단 그 사건들을 명쾌히 다룬 후에야, 신자들의 죽음 이후 일어나는 일에 관한 내 의견을 분명히 제시할 수 있다.

그러나 이야기를 진행하기 전, 나는 성경의 완전한 영감과 무오함과 권위에 전적으로, 그리고 당당히 헌신한다는 점을 확언해 둔다. 따라서 죽음 후 삶에 관한 견해들이 성경의 명백한 가르침과 상충하거나 그 가르침의 논리적 함의조차 되지 못할 경우, 그 견해들이 아무리 '매력적'일지라도 나는 거부한다. 또 한 가지 덧붙일 것은, 나는 성경에 내세를 그려 볼 수 있게 하는 계시가 충분하며, 영원에 관한 견해들이 그 그림과 모순된다면 그 견해는 옳을 수 없다고 믿는다.

대략적으로 살펴본 종말의 사건들

그렇다면, 예언적으로 말해서 하나님은 신자들을 위해, 그리고 우리가 사는 이 세상을 위해 무엇을 예비해 두셨을까? 우리가 현 시대의 종말을 향해 가노라면, 환란의 시기가 있을 것이다(예. 마 24:4-14; 딤후 3:1-9). 환란의 시대는 다니엘의 70번째 이레로 알려진(단 9:27) 지상에서의 7년 환란으로 절정을 이룰 것이다. 예수는 자기 교회를 위해 다시 오겠다고 약속하셨고(요 14:1-3; 고전 15:51-57; 살전 4:13-18), 그런 휴거를 예상하는 성경학자들은 그 일이 대환란과 관련해서 일어날 것이라고 여긴다. 이들은 그리스도가 대환란 전에 오실지, 대환란 중에 오실지, 아니면 대환란 끝에 오실지에 대해서는 논쟁을 벌이지만, 그분이 그 시기 어느 시점에 다시 오시리라는 데는 모두 의견이 일치한다. 대환란 전이나 대환란 중에 휴거가 있으리라고 예상하는 이들은 죽은 성도들 및 살아 있는 교회 구성원들이 하늘로 들려 올라갈 것이라고 생각한다. 대환란 끝에 휴거가 일어나리라고 믿는 이들은 신자들이 곧장 하늘로 가리라고 보지 않는다. 그보다는 신자들이 공중으로 올라가 그리스도를 만난 뒤, 아마겟돈 전쟁에서 원수들을 멸하러 오시는 그분과 함께 다시 땅으로 올 것이라고 본다. 휴거를 믿는 이들은 신자들이 휴거 때 영화롭게 된 몸을 받을 것이라고 믿는다(고전 15:51-57; 요일 3:1-2).

대환란 끝에는 국가 간 범세계적인 연합체가 이스라엘을 에워싸고 공격할 것이다(슥 12:1-3). 예수는 하늘에서 자기 군대(구약과 신약 시대 성도들 및 천군 천사)를 이끌고 자신과 자신의 백성을 대적한 자들을 멸하러 오실 것이다(아마겟돈 전쟁, 계 19:11-21). 원수들을 물리친 후 예수는 자신의 재림 때 이 가장 중요한 싸움에서 목숨을 잃지 않고 살아 있는 신자들을 땅 구석구석에서 불러모으실 것이다(마 24:31). 그러고 나면 태어날 때의 몸을 가지고 여전히 살아 있는 모든 사람에 대한 심판이 있을 것이다(마 25:31-46에 언급된 열방에 대한 심판). 그리스도를 구주로 아는 사람들은 오래 기다리던 나라에 들어갈 것이고(34절), 불신자들은 영원한 벌로 들어갈 것이다(46절).

요한계시록 20:1-3에 따르면, 사탄은 이 나라가 시작될 때 결박되어 무저갱에 던져져 이제까지 그랬던 것처럼 사람들을 마음껏 기만하지 못하게 될 것이다. 이 나라가 시작되면, 구약 시대 성도와 교회와 대환란 때 목숨을 잃은 성도들이 이 나라에 거하게 될 것이다(계 20:4은 대환란 때 죽임당한 성도들을 특별히 언급한다. 그리고 역사상 다른 때에 죽은 다른 신자들도 부활해 영화롭게 된 몸으로 이 나라에 들어갈 것이다. 이 나라는 이들에게도 약속되었는데, 이 나라가 마침내 임할 때 이들은 이를 놓치지 않을 것이다). 이 모든 성도는 부활해 영화롭게 된 몸을 입을 것이다. 죽지 않고 대환란을 통과한 다른 신자들은 태어날 때의 몸 그대로 이 나라에 들어갈 것이다. 천년왕국(millennial kingdom/the millennium)으로도 알려진 이 나라는 천 년 동안 존속할 것이다. 태어날 때의 몸 그대로 천년왕국에 들어가는 많은 이들은 다른 이들을 낳을 것이다(사 65:20). 천년왕국이 지속되는 동안 태어난 이들은 그리스도를 구주로 받아들여야 할 것인데, 많은 이들이 그분을 구주로 받아들이겠지만 모두가

다 그렇게 하지는 않을 것이다. 천년왕국 끝에는 사탄이 풀려나 마지막으로 또 한 번 주도하여 하나님께 반역할 것이다. 사탄 추종자 중에는 천년왕국 때 태어나 그리스도께 돌이키지 않은 이들이 많을 것이다. 사탄과 그 추종자들은 패배해 불 못에 던져질 것이다(계 20:7-10). 나는 그리스도가 대환란 끝에 재림 후 천년왕국이 시작할 거란 이해를 갖고 있으므로 전천년주의자(premillennialist)다.

요한계시록 20:11-15은 크고 흰 보좌 심판을 우리에게 소개한다. 11절은 하나님이 크고 흰 보좌에 앉아 계시며 그분의 얼굴 앞에서 하늘과 땅이 피해 도망쳤다고 말한다. 천년왕국이 현재의 땅에 존속하지 않았다는 증거는 없다. 그래서 천년왕국이 끝나고 크고 흰 보좌 심판이 시작되기 전 어느 때쯤 하나님이 현재의 하늘과 땅을 멸하실 것이다. 베드로후서 3장은 이 사건을 물질의 멸절이 아니라 기존의 모든 구조가 거대하게 '녹아내리는 것'으로 묘사한다. 베드로후서 3장은 이 일이 언제 일어날지 정확히 말하지는 않지만, 요한계시록 20:11이 그리는 장면을 감안할 때 천년왕국이 끝나고 크고 흰 보좌 심판이 시작되기 전에 이 일이 있으리라고 생각하는 게 타당하다.

요한계시록 20:11-15에 따르면, 크고 흰 보좌 심판에서 '유죄로 확정된 자들'(losers)은 이들의 최종 거처인 불 못에 던져진다. 내가 이해하기로 이 심판에는 '승자'(winners)가 없다. 동의하든 안 하든, 요한계시록 20:11-15은 '승자'에게 어떤 일이 생기는지는 말하지 않으며, 그래서 만약 승자가 있다고 해도 이들이 가는 곳이 어디인지는 확실하지 않다. 크고 흰 보좌 심판 후 옛 하늘과 땅은 여전히 사라지고 없지만, 이를 대신할 만한 다른 아무것도 존재하지 않는다. 하지만 성경은 하나님이 곧 새 하늘과 새 땅을 창조하시리라고 내다본다(사 65:17; 벧후 3:11-13). 이 새 시대가 어떤 모습일지는 요한계시록 21-22장에서 더할 나위 없이 충실하게 묘사하고 있다. 요한이 영원한 상태, 곧 이 새 하늘과 땅에서의 삶에 관해 기록했기 때문이다. 새 하늘과 새 땅에는 새 예루살렘도 있을 것이다. 요한계시록 21-22장은 이 새 시대가 영원히 계속되리라고 말한다. 성경은 영원한 상태에서는 죄나 죄인이 없으리라고 아주 분명하게 말한다. 영원한 상태는 중단되지 않고 영원히 지속되는 완전한 화평과 의의 시대일 것이다. 하나님(성부·성자·성령)이 영원한 상태에서 영원히 다스리고 통치하실 것이다.

중간 상태

육체의 죽음과 몸의 부활 사이 기간은 **중간 상태**(intermediate state)라고 알려져 있다. 마지막 때에 있을 사건들을 앞에서 대략 살펴보았는데, 이에 비추어 볼 때 그리스도를 믿는 신자로서 휴거 전에 죽은 사람들에게는 어떤 일이 일어나는가? 이들의 시신이 분실되지 않았다고 가정하면(그리고 화장되지 않았다는 전제 아래), 사망 후 시신은 이런저런 유형의 묘나 무덤에 묻힐 것이다. 일반 경험으로 볼 때, 이 일은 대다수 사람들이 죽을 때 일어난다. 하지만 **신자들**의 비물질적인 부분(혼/영)은 어떻게 되는가? 성경에서 볼 수 있는 최적의 증거는 신자의 비물질적인 부분은 즉시 하늘에 계신 주님의 임재 안으로 들어간다고 가르친다.

여기 이 견해를 지지하는 증거가 있다. 빌립보서 1장에서 바울은 한 가지 딜레마와 씨름한다. 바울은 세상을 떠나서 그리스도와 함께 있어야 할지(바울에게는 이 편이 더 좋다), 아니면 계속해서 빌립보 교인들을 섬길 수 있도록 살아 있어야 할지 알지 못한다. 두 가지 선택 모두 좋지만, 바울은 자신이 계속 살게 되리라 확신한다. 그가 죽을 경우, 남는 것은 그의 시신이라는 것을 분명히 해야 한다. 자신이 죽은 후에 시신이 남아 있을 수 있으리라는 것 말고 바울이 다른 생각을 했다는 증거는 없다. 그러므로, 바울은 죽을 때 자신의 영혼이 세상을 떠나 주님과 함께 있게 되리라고 믿었다.

게다가 고린도후서 5:8에서 바울은 몸을 떠나 주와 함께 있는 상태에 관해 기록한다. 이는 곧 죽을 때 그의 영혼이 몸을 떠난다는 것 말고 달리 무슨 의미일 수 있겠는가? 바울은 이것이 자신에게만 해당하는 독특한 상태인 양 말하지 않는다. 이 구절을 읽으면 이것이 모든 신자가 죽을 때의 운명을 말한다는 느낌을 뚜렷이 받는다.

부자와 나사로 이야기도 있다(눅 16:19-31). 이 이야기가 비유인지 실화인지는 확실하지 않지만, 설령 신학적 주장을 위한 하나의 이야기일 뿐이라 해도 그 주장은 과연 무엇이며 영생에 관해 무엇을 가르치는가? 하나님과 아무 관계도 없는 부자는 지옥의 고통 가운데 있는 것으로 묘사된다. 불길이 그를 태우고, 이 고통에서 빠져나갈 길은 전혀 없다. 부자는 "아버지 아브라함"을 부르며 나사로를 보내 시원한 물을 자기 혀에 떨어뜨려 잠시 고통을 덜게 해 주기를 청한다. 이때 부자가 들은 대답은, 그와 나사로 사이에 큰 구렁텅이가 있어서 그렇게 해 줄 수 없고, 부자가 나사로 쪽으로 다가갈 수도 없다는 것이었다.

이 이야기가 실화라면, 부자는 죽어서 이미 부활한 상태다. 부자는 최후 심판을 받고 불 못에 넘겨진 것으로 보인다. 즉, 부자는 크고 흰 보좌 심판에서 '유죄로 확정된 자'다. 이 이야기가 실화가 아니고 단지 구원받은 사람과 잃어버린 바 된 사람의 최종 상태를 전반적으로 설명하려는 것이라면 부자 이야기가 악인의 최종 거처를 **콕 짚어** 말하는 것이라고 볼 수 없다. 단지 불신자에게는 가차 없는 심판이 있음을 가리키는 것일 수 있다.

마찬가지로, 나사로에 관한 이야기도 경건한 사람은 내생에서 크게 복을 받는다고 가르치려는 허구나 비유일 수 있다. 혹은 경건한 사람에게 사후에 어떤 일이 일어나는지에 관해 무언가를 구체적으로 가르치려는 이야기일 수도 있다. 만약 후자라면, 우리는 이 구절에서 많은 것을 알아내지 못한다. 나사로는 육체가 있는 상태인가, 없는 상태인가? 아마 육체가 있는 상태로 생각하고 싶을 것이다. 그래야 부자의 혀에 물을 떨어뜨려 줄 수 있을 테니 말이다. 하지만 이 이야기가 그저 경건한 사람과 악인의 서로 다른 최종 상태를 보여 주려는 이야기일 뿐이라면, 나사로와 부자의 상태에 대한 세부 묘사가 내생의 현존의 한 국면(또는 모든 국면)에 관한 엄밀한 형이상학적 요점이 되기를 요구하지 않는 것이 현명할 것이다.

마지막으로, 예수가 자기 옆 십자가에 달린 회개하는 죄수에게 주신 말씀이 있다. 그 사람의 믿음에 대한 화답으로 예수는 "오늘 네가 나와 함께 낙원에 있으리라"(눅 23:43)고 말씀하신다. 예수는 그 죄수가 기적적으로 십자가에서 풀려나, 살아서 영광스럽게 되어 하늘에 계신 하나님의 임재 안으로 옮겨 갈 것을 예언하신 것일지도 모르지만, 이는 그 말씀의 의도에 대한 썩 그럴 법한 해석이 아니다. 그보다 예수는 이 죄수가 곧 죽으리라는 것을 알고 계셨으며, 그의 시신이 장사되리라는 것도 알고 계셨다. 예수의 이 말씀은 인간에게 본질적으로 분리 가능한 부분이 있음을, 그리고 죽은 후 그 죄수의 영혼이 예수와 함께 하늘에서 하나님의 임재 안에 있게 될 것("낙원")을 확증한다.

이렇게, 신자가 죽으면 이들의 영혼은 즉시 하나님의 임재로 들어가는 반면, 이들의 몸은 무덤으로 간다. 어떤 시신은 바다에서 유실되기도 할 것이고 또 어떤 시신은 화장되어 다른 형태로 변하기도 한다. 어쨌든 상관없다. 애초에 인간의 몸을 창조하신 하나님은 설령 그 몸이 화장이나 어떤 재앙 때문에 형태가 달라졌다 해도 나중에 재구성하실 수 있기 때문이다.

휴거

죽은 신자에게 그다음으로는 어떤 일이 일어나는가? 성경은 예상외로 이에 대해 많은 말을 한다(요 14:1-6; 고전 15:50-57; 살전 4:13-18; 요일 3:2). 예수는 자신이 곧 제자들을 떠날 것이라고 말씀하셨다(요 14:1-6). 하지만 언젠가 돌아와서 이들을 데려가 자신과 함께 있게 하실 것이라고도 약속하셨다. 구체적으로 요한복음 14:2-3에서 예수는 아버지 집에 가서 제자들이 있을 곳을 예비하겠다고 말씀하셨다. 예수는 훗날 돌아와서 제자들을 데려가 자신과 함께 있게 하실 터였다(4절). 많은 신학자와 성경학자가 이 사건을 가리켜 교회의 휴거라고 한다. 이들은 휴거가 마지막 때의 7년 대환란 전에 일어날지, 대환란 중에 일어날지, 아니면 환란이 끝날 때 일어날지에 대해 논쟁한다. 정확한 시점과 상관없이, 성경은 그리스도가 재림하실 때 일부 신자는 살아 있을 것이고 다른 많은 신자는 죽은 상태일 것이라고 가르친다. 예수는 이들 중 어느 쪽도 휴거를 놓치지 않을 것이라고 약속하셨다.

그러면 이 휴거 때에는 어떤 일이 일어날까? 데살로니가전서 4:16은 주님이 호령과 천사장의 소리와 하나님의 나팔 소리와 함께 하늘로부터 다시 오시리라고 말한다. 그리스도를 믿고 죽은 이들은 부활해 공중으로 들어 올려져 그리스도와 함께 있게 될 것이다. 이는 무엇보다도 이들의 비물질적인 부분이 이들의 부활한 몸과 다시 연합하리라는 뜻이다. 이어서, 휴거 시점에 살아 있는 신자들이 그다음으로 들어 올려질 것이다. 바울은 "우리가 항상 주와 함께 있으리라"고 덧붙인다. 이것이 주님이 어디를 가든 우리가 함께 있으리라는 뜻인지, 아니면 그저 그때로부터 우리가 부활한 몸을 입고(그리스도가 자기의 부활한 몸을 입으신 것처럼) 주님의 나라에 그분과 함께 있으면서 그분을 섬길 때 그분이 명하시는 일은 무엇이든 할 준비를 한다는 뜻인지는 전적으로 확실하지 않다. 두 가지 모두 가능하며, 어느 쪽이든 영적으로나 다른 어떤 식으로나 더는 주님과 떨어져 있지 않는다는 뜻이다.

하지만 본래 그대로의 몸을 입고 있는 신자들이 어떻게 이렇게 할 수 있는지 궁금할 수도 있다. 먼 우주 공간을 오가는 우주인들도 특별한 장비를 착용해야 새로운 환경에 적응할 수 있다. 나는 이와 관련해 두 가지 핵심 성경 구절이 있다고 생각한다. 하나는 비교적 일반적인 것을 보여 주고, 다른 하나는 좀 더 구체적인 것을 보여 준다. 요한1서 3:2은 "우리가 지금은 하나님의 자녀"지만 앞으로 어떻게 될지는 아직 나타나지 않았다고 말한다. 하지만 언젠가 그(그리스도)가 나타나시리라는 것을 우리는 알고 있다. 이 구절 나머지 부분을 감안할 때, 그리스도가 나타나실 날이 휴거 때임이 분명하다. 요한은 그리스도가 나타나시면 "우리가 그와 같을" 것이라고 말한다(요일 3:2).

이는 믿을 수 없는 엄청난 약속이다. 하지만 우리는 이 약속의 의미를 명확히 해야 한다. 이 약속은 우리가 모종의 신적 존재가 되리라는 뜻이 아니다. 이는 요한1서 3장은 차치하고 성경 전체의 가르침과도 전적으로 배치된다. 또한 이 약속은 오직 죽은 신자만이 죽은 자들 가운데서 부활한다는 뜻도 아니다. 만약 그런 의미라면, 그리스도가 다시 오실 때 살아 있는 신자들에게는 아무 변화도 없을 것이다. 요한1서 3:2은 모든 신자, 그리스도를 믿는 믿음을 통해 하나님의 자녀가 된 모든 이에 관한 말씀이지 단지 죽은 신자들에 관한 말씀이 아니다. 그리고 이 구절은 모두가 변화될 것이라고 말하지 않는가!

이 변화는 어떤 변화일까? 우리로서는 고린도전서 15:51-55에서 바울이 설명한 말을 되풀이하는 게 최선이다. 바울은 모든 신자가 "잠"을 자지는 않을 테지만("잠"은 육체적·자연적 죽음을 겪는다는 의미로 바울이 쓰는 표현이다), 모든 신자가 변화되리라고 말한다(51절). 언제? 마지막 나팔이 울릴 때다(52절; 나는 이것을 살전 4장의 휴거 나팔 소리로 보는 성경학자들의 의견이 옳다고 생각한다). 다음으로 바울은 그 변화의 내용을 설명한다. "죽은 자들이 썩지 아니할 것으로 다시 살아나고 우리도 변화되리라. 이 썩을 것이 반드시 썩지 아니할 것을 입겠고 이 죽을 것이 죽지 아니함을 입으리로다"(52-53절). 궁극적 결과는 "사망을 삼키고 이기[는]"(54절) 것이라고 바울은 말한다.

이는 우리 몸이 이제는 병들거나 노화의 부정적 결과를 겪거나 죽을 수 없다는 뜻이다. 내가 이해하기로 이는 또한 우리 존재에 어떤 부정적 효과를 겪지 않고도 우주의 어느 곳이든 갈 수 있다는 뜻이다(그리스도가 그러셨던 것처럼). 간단히 말해 우리는 영화롭게 된 상태에 있게 될 것이다. 이것이 바로 우리가 요한과 더불어 "우리가 그와 같을" 것이라고 말할 수 있는 이유다.

이것만 해도 유익하지만, 나는 우리가 좀 더 독특해질 수 있다고 생각한다. 변화된 후 우리는 여전히 몸과 영혼의 통합적 결합체일 테지만, 인간을 이루는 각 부분(물질적 부분과 비물질적 부분)은 영화롭게 될 것이다. 우리의 몸은 영화롭게 될 것이고, 노화의 부정적 징후는 나타나지 않을 것이다. 몸은 병들거나 쇠약해지거나 죽을 수 없을 것이다. 우리 영혼도 영화롭게 될 것이고, 그래서 우리를 이루는 비물질적 부분이 아직 영화롭게 되지 못한 자연적 상태에서 했던 모든 일(예. 사고하고, 추론하고, 감정을 품고 표현하고, 숙고해 선택하는 일)을 할 수 있되 죄의 가능성 없이 할 수 있게 될 것이다. 추측건대, 우리는 육체적이고 정신적인 일, 대체적으로 어떤 일이든 영화롭게 되지 못한 상태의 인간이 할 수 있는 일을 다 할 수 있되, 전적으로 하나님을 기쁘시게 하고 높이는 방식으로 하지 어떤 식으로든 하나님의 명령에 불순종하는 방식으로 하지는 않을 것이다.

바울이 고린도전서 15:42-50에서 "신령한 몸"이라는 말을 어떤 의미로 썼는지 생각해 보자면, 바울의 이 말은 우리의 물질적 몸이 영 같을(spirit-like) 것이라는 뜻이 아니다(영 같다는 말이 무슨 의미인지조차 분명하지 않다). 그보다 바울은 영화롭게 된 몸이라는 의미로 이 말을 쓴다. 영화롭게 된 몸(과 정신)은 죄 및 죄의 결과와 완전히 분리되어 있다. 그래서 이 몸은 감정이나 욕구, 행위, 의지, 움직임 또는 그 어떤 면에서도 죄를 지을 수 없다.

휴거 때 살아 있는 신자들에게 이런 일이 일어난다면, 휴거 전에 죽은 신자들에게는 어떤 일이 생기는가? 대답은, 신자가 육체적으로 죽을 때 일어나는 일과 똑같다는 것이다. 신자의 시신은 (유실되거나 화장되지 않았다면) 무덤으로 들어가고, 비물질적인 부분은 그리스도의 임재 안으로 들어간다. 휴거 때, 이미 죽은 신자의 시신은 죽은 자들 가운데서 부활해서 각자의 비물질적인 부분과 다시 만난다. 이 시점에서 이들의 전인, 즉 몸과 영혼은 정확히 요한과 바울이 설명한 그대로 영화롭게 될 것이다.

앞에서 언급한 대로, 육체의 죽음과 몸의 부활 사이 기간은 중간 상태라고 알려져 있다. 물질적 몸은 죽어서 장사되어 (혹은 화장되어) 무덤에서 소멸해 가는 한편, 신자의 비물질적인 부분은 육체의 죽음 때 즉시 하나님의 임재 안으로 들어간다. 비물질적인 부분은, 몸과 결합되어 있는 동안 비물질적인 정신/영혼에 흔히 생기곤 하는 정신적 질병을 겪을 수 없다. 그렇다면, 성경의 표현을 빌릴 때 이는 인간의 비물질적인 부분이 그 시점에서 "영화롭게" 된다는 의미인가? 성경은 몸에서 분리된 영에 대해 그런 표현을 쓰지 않는다. 그 영이 천국에서 하나님의 임재 가운데 있을 때도 말이다(영혼이 몸과 분리되는 체험에 관해 바울이 뭐라고 말하는지에 대해서는 고후 12:2-4을 보라). 추측건대, 몸과 분리된 영은 몸과 결합되어 있을 때와 똑같이 기능하되 훨씬 더 큰 정확성과 지식을 가지고 할 수 있을 것이다. 영원한 상태에 관해 말하자면, 물질적 몸은 부활해 각자의 비물질적인 부분과 다시 만나며, 그리하여 몸과 영혼 전인(全人)이 영화롭게 된다. 그리스도는 사람(몸과 영혼)을 구원하려고 죽으셨으며, 몸은 부활해 영화로운 상태로 변하기까지 죄의 결과(죽음)를 여전히 감당한다. 일단 부활해 각자의 비물질적인 부분과 다시 만나면, 전인이 완전히 구원된다.

천년왕국

영화롭게 된 성도에게 그다음으로는 어떤 일이 일어나며, 휴거 후 구원받은 성도는 어떻게 되는가? 앞에서 말했다시피, 대환란 후 주님은 이 땅에서 천 년간 지속되는 천년왕국 통치를 시작하실 것이다. 성경을 보면 이 나라는 처음에 오직 신자들로만 이뤄지는 것 같다. 이 신자들에는 세 무리가 있다. 첫 번째는 구약 시대 성도들이다. 이들은 부활해 영화롭게 된 몸으로 이 나라에 들어갈 것이다. 이것이 이상하게 여겨진다면, 이 나라가 구약 시대 성도들에게도 약속되었다는 점을 기억하라. 그리스도의 나라가 마침내 이 땅에 임할 때 구약 시대 성도들이 이 나라를 놓친다는 것은 생각할 수 없는 일이다! 두 번째로 이 나라에 들어가는 무리는 휴거 때 하늘로 들어 올려진 신약 시대 성도들이다. 여기에는 그리스도의 재림 시점에 이미 죽은 신자들과 살아 있는 신자들 모두 포함된다. 모두가 영화롭게 되어 이 나라에 들어갈 것이다.

   휴거 후 아직 그 나라가 시작되기 전, 본래의 몸을 그대로 지닌 많은 사람이 구원받을 것이다(증인 14만 4천 명이 복음을 전하는 수고를 한 결과 많은 이들이 구원받을 것이 틀림없다; 계 7장과 14장을 보라). 하지만 이 시점에 살아 있는 모든 이들이 다 구원받지는 않는다. 그렇지 않다면 이 나라가 시작되기 직전의 심판 때 "염소"는 한 마리도 없을 것이다(마 25:31-46). 세 번째 무리에 속하는 이들은 대환란 중에 하나님의 백성에 대한 박해가 있었음에도 어떻게든 죽지 않고 살아남은 사람들이다. 이 나라가 임할 때 이들은 본래 그대로의 몸을 가지고 들어간다. 그리고 이 사람들에게서 본래의 몸을 가진 다른 사람들이 태어나서 지금의 우리처럼 영화롭게 되지 않은 몸을 가지고 산다. 이사야 65:20을 보면 그리스도가 이렇게 이 땅을 다스리시는 동안 사람들은 태어나고 죽는다(태어나고 죽는 것은 본래의 몸을 가진 사람들에게만 있는 일이며 영화롭게 된 성도들에게는 해당하지 않는다). 이 나라 거민들은 노동도 할 것이다(사 65:21-22). 본래의 몸을 지닌 신자들은 장수할 것이다(20절). 아마도 천년왕국이 지속되는 동안 계속 살 것이며, 물론 일부는 이 나라가 끝나기 전에 죽을 것이다. 성경은 이렇게 죽는 사람들이 즉시 부활해 영화롭게 된 뒤 그때부터 영원까지 계속 살지, 아니면 천년왕국이 끝난 뒤에 부활할지는 말하지 않는다. 어쨌든, 이 나라가 존속하는 동안의 어느 시점에서든지 아니면 나라가 끝난 직후든지, 왕국의 모든 신자는 죽었든 살아 있든 영화롭게 된 몸을 받을 것이다. 이때까지 역사가 진행되는 동안 신자들에게 약속된 하나님의 모든 복도 천년왕국 성도들 몫이다.

짐작건대, 영화롭게 된 몸을 입은 사람들은 천년왕국이 지속되는 동안 현재의 땅에 접근할 수 있을 것이며, 현재의 하늘, 즉 하나님의 거처에도 오갈 수 있을 것이다. 천년왕국이 끝난 후 신자들에게는 어떤 일이 생기는가? 성경은 이때 불신자들에게 생기는 일에 더 초점을 맞춘다. 앞에서 언급한 것처럼, 천년왕국 후 하나님은 현재의 하늘과 땅을 멸하시고(벧후 3:10-12) 새 하늘과 땅을 창조하실 것이다. 왕국이 끝날 때까지 본래 그대로의 몸으로 살고 있는 신자들이 있을 경우, 하나님은 현재의 하늘과 땅을 멸하시기 전에 이들에게 영화롭게 된 몸을 틀림없이 주실 것이다. 그렇지 않다면 이들이 달리 어떻게 계속 살아남을 수 있겠는가?

하나님이 새 하늘과 땅을 창조하시기 전에 또 하나의 장엄한 사건이 있을 텐데, 바로 크고 흰 보좌 심판이다. 요한은 이 일이 일어날 때면 현재의 하늘과 땅이 더는 존재하지 않을 것이라고 말한다(계 20:11). 모든 죽은 신자들은 이미 부활 및/또는 영화롭게 되어서 천년왕국에 잠시 살거나 처음부터 끝까지 산다. 부활해서 크고 흰 보좌 심판대 앞에 서는 이들은 죽은 불신자들뿐이다.

크고 흰 보좌 심판 후 하나님은 새 하늘과 땅을 창조하실 것이며, 만대의 구원받은 이들은 영화롭게 된 몸을 입고 거기서 살 것이다. 요한계시록 21장과 22장을 내가 이해한 대로 이야기하자면, 성도들은 새 하늘과 새 땅에 똑같이 접근할 수 있을 것이다. 요한계시록 21장도 새 땅에 있는 새 예루살렘에 대해 말한다. 새 예루살렘에는 어떤 식으로든 죄가 되는 것은 절대 들어가지 못한다(계 21:27). 어린양의 생명책에 이름이 기록된 사람만 그곳에 들어갈 수 있다. 하지만 어린양의 생명책에는 이런저런 무리에 속한 신자들만이 아니라 모든 신자의 이름이 담겨 있다. 내가 생각하기에 이는 모든 장소와 모든 시대의 신자가 다 새 하늘과 땅 및 새 예루살렘에 들어갈 수 있다는 의미다. 요한계시록 21장이나 22장 어디에도 어느 무리의 신자들에게 새 하늘, 새 땅, 새 예루살렘의 축복을 한 부분이라도 제한하는 말은 없다. 모든 시대의 신자들이 다 그곳에서 영원히 살 것이다.

새 하늘과 새 땅

그렇다면 모든 시대의 신자들의 최종 상태에 관해서는 뭐라고 말할 수 있을까? 이들이 최종적으로 있게 될 곳은 새 하늘과 새 땅일 것이다. 천년왕국 전에 죽은 모든 세대의 경건한 이들은 부활해 그 나라에 들어가 그 나라가 지속되는 동안 줄곧 거기에 살 것이다(계 20:1-10). 천년왕국 후 하나님은 현재의 하늘과 현재의 땅을 멸하실 것이다(벧후 3장). 그 후 하늘이나 땅이 없는 크고 흰 보좌 심판이 있을 것이다(계 20:11-15). 이 심판 후 하나님은 새 하늘과 새 땅을 세우실 것이다(계 21-22장). 베드로후서 3:10-12을 근거로 하면, 현재의 하늘과 땅이 멸망해도 물질이 멸절되지는 않을 것이다. 베드로후서 3:10-12은 그보다 모든 기존 구조가 거대하게 녹아내리는 것에 대해 말한다. 여기서 나오는 물질이 그 후 요한계시록 21-22장에 묘사된 새 하늘과 새 땅으로 다시 만들어질 것이다. 새 하늘과 새 땅에 관한 성경의 계시(성경에는 이런 계시가 많지 않다)를 내가 이해한 대로 말해 보자면, 우리는 새 하늘과 새 땅에 똑같이 접근할 수 있다. 나는 한 무리 신자는 한 곳에 격리되고 또 한 무리 신자는 또 한 곳에 격리될 것이라고 보지 않는다. 우리가 새 하늘과 새 땅에 이를 때쯤이면, 민족이나 인종이나 성별 등에 근거한 모든 구별은 그곳에서 함께 살 사람들에게 별로 중요하지 않을 것이다. 적어도 내가 보기에 성경에는 이런 구별이 중요하다고 암시하는 내용이 전혀 없다.

새 하늘과 새 땅에서의 삶을 곰곰이 생각해 보는 이들은 최종 상태에서 사람들이 무슨 일을 할지 궁금해한다. 물론 직접적이고 가장 분명한 대답은, 우리가 노래와 메시지로, 그리고 하나님께 찬양이 될 만한 모든 행동으로 하나님을 예배하리라는 것이다. 하나님은 대개 교사 혹은 설교자로 계시겠지만, 영화롭게 된 인간이 증언을 할 수 없다거나 설교를 할 수 없으리라는 암시는 전혀 없다. 그런 설교와 가르침을 준비하는 데는 지금보다 시간이 훨씬 덜 들 테지만, 그렇다고 해서 그 일에 시간이 전혀 소요되지 않는다는 말은 아니다. 그리고 영원 상태에도 도서관은 있지 않을까? 영화롭게 된 사람들이 분명 전지(全知)하지는 않을 것이며, (성경이든 다른 어디에든) 이들에게 지적 호기심이 없으리라는 말은 없다. 그곳에서 아마 우리는 모두 '속독가'들일 테지만, 그렇다고 해도 읽을 책은 있어야 할 것이다.

어떤 이들은 이것이 특히 예배를 오해하는 것이며, 영화롭게 된 몸을 입고 사는 삶을 전반적으로 오해하는 것이라 생각할지도 모른다. 이들은 영화롭게 된 사람들이 예배할 때에는 인지해야 할 내용이 주어질 필요가 없다고 생각할지 모르고, 영화롭게 된 사람들은 하나님에 관해 더 읽고 배울 이유가 없다고 여길 수도 있다. 그러나 내가 생각하기에 이는 영화(榮化)와 인간 본성을 잘못 이해한 것이다. 인간은 전지하지 않으며, 영화롭게 된 상태가 우리를 전지하게 만들어 주지도 않는다. 더 나아가, 영화롭게 된 실존이 모든 지적 호기심을 소멸시키지도 않는다. 영화롭게 된 인간은 여전히 유한할 것이며, 그래서 우리가 하나님에 관해 배워야 할 것이 더 있을 것이다. 다만 공부 능력과 배운 것을 기억하는 능력은 늘어날 것이다(예를 들어, 우리가 영화롭게 되기 전 상태에서는 피곤이나 공상, 머릿속에서 분주하게 돌아가는 다른 생각 때문에 정신이 산만해져서 설교나 성경 읽기나 경건 생활에 집중하지 못했지만, 영화롭게 된 상태에서는 이런 것들이 우리를 방해하지 못한다). 내가 생각하기에 하나님에 관해 배우기는 영원까지 계속될 것이며, 이는 우리가 공동으로 하나님을 예배하는 일은 물론 하나님께 대한 개인 경건도 고양시키지 않을까 한다.

예배와 공부가 우리가 하는 일의 전부일까? 나는 그렇게 생각하지 않는다. 비록 성경은 우리가 그 일 말고 다른 어떤 일을 하게 될지 별로 말하지 않지만 말이다. 그래도 예측할 수 있는 일은 있다고 생각한다. 그 한 가지로, 우리와 다른 신자들 사이에 많은 교제가 있을 것이다. 나는 우리가 예수, 모세, 아브라함, 다윗, 베드로, 바울 같은 성경 인물들에게 물을 것이 많지 않을까 한다. 루터, 칼뱅, 스펄전 같은 사람들과의 흥미로운 대화는 말할 것도 없다. 성경이 언급하지는 않지만, 성경과 신학 지식이 별로 없는 사람들을 위한 신앙 교육 시간도 분명 있을 수 있다.

새 땅에는 가꾸어야 할 정원도 있고, 깎아야 할 잔디도 있고, 지어야 할 집도 있지 않을까? 개조가 필요한 구조물(집이나 건물)이 있지 않을까? 성경은 이런 질문에 답하지 않는다. 다만 이런 것 중 '수리'해야 할 것이 있다면 우리가 수리할 수 있다고 말하는 것만으로 충분하다. 영화롭게 된 상태의 새 하늘과 새 땅을 그저 바라보고 그 아름다움을 무상하는 시간이 있을 가능성도 높다. 그리고 우리가 새 땅의 (그리고 어쩌면 새 하늘의) 다른 부분으로 가서 하나님이 능한 손으로 만들고 보존하시는 이곳을 향유할 수 있다고 생각하지 못할 이유도 없다.

또한 그곳에서는 먹고 마실 일이 많고 연회도 많을 것이다. 어린양의 혼인 잔치(계 20:7-9)는 천국에서 있으며, 그래서 이 식사 때는 모든 이들이 영화롭게 된 상태일 것이다. 영화롭게 된 사람들이 음식에 대한 욕구가 있는지 의아스러울 수도 있다. 영화롭게 된 몸의 배고픔과 목마름에 관해 생물학적으로 세세히 설명할 방법은 없지만, 그럼에도 성경은 그 나라에 먹고 마시는 일이 있을 것이라고 분명히 말하고 있으며(예. 눅 22:18에서 예수는 그 나라에서 먹고 마시는 것에 대해 말씀하신다), 성경에서 영원한 상태에 관해 가르치는 어떤 내용도 먹고 마시기를 배제하지 않는다. 영화롭게 된 몸을 입은 사람들은 음식을 먹을 수 있고, 먹을 것이다.

기념하는 성격으로라도 짐승으로 드리는 제사가 있을지는 의문스럽다. 또한 우리가 알기로 성찬은 지켜지지 않을 것이다. 성찬이라는 방식으로 자신을 기억하는 것은 "그가 오실 때까지"(고전 11:26)라고 예수가 제자들에게 말씀하셨기 때문이다. 하지만 죄 용서를 위한 그리스도의 죽음, 장사됨, 부활에 초점을 맞춘 예배는 분명히 많이 드려질 것이다. 또한 영화롭게 된 신자들이 (영원 상태 전에) 땅에 있는 사람들이 무얼 하고 있는지 알게 될지는 확실하지 않다. 만약 안다 해도 땅에 있는 사람들과 교통할 방법은 없다. 그 사람들과 우리 사이에는 상당히 깊은 구렁텅이가 있기 때문이다(눅 16장의 부자와 나사로 비유를 보라).

내세와 관련해 신자들에게 가장 흥미로운 사실은, 성경에서 우리가 하나님을 보리라고 말한다는 점이다(마 5:8은 마음이 청결한 자는 복이 있나니 그들이 하나님을 볼 것이기 때문이라고 말한다). 하지만 하나님은 순전한 영이시고 영은 눈으로 볼 수 없다는 사실을 생각할 때, 이 말씀은 무슨 의미인가? 육체적으로 죽었지만 아직 부활하기 전, 몸과 분리된 우리의 영혼은 하늘에서 주님과 함께 있을 것이다. 몸과 분리된 영혼은 물질적인 부분이 전혀 없는 순전한 영이다. 그러므로 우리 존재의 이 시점에서 우리에게는 (몸을 가진 상태인 지금처럼) 시각적으로 무언가를 볼 수 있는 '장비'가 없다. 그 상태에서 시각적인 무언가를 보는 게 가능하다 해도, 그게 어떻게 가능한지 성경도, 과학도, 다른 어떤 학문 분야도 설명해 주지 않는다. 하지만 우리 몸이 부활해 영혼과 다시 만나면, 그때 우리는 눈을 다시 갖게 될 것이며(우리 몸의 다른 부분과 마찬가지로), 추측건대 영화롭게 된 눈은 물질적인 것을 볼 수 있을 것이다. 그래서 그때가 되면 우리는 영화롭게 된 인성을 입으신 예수를 틀림없이 시각적으로 볼 수 있을 것이다. 하지만 예수의 신성은 순전한 영이고 눈에 보이지 않기 때문에 우리가 어떻게 신성을 볼 수 있을지는 알기 어렵다.

성부와 성령에 관해 말하자면, 그들은 순전한 영이시기에 시각적으로 볼 수 있는 부분이 전혀 없다. 하지만 성경의 여러 사례를 보면 성부와 성령 모두 모종의 물리적 현현을 통해 자신의 임재를 알리실 수 있다(예. 큰 연기와 불기둥 또는 하늘에서 들리는 음성). 우리가 비물질적인 실체를 어떻게 시각적으로 감지할 수 있을지는 모르지만, 그렇다고 해서 눈에 보이지 않는 무언가가 어떤 행동을 하고 모종의 감각적인 방식으로 그 행동의 결과를 알 수 있게 함으로써 자기 존재를 알릴 수 없다는 의미는 아니다. 따라서 성경에서 마음이 청결한 사람이 복이 있음은 하나님을 볼 것이기 때문이라고 말할 때, 이는 우리가 전보다 더 친밀한 방식으로 하나님의 임재를 경험할 수 있으리라는 의미일 것이다. 그것이 하나님에 대한 시각적 경험이나 다른 어떤 감각적 경험과 어떻게 연관되는지는 성경에 나타나 있지 않고, 그런 일이 어떻게 일어나는지는 과학도 설명해 주지 못한다. 이는 하나님이 어떤 물리적 형태로 우리에게 자신의 임재를 나타내실 것이고, 그래서 우리가 그런 식으로 하나님을 '보게' 되리라는 의미뿐일 수도 있다. 마지막으로, 영화롭게 된 상태에서 인간이 비가시적인 것을 시각적으로 볼 수 있다면, 우리는 신성의 세 위격 모두를 시각적으로 볼 수 있게 될 것이다. 하지만 우리의 영화(榮化)에 관해 성경이 가르치는 그 어떤 내용도 영화롭게 된 인간이 비가시적인 것을 볼 수 있다고 암시하지 않는다.

우리의 다른 특성과 능력은 어떻게 되는가? 영화롭게 된 신령한 몸을 입으면 특별한 능력을 갖게 될까? 성경은 그런 문제에 관해 대부분 아무 말이 없지만, 우리는 몇 마디 할 수 있다. 우선, 영화롭게 된 사람들은 본질상 불멸일 것이다. 그런데 이는 영화롭게 된 사람으로서 우리 각 사람이 동일한 지적·육체적 능력을 갖게 된다는 의미인가? 아마 아닐 것이다. 좀 더 쉽게 배우고 더 많이 기억할 수는 있겠지만, 이것이 우리 모두가 아인슈타인처럼 되리라는 뜻은 아니라고 생각한다. 마찬가지로, 영화롭게 된다고 해서 운동 능력이 커져서 직업 선수들처럼 경기할 수 있다거나 전성기의 마이클 조던보다 더 훌륭한 선수가 되리라고 생각하지는 않는다. 어쩌면 그렇게 될 수도 있지만, 성경은 아무 말도 하지 않는다. 한 가지는 비교적 확실해 보인다. 우리의 능력이 아무리 고양된다 해도 우리를 이 땅에 있을 당시의 사람으로 식별하는 게 불가능해지지는 않을 것이고, 영화롭게 된 모든 사람이 모든 능력 면에서 그저 서로에게 정형화된 모습이 된다는 의미도 아닐 것이다. 예를 들어, 베드로와 야고보와 요한이 변화산에서 한 번도 만난 적 없는 모세와 엘리야를 알아볼 수 있었다는 점에 주목하라. 어쩌면 이 두 사람이 세 제자에게 자신을 소개했을 수도 있지만, 그 구절의 흐름으로 볼 때 제자들은 이들이 누구인지 그냥 알았던 것 같다(마 17:1-8을 보라). 마찬가지로, 나는 존 파인버그로서의 내 정체성을 잃지 않을 것이다. 나는 영화롭게 된 상태에서도 그냥 동일한 인물일 것이다.

우리의 영적 상태에 관해 말하자면, 죄도 죄의 결과도 우리에게 아무런 영향을 끼치지 못할 것이다. 내가 생각하기에 이는 우리가 죄의 유혹을 받을 수 없다는 말이 아니라 설령 유혹을 받더라도 죄에 빠지기는 불가능하리라는 의미다. 죄의 결과에 면역된다는 말은 병들거나 노화로 쇠약해지거나 죽거나 하지 않으리라는 뜻이다. 심지어 고통을 느낄 수 있을지도 확실하지 않다(고통을 느낄 수 있다 해도 우리에게 장기간 부정적 영향을 끼치지는 않을 것이다). 우리는 신의 속성을 소유하지는 않겠지만, 타고난 속성은 인간의 속성이 허락하는 그 어떤 일에서든 가장 효과적으로 기능할 수 있게 할 것이다. 그래서 우리는 전지하지는 않겠지만, 아마 좀 더 쉽고 확실하게 배우고 기억하게 될 것이다. 또한 우리는 더 빠른 속도로 이동할 수 있을 것이지만(예. 계 19:11-14에서 하늘의 성도들이 그리스도의 재림 때 그분과 함께 하늘에서 말을 타고 나오는 것을 보라), 정확히 어떻게 그럴 수 있는지는 분명하지 않다. 배고픔을 느낄 가능성은 별로 없지만, 그저 즐겁기 위해 음식을 먹을지 아니면 존재를 유지하기 위해 음식을 먹을지는 확실하지 않다. 어쩌면 두 가지가 다 연관될 수도 있다. 마지막으로, 우리는 육체의 죽음을 두려워하지 않을 텐데, 왜냐하면 죽는 게 불가능하기 때문이다. 더 나아가, 그 외에 두려워할 것이 또 있을지는 확실치 않다. 우리는 영원히 구원받을 것이고, 영원히 구원받는다는 게 무슨 의미인지 지금보다 훨씬 더 많이 경험하게 될 것이다. 성경은 이 문제에 대해 말하지 않지만, 주님을 아는 지식이나 다른 어떤 것을 아는 지식이 자라지 못할 이유는 없는 것 같다(즉, 경험적 지식과 명제적 지식 두 가지 모두 여전히 자랄 수 있다). 죄를 지을 수는 없지만, 그것이 곧 우리의 영적 상태가 정체되리라는 의미일까? 그렇지 않을 것이다. 주님을 더 사랑하게 되고 주님과의 관계 및 다른 신자들과의 관계가 더 가까워지는 게 여전히 가능할 것이다.

이러한 복을 받은 결과, 우리는 많은 시간 행복할 것이며 우리의 큰 구원에 대해 주님을 찬양할 것이다. 하나님의 존재와 복음 메시지에 관해 어떤 의심을 하든, 성경에 그토록 확실히 약속된 구원의 기업을 받는 순간 모두 답변이 될 것이다. 우리 영혼의 대적들이 모두 불못에 던져짐에 따라 신자들은 이제 더는 영적 싸움을 벌이지 않을 것으로 보인다. 그리스도가 삶의 모든 영역에서 승리하시며 우리가 승리하는 그리스도의 팀의 일원이라는 사실을 우리는 완전히 이해하게 될 것이다.

영원 상태에서 우리는 땅에서 본래의 몸을 가지고 살며 기동하던 때의 배우자, 자녀, 부모였던 사람들과 어떤 관계가 될까? 땅에서 남편이 일곱이었던 여인은 천국에서 누구의 아내가 되느냐는 질문으로 사두개인들이 예수를 함정에 빠뜨리려고 했을 때, 예수는 이 질문이 천국에서 결혼도 하고 어쩌면 자녀도 낳으리라는 잘못된 전제를 하고 있다는 점을 지적하셨다(마 22:23-30). 이 질문에서 사두개인들은 아마도 천국에 우리가 아는 것 같은 가족과 가정이 있으리라고 가정했던 것 같다.

사두개인들에게 주는 예수의 답변은 이 질문이 잘못된 가정임을 암시하지만, 예수도, 성경의 다른 어떤 말씀도 우리가 이 땅에서 가족 관계를 맺었던 사람들과 관계도 맺지 않을 것이라고 말하지 않는다. 성경은 구원받은 가족 구성원들이 영원 상태에서도 함께 살게 될 것이라고 말하지 않지만, 그런 생각을 금하지도 않는다. 하지만 이 땅에서의 가족 관계가 영원 상태에 적용되지 않아도, 그것이 우리가 현재의 땅에서 살 때 부모와 배우자와 자녀가 있었다는 사실을 무효로 만들 수는 없다. 분명한 것은, 예수가 하신 말씀으로 볼 때 우리가 알고 있는 이런 가정생활이 천국에는 없으리라는 것이며, 여기 함축된 의미상 아마 영원 상태에도 그런 가정생활은 없을 것이다. 그렇다고 해서 이 땅에서 배우자, 자녀, 부모였던 사람들과 많은 시간을 함께 보내지 않으리라는 의미는 아니다. 그저 이 땅에서 본래 그대로의 몸을 가지고 살았을 때처럼 이 사람들과 가정생활을 하지는 않으리라는 뜻이다.

모든 사람과 관계를 맺을 시간이 없기 때문에 가장 가까운 관계를 골라서 선택해야 한다는 걱정은 하지 않아도 된다. 사실은 그렇지 않다. 영원 세상에는 우리의 선택 여부와 관계없이 그곳의 모든 사람과 깊이 있는 관계를 맺을 시간이 충분하다.

영원 상태에서 사람들을 만날 때 그 사람을 본래의 몸을 가졌을 때의 사람으로 여전히 알아볼 수 있을까, 아니면 영화가 이를 불가능하게 만들까? 이는 사실상 개인의 정체성에 관한 질문이다. 우리가 개인 정체성의 표지를 잃을 이유는 없는 것 같다. 변화산에서 베드로, 야고보, 요한은 자신들이 모세와 엘리야 앞에 있다는 것을 알았고, 그래서 이들은 모세와 엘리야를 식별할 수 있었으며 그 반대도 마찬가지였다. 더 나아가, 부활하신 그리스도에게는 여전히 개인 정체성의 표지가 있었다. 그것이 우리에게도 해당하지 않으리라고 생각할 이유는 없다. 개인 정체성의 핵심 표지는 그 사람의 성별이다. 따라서 영원 세상에서 남자는 여전히 남자일 것이고 여자는 여전히 여자일 것이다.

우리는 그곳에서 옷을 입을까? 아니 옷이 필요하기는 할까? 요한계시록 19장에서, 어린양의 혼인 잔치 후 우리는 교회가 대환란 끝에 있을 싸움을 위해 그리스도와 함께 하늘에서 말을 타고 나오는 광경을 본다. 이때 그리스도의 신부는 희고 깨끗한 세마포 옷을 입고 있다(계 19:8; 이는 교회의 의로운 행위를 나타낸다). 천년왕국이 일단 시작되고 영원 상태로 들어가면 우리는 그 옷을 잃게 될까? 우리는 그것에 대해 전혀 들은 말이 없다. 영원 상태에 관해 말하자면, 모든 이들이 영화롭게 되고 죄지을 수 없는 상태이기 때문에, 옷을 입는지 안 입는지는 사실상 우리의 영적 상태에 문제가 되지 않는다. 또한 영원 세상에서는 날씨가 어떨지, 사계절이 있어서 철마다 다른 옷을 입어야 하는지의 문제도 지금으로서는 답하기가 불가능하다. 사계절이 있다고 해도, 영화롭게 된 몸이 기온과 기후에 영향을 받을지 안 받을지는 확실치 않다.

우리가 생각해 보아야 할 매우 까다로운 문제 한 가지는, 지금 우리가 살아가면서 겪는 힘들고 심지어 비극적인 사건들이 영원 세상에서도 기억으로 남아 우리의 기쁨을 퇴색시킬까 하는 것이다. 마찬가지로, 친구나 친척 중에 영원 세상에서 그리스도 없이 지옥의 고통을 겪으며 살 사람이 있다고 생각하면 우리가 영원히 주와 함께한다는 기쁨이 사라지거나 적어도 줄어들지 않을까? 이는 답변은 차치하고 생각하는 것조차 힘든 질문들이다. 추측건대, 우리에게 일어난 모든 좋은 일과 복된 일은 다 기억하게 될 것이다. 그런데 우리의 기억력이 그 정도로 강하다면, 우리의 삶에 정신적 외상을 남긴 사건들 또한 기억하게 될 것으로 여겨진다. 하지만 그때가 되면 우리는 모든 일이 어떤 결과를 낳는지 알게 될 것이고(롬 8:28은 그저 하나의 표어가 아니라 경험에 근거한 현실이 될 것이다), 그러면 그런 사건들에 뒤따르는 두려움과 괴로움은 사라질 것이다. 또한 하나님이 그 사건들을 어떻게 우리에게 궁극적으로 유익이 되게 사용하시는지 알게 될 것이며, 그리하여 우리는 하나님을 찬양하게 될 것이다.

하지만 이보다 더 어려운 문제는, 사랑하는 사람들을 천국에서 만나지 못하는 것, 그리고 그 사람들이 결코 끝나지 않을 영원한 고통을 겪고 있음을 알게 된다는 것이다. 특히 우리가 이 사람들에게 복음을 (조금이라도, 혹은 더 많이) 증언했다면 이들이 그리스도께로 돌이켜서 영원히 그분 및 우리와 함께할 수도 있었으리라고 생각하면 더 괴로워진다. 잃어버린 사람들과 구속받은 사람들의 최종 상태 사이에 '큰 구렁텅이'가 있기 때문에, 그 사람들이 이런저런 때에 무엇을 느끼고 겪는지 우리가 직접 지켜보거나 혹은 하나님에게서 간접적으로 전해 들어서 알게 될 법하지는 않다. 그렇더라도 우리로서는 그런 일들 때문에 우리가 많은 슬픔과 심지어 당혹감을 느끼리라(그 사람들에게 그리스도를 알려 주려고 더 많이 애쓰지 않았기 때문에) 생각하는 게 당연하다. 하지만 성경은 하나님이 모든 눈물을 씻어 없애 주시리라고 말하며, 따라서 이런 사실들이 우리의 기쁨을 훼손하고 영원히 후회와 더불어 살게 만들지는 않으리라고 말하는 게 타당하다. 하나님이 어떻게 그렇게 해 주시는지는 확실하지 않다. 하지만 기억하라. 하나님은 전지하시며, 그래서 하나님은 불 못에서 마지막을 맞는 모든 생명의 모든 세부 사항을 다 아신다는 것을 말이다. 그리스도는 그 사람들을 위해 죽으셨고, 그래서 그 사람들도 영생을 얻을 수 있었으나 그들은 하나님과 관계를 맺지 않는 쪽을 택했다. 이를 깨달으면 하나님이 무한히 비탄에 잠겨 슬퍼하시는 결과를 낳을 수도 있겠으나, 그렇지 않다. 그렇다고 해서 잃어버린 자들을 하나님이 신경 쓰지 않으신다는 뜻은 아니며, 다만 그 사람들의 운명이 하나님의 기쁨을 망치지는 않는다는 뜻이다. 그러므로 만인이 구원받기를 바라시는 마음에도 불구하고 **자신**의 기쁨을 유지하기 위해 하나님이 무슨 일을 하시든, 이는 곧 **우리**가 이런 일들 때문에 기쁨을 잃어버리지 않도록 하나님이 이에 필요한 어떤 일이든 하실 수 있음을 암시한다. 그렇다고 해서 우리가 잃어버린 자들에게 관심이 없으리라는 의미는 아니며, 다만 이 사람들의 잃어버린 바 된 상태 때문에 우리가 계속해서 슬퍼하고 비탄에 젖어 있지는 않으리라는 것이다. 하지만 하나님이 정확히 어떻게 그런 일을 실현하실지는 분명치 않다.

  어떤 이들은 우리가 일단 천국에 이르면 하나님의 공의와 의를 완벽히 이해하게 되며, 그래서 잃어버린 자들에게 일어난 일은 전적으로 그럴 만해서 일어났다고 동의하면서 하나님의 공정한 방식을 찬양하게 되리라 추측한다. 또 어떤 이들은 잃어버린 자들도 이 사실을 알게 되며, 그리하여 잃어버린 바 된 자신의 상태에 대해 하나님께 분노하지 않을 것이라고까지 추측한다. 물론 그렇게 인정한다고 해서 이들이 구원받거나 불 못에서 지내는 시간이 줄어들지는 않을 것이다. 하지만, 앞에서 말했다시피 이는 추측일 뿐이다. 성경은 그렇게까지 상세히 말하지 않는다.

구원받은 사람들의 미래에 관한 성경의 가르침은 지금 우리의 삶에 어떤 영향을 끼치는가? 우선, 현재의 존재 상태에서는 신자들도 죄를 지을 수 있다. 하지만 영화롭게 된 상태에서는 죄짓는 게 불가능하다. 영화롭게 된 상태의 사람이 죄의 유혹을 받을 수 있는지는 성경을 봐도 확실치 않다. 그렇다면 이는 우리가 자유롭지 않으리라는 뜻인가? 자유를 어떻게 정의하느냐에 많은 것이 달려 있다. 자유를 **자유의지론자가 말하는 자유**(libertarian freedom), 즉 자신이 하는 행동 외에 다른 행동을 할 수 있는 능력으로 정의한다면 영원 세상에는 자유가 없을 것이다. 하지만 이는 바로 비결정론자, 즉 자유의지론자가 정의하는 자유다. 하지만 이것만이 유일하게 가능한 자유 개념은 아니다. 나 같은 양립론자들에게 인간의 자유로운 행동이란 의지를 제약하지 않고 특정 방향으로 결정적으로 기울게 하는 인과적 조건과 양립하는 것이다. 달리 말해, 한 사람의 행위는 인과관계에 따라 결정되되 강요되지는 않는다(사람은 자기가 하고 싶어 하는 행동을 한다). 그렇기 때문에 사람은 자유롭게 행동한다. 양립론자들은 죄를 지을 수 없다고 해서 자유롭지 못한 사람이 되는 것은 아니라고 생각한다. 각 개인은 구원받기로 자유롭게 선택했기 때문에(죄를 지을 수 없게 만드는 결정) 더욱 그러하다. 마찬가지로, 비양립론자들은 이렇게 말할 수 있을 것이다. 영화롭게 된 인간은 죄를 지을 수 없지만 그런 결과를 낳은 결정, 즉 그리스도를 받아들이기로 한 결정은 자유의지론자들이 말하는 자유의지를 활용해서 내린 것이라고 말이다. 이렇게 해서 본질적으로 양측 모두 구원받은 인간은 그리스도를 받아들이기로 자유롭게(자유의지론자들의 자유의지로써든 양립론으로써든) 선택했고, 그래서 구원받은 사람이 죄를 지을 수 없음은 자유로운 선택 행위의 결과라고 말한다. 그럼으로써 그 사람의 자유는 온존(溫存)한다.

베드로후서 3장에서 베드로는 새 하늘 새 땅과 함께 오는 변화를 논하며, 종말 전에 살고 있는 사람들에게 중요한 질문을 던진다. 하나님이 언젠가 하실 일에 비춰 볼 때, "너희가 어떠한 사람이 되어야 마땅하냐?"(11절) 곧이어 베드로는 우리가 거룩하고 경건한 삶을 살아야 한다고 대답한다. 그러므로, 역사가 어디로 흘러가며 우리의 최종 목적지가 어디일지를 생각해 볼 때, 지금이라도 영원 세상의 행동 규범과 표준에 맞춰 우리 삶을 조정하는 것도 나쁘지 않을 것이다. 마찬가지로, 바울은 휴거 및 휴거가 모든 신자에게 안겨 줄 변화에 관해 말하면서, "그러므로 이러한 말로 서로 위로하라"(살전 4:18)라고 말한다. 예수는 자신이 떠나야 하며 우리를 위해 거처를 예비한 뒤 돌아오실 생각임을 말씀하시면서, "너희는 마음에 근심하지 말라"(요 14:1; 즉, 궁극적 결과에 관해 걱정하지 마라, 내가 만사를 처리할 것을 믿고 의지하라)라고 말씀하신다.

이렇게, 휴거와 그 나라와 영원을 기다리면서 우리는 경건을 추구해야 한다. 베드로가 암시하는 것처럼 우리는 우리 주 예수 그리스도가 다시 오시기를 간절히 기다려야 한다(벧후 3:12-14).

언젠가 우리는 모든 영광 중에 계신 그분을 보게 될 것이다! 교회 역사 전체의 모든 성도와 더불어 우리는 말한다. "그럴지라도 주 예수여 오시옵소서"(KJV).

존 파인버그에 대한 답변 리처드 미들턴

종말론에 대한 자신의 관점을 또박또박 밝혀 준 존 파인버그에게 감사를 보낸다. 성경에 전념하는 것은 물론 성경이 가르치는 종말론에 대한 자신의 생각에 믿음과 행동을 일치시키고자 하는 열망 등 파인버그가 집필한 장에는 박수를 보낼 부분이 많다.

"어쩌면 -일 것이다", "-일 가능성이 있다"는 표현을 여러 번 쓴 것, 그리고 자신이 탐구하는 특정 문제에 대해 성경이 확실한 답을 주지 않는다는 점을 지적한 것에도 감명을 받았다. 이는 찬사받아 마땅한 겸손이다. 종말에 관해서는 우리가 알고 싶기는 하나 어떤 견실한 의견 형성의 근거가 될 만한 성경의 정보가 충분치 않은 부분이 많기 때문이다.

세대주의

파인버그가 종말론에 접근하는 기본 방식은 내가 십 대 시절 교회에서 자라면서 배운 방식이다. 하지만 성경-단지 종말론 관련 본문이 아니라 신구약 전체-을 깊이 있게 연구하기 시작하면서 나는 성경을 면밀히 연구하면 이러한 종말론 접근법(통상적으로 **세대주의**로 알려진)은 살아남을 수 없다는 것을 알았다.

역사가라면 알다시피, 세대주의 종말론의 기본 교의(教義)는 19세기 중반에 이르러서야 해석학의 한 단위로 발전했다. 세대주의의 이런저런 세부 사항을 이미 앞서서 이야기한 사람들이 있기는 하지만(그리고 파인버그가 견지하는 종말론의 모든 측면이 세대주의에만 있는 독특한 내용은 아니지만), 성경을 이렇게 읽는 틀은 비교적 최근의 계보에 속한다. 결국 편집자가 이 틀을 '전통적' 관점이라 부르기로 한 것은 부적절한 명칭이라는 의미다. 파인버그가 집필한 장을 '천국'(Heaven)이라고 부르는 것도 구원의 최종 상태로서의 새 하늘과 땅에 대한 그의 설명과 썩 조화를 이루지 않는다.[1]

우리의 불일치의 본질

의견이 일치하지 않는 부분을 상세히 다루기 전, 우리의 신학이나 성경 해석에 어떤 차이가 있든 나는 존 파인버그를 그리스도 안에서 신실한 형제로 여기며 교회의 신학자이자 교사로서 그를 존중한다는 점을 분명히 해 두고 싶다. 또한 단순히 내가 이런 문제에서 의견이 다르다고 해서 반드시 내가 옳고 그가 틀렸다는 뜻은 아니다. 의견이 불일치하는 영역을 지적하는 것 자체는 어떤 접근법이 더 나은가에 관한

---

[1] 장 제목은 기고자인 존 파인버그가 붙이지 않았다. 또한 파인버그의 글에 '전통적'이라는 제목을 붙인 것은 그의 견해가 오늘날 가장 대중적인 복음주의 입장을 나타내는 것으로 보이기 때문이다. 그의 견해는 대다수 복음주의 그리스도인에게 가장 친숙하다(원서 편집자).

논쟁이 아니다. 그러니 내가 어떤 근거에서 그와 의견이 불일치하는지, 먼저 일반적인 토대에서 이야기하고 그다음으로 상세한 내용을 설명하고자 한다.

어떤 면에서 그와 의견이 다른지 핵심을 말하자면, 내가 보기에 파인버그는 성경의 모든 면을 고려해서 관점을 발전시켜 나가기보다 이미 형성된 표면적 견해를 성경으로 가지고 온다. 부분적으로 이는 신학 및 성경학 분야 학자들의 연구 방식의 문제일 수 있다. 신학자로서 파인버그는 성경이 그리는 풍경 위로 높이 날아오르는 것처럼 보인다. 그는 세대주의 구조에 들어맞는 요소를 찾기 위해 자신의 틀을 쌍안경으로 사용해 지형을 살핀다. 성경학자로서 나는 땅에 더 가깝게 날면서, 일관성 있는 그림이 만들어지기 시작할 때까지 지형 사이에서 종종 길을 잃기도 하며 풍경에 대한 이해를 조금씩 형성해 나가는 편을 더 좋아한다.

하지만 파인버그와 나 두 사람 모두 하나의 틀을 활용한다. 누구도 문제를 있는 그대로, '객관적으로' 보지 않는다. 우리는 특정한 방식으로 자료의 틀을 짜서 해석을 전개하는 주관적인 존재들이다. 우리 두 사람 모두 성경의 자료를 중점적으로 다루지만, 우리가 적절하다고 여기는 자료는 대개 각자가 사용하는 틀에 따라 다르다.

내가 쉼 없이 스스로에게 던지는 한 가지 질문은, 성경에서 인지하는 패턴을 성경 기자들에게 의미가 있을 만한 방식으로, 성경 기자들의 전제와 인식 환경에 따라 이해하느냐는 것이다. 그런데 파인버그가 지닌 종말론의 틀은 상당 부분 성경 기자들이 곧 알아볼 만한 것이 아니지 않나 생각한다.

이제 몇 가지를 구체적으로 생각해 보자. 파인버그가 집필한 장은 (건전하게도) 특정 성경 구절 해석으로 가득하기에, 나는 그중 몇몇 구절을 달리 주해하는 데 초점을 맞추겠다. 지면 제한이 있으므로, 파인버그가 두 가지 주요 주제, 즉 휴거와 중간 상태를 지지하면서 인용하는 구절을 중점적으로 살펴보겠다.[2]

휴거

데살로니가전서 4장

휴거를 입증하는 구절로 파인버그는 데살로니가전서 4:13-18에 있는 고전적 본문을 인용하는데, 이 본문은 그리스도 안에서 죽은 이들은 그분이 오실 때 부활하고, 살아 있는 이들은 "구름 속으로 끌어 올려 공중에서 주를 영접하게 하시리니 그리하여 우리가 항상 주와 함께 있으리라"(살전 4:17)고 말한다. 이 구절에서 바울은 우리 주님의 "오심"(*parousia*)과 공중에서 우리와 그분과의 "만남"(*apantēsis*) 개념을 사용한다. 최근의 많은 연구가 보여 주다시피, '파루시아'와 '아판테시스'라는 표현은 그리스-로마 문화에서 도시에 고관이 오는 것을 뜻하는 반전문(semitechnical) 용어다. 고관이 도착할 때 시민들은 나가서 그를 맞이한 뒤 도성 안으로 그를 호위해 들어온다.

---

[2] 살전 4장(세대주의자들이 인용하는 고전적 휴거 본문)과 마 24장(교회에 널리 알려진 휴거 본문으로, 세대주의자들이 전형적으로 인용하지는 않는다) 모두 J. Richard Middleton, *A New Heaven and a New Earth: Reclaiming Biblical Eschatology* (Grand Rapids: Baker Academic, 2014), pp. 221-227에서 다루었다. 통상적으로 중간 상태를 언급한다고 여겨지는 본문을 좀 더 상세히 분석한 글로는, *New Heaven and a New Earth*, pp. 227-237을 보라.

사도행전 28:15에서 '아판테시스'는 신자들이 로마에서 나와 바울을 만난 뒤 그를 도성 안으로 호위해 들어오는 것을 묘사하는 말로 쓰이는 한편, '휘판테시스'(*hypantēsis*; '아판테시스'의 한 변형)는 예수가 예루살렘으로 승리의 입성을 하실 때 군중들이 그분을 만나는 것을 뜻하는 말로 쓰인다(요 12:13). '휘판테시스'와 '아판테시스' 두 단어 모두 예수의 지혜로운 처녀와 미련한 처녀 비유(마 25:1-13)에서도 쓰이는데, 여기서 지혜로운 처녀는 밖으로 나가 신랑을 만난 뒤 그를 혼인 잔치가 벌어지는 곳으로 맞이해 들인다.

여기서 요점은, 바울이 데살로니가전서 4:13-18에서 그려 보이는 광경은 하늘로 들려 올라가는 광경이 아니라, 그리스도가 승리해 이 땅을 자신의 정당한 나라로 주장하기 위해 오시는 광경이라는 것이다.

요한복음 14장

요한복음 14장 서두에서 예수가 제자들에게 주시는 위로의 말씀도 휴거를 언급하는 말이 아니다. 십자가에 달리시기 전 제자들에게 말씀하실 때 예수는 이렇게 확신을 주신다. "내 아버지 집에 거할 곳이 많도다. 그렇지 않으면 너희에게 일렀으리라. 내가 너희를 위하여 거처를 예비하러 가노니 가서 너희를 위하여 거처를 예비하면 내가 다시 와서 너희를 내게로 영접하여 나 있는 곳에 너희도 있게 하리라"(요 14:2-3).

파인버그는 이 말씀이 휴거를 언급한다고 보지만, 이 구절은 보통 영원히든 중간 시기(중간 상태) 동안이든 하늘에서 그리스도와 함께 있기 위해 가는 것을 말하는 구절로 여겨진다. 그래서 휴거를 신자가 땅에서 하늘로 들려 올라가는 것으로 이해하는 파인버그가 어떻게 요한복음 14장이 이 개념을 지지한다고 생각할 수 있는지 알 수 있다.

하지만 그 '하늘'이 예수가 제자들에게 약속하시는 곳인지는 전혀 확실치 않다. 위치는 명시적으로 진술되지 않는다(제자들은 그분과 함께 있게 되리라고 확신하지만). 신약의 그 외 부분도 그리스도의 재림 후 우리가 **땅에서**, 새 창조 세계 가운데 그분과 함께 있게 되리라고 암시한다.

실제로, 그리스도가 제자들이 있을 곳을 '예비하러' 가신다는 언급은, 천국(현재 그리스도인의 소망을 책임지는 곳)에서 이뤄지는 준비를 장차 (지상에서의) 종말에 그 소망이 베일을 벗거나 계시되는 것과 연결시키는 신약 본문의 더 큰 패턴에 들어맞는다.

이 패턴은 베드로전서 1:4-5에 예시되어 있는데, 이 구절은 그리스도를 믿고 의지하는 이들은 새로 태어나 "썩지 않고 더럽지 않고 쇠하지 아니하는 유업을 잇게 하시나니 곧 너희를 위하여 **하늘에 간직하신** 것이라. 너희는 말세에 나타내기로 예비하신 구원을 얻기 위하여 믿음으로 말미암아 하나님의 능력으로 보호하심을 받았[다]"고 확증한다.

이 미래 계시가 어디에서 실현될지 묻는다면, 그 대답은 성경 나머지 부분에서 풍성하고도 확실하게 찾아볼 수 있다. 이 대답이 명백히 나타나 있는 한 곳이 요한계시록 21장으로, 여기서는 "새 하늘과 새 땅"(1절)뿐만 아니라 "거룩한 성 새 예루살렘이 하나님께로부터 **하늘에서 내려오니 그 준비한** 것이 신부가 남편을 위하여 단장한 것 같[은]"(2절) 환상을 묘사한다. 처음에 하늘에서 준비된 거룩한 성은 그곳에 머물러 있지 않고, 그 모든 영광 가운데 땅에 계시되며, 거기서 하나님이 구속받은 이들과 함께 영원히 거하실 것이다(3절).

『새 하늘과 새 땅』에서 나는 (장차) 땅에 계시되기 위해 (현재) 하늘에서 준비된다는 이 패턴을 신약의 여러 본문을 통해 추적했다. 이 본문들에서는 유업·구원·나라·소망·본향·도성·시민권 등에 대한 약속이 주어지는데, 이 모든 것은 종말에 땅에서 베일이 벗겨지기 위해 하늘에 간직되거나 보존되거나 혹은 준비된다.[3]

이 패턴을 알면 예수가 제자들이 있을 곳을 예비하러 가신다고 하는 요한복음 14장이 이해된다. 사실 구약의 개념성에 깊이 잠겨 있는 1세기 독자들에게 "내 아버지의 집"은 하늘이 아니라 우주(하늘과 땅)를 가리키는 말로 받아들여졌을 것이고, 우리와 함께 거하시고자 하는 그분의 성전 혹은 '집'으로 이해되었을 것이다(특히 사 66:1-2을 보라).

중간 상태

고린도후서 5장

중간 상태라는 주제에 관해 파인버그는 고린도후서 5:8을 인용하는데, 여기서 바울은 자신이 "원하는 바는 차라리 몸을 떠나 주와 함께 있는 그것"이라고 말한다. 이에 파인버그는 이렇게 묻는다. "이는 죽을 때 그의 영혼이 몸을 떠난다는 것 말고 달리 무슨 의미일 수 있겠는가?" 바울에게는 사람의 비물질적 부분으로서의 '영혼' 교리가 없었다는 사실과 별개로, 이 구절에는 주해 면에서 몇 가지 생각해 볼 점이

---

[3] 신약의 여러 본문을 통해 이 '묵시록적' 패턴을 분석하려면(베일을 벗는다 또는 계시된다는 뜻의 그리스어를 연구함으로써), Middleton, *New Heaven and a New Earth*, pp. 212-221를 보라.

있다.

첫째, 고린도후서 5:1-10의 주된 취지는 부활체에 대한 바울의 기대이며, 이는 하늘에서 바울을 위해 준비되고 있는 중이다(이것은 땅에서 계시될 때를 위해 하늘에서 준비되고 있다는 신약 패턴의 한 부분이다). 1절에서 바울은 "하나님께서 지으신 집, 곧 손으로 지은 것이 아니요 하늘에 있는 영원한 집"(부활체), 혹은 "하늘로부터 오는 우리 처소"(1, 2, 4절)와 대조되는 "땅에 있는 우리의 장막 집"(죽을 수밖에 없는 현재의 몸)이라는 은유를 쓴다. 바울은 (새 몸을) 덧입기를, 그리하여 "[벌거]벗은" 혹은 "(옷을) 벗[은]" 상태가 아니기를 원한다고 말한다(3-4절). 하지만 중간 상태는 바로 그렇게 벌거벗은, 혹은 옷을 벗은 경우일 것이다.

8절에서 바울은 현재의 죽을 몸(4절, 이 몸을 입고 우리는 "탄식"한다)을 여전히 입고 있기보다는 그리스도와 함께 있는("주와 함께 있는") 편이 더 좋다고 말한다. 그러나 이편이 더 좋다는 말이 육체에서 분리된 중간 상태를 가리키지는 않는다. 이는 부활을 가리키는 말이다. 이를 이해하기 위해서는 고린도후서 5:8을 앞 장의 맥락에서 읽을 필요가 있다(장이 나뉜 것은 원본과는 관계없고, 대개는 인위적인 구분이다). 고린도후서 4장에서 바울은 시련과 고난을 당할 때 확신을 가지고 버텨 내는 것에 대해 이야기하면서(8-12절), 14절에서 이 확신의 **근거**가 무엇인지 설명한다. "예수를 다시 살리신 이가 **예수와 함께 우리도 다시 살리사 너희와 함께 그 앞에 서게 하실 줄을 아노라.**"

바울이 부활을 하나님과 그리스도 앞에 서는 것과 명시적으로 연결한다는 점에 주목하라. 맥락상 고린도후서 5:8에 선행하는 4:14의 이 진술을 고려할 때, "주와 함께 있는 그것"에 관한 바울의 말을 부활과 구별할 이유가 없다. 물론 중간 상태를 먼저 **전제**하면, 8절을 중간 상태를 가리키는 말로 이해할 수도 있다. 하지만 이 구절은 중간 상태를 명확히 가르치지 않는다.

누가복음 23장

예수가 십자가에 달린 행악자에게 하신 말씀(눅 23장)에서도 중간 상태는 찾아볼 수 없다. 행악자가 "예수여 당신의 나라에 임하실 때에 나를 기억하소서"라고 간청하자 예수는 "내가 진실로 네게 이르노니 오늘 네가 나와 함께 낙원에 있으리라"고 대답하신다(42-43절). 첫째, 행악자가 가리키는 나라는 하나님의 통치이며, 이는 예수가 다시 오실 때 온 땅에서 성취된다. 이 나라는 "천국"과 동등한 것이 아니다. 파인버그가 이런 주장을 하지는 않았지만, 여기서 이를 분명히 해 둘 만한 가치가 있다.

하지만 파인버그는 "낙원"을 "천국"과 동일시한다. 그러나 "낙원"(헬. *paradeisos*)은 70인역에서 "동산"(garden)을 뜻하는 히브리어를 번역한 말로, 에덴동산이 한 예다(창 2-3장). 낙원은 생명나무가 위치한 곳을 가리키며, 현재 인간은 접근할 수 없는 곳이다. 동산 혹은 낙원은 그룹들이 지키고 있고(창 3:24), 게다가 유대교 제2성전기 신학에서는 낙원 혹은 동산이 창공(the sky)으로 들려 올라갔다고 이해하며, 이따금 하늘과 땅 사이에 있는 높은 산으로 묘사된다. 죽기 전에 육체의 형상을 그대로 입은 채 들려 올라간 에녹과 엘리야를 별개로 하면, 낙원은 인간이 다가갈 수 없는 곳이다. 하지만 요한계시록에서 부활하신 그리스도는 말씀하신다. "이기는 그에게는 내가 하나님의 낙원에 있는 생명나무의 열매를 주어 먹게 하리라"(계 2:7). 그리고 요한계시록 21-22장에서 동산 혹은 낙원의 여러 측면이 새 예루살렘에 대한 묘사로 통합되기에, 생명나무가 새 예루살렘에도 있는 것은 놀랄 일이 아니다(계 22:2, 14, 19). 여기서 주요점은, 낙원은 비물질적인 천국에 대한 언급이 아니라 최후의 종말론적인 상태, 우리를 기다리고 있는 새 창조 세계를 가리키며, 그래서 물질적인 곳임에 틀림없다는 것이다.

누가복음 16장

누가복음 16:19-31의 부자와 나사로 비유에 관해서는 많은 말을 하지 않겠다. 왜냐하면 파인버그가 이 이야기는 신학적 주장을 위한 "허구나 비유"일 수 있다고 인정하기 때문이다(나라면 이 이야기가 부, 가난, 긍휼, 회개에 관해 윤리적 주장을 하고 있다고 말하겠다). 그럼에도 파인버그는 '지옥의 고통' 중에 있는 부자와, 큰 구렁텅이를 가운데 두고 그와 떨어져서 아브라함과 함께 있는 나사로 사이를 구별한다. 여기서 나는 그저 나사로와 부자 두 사람 모두 음부(저승)에 있다는 점을 지적하고 싶다. 비록 (의인 구역과 악인 구역으로) 구별된 구역에 떨어져 있긴 하지만 말이다. 이런 광경은 제2성전기 문헌 다른 부분에서도 볼 수 있다. 부자가 "지옥"[게헨나(Gehenna) 혹은 불 못]에 있지 않을 뿐만 아니라, 나사로도 "천국"에 있지 않다. 우리는 두 개의 궁극적 목적지로서의 천국과 지옥 개념을 가지고 성경을 읽지 않도록 주의해야 한다(이런 틀은 신약이 나온 후에야 발전했다).

주해적 사항 외에 나는 중간 상태 개념이 그리스도인의 소망과 어떻게 연관되는지 알지 못한다. 중간 상태는 이 땅을 벗어난, 육체에서 분리된 실존이라고 여겨지며, 그래서 이는 어떤 면에서 우리의 현재 삶보다도 못하다. 그런데 어떻게 이것이 그 나라가 ("하늘에서 이루어진 것같이 땅에") 도래할 것을 마음에 그리며 살도록 우리에게 동기를 부여해 준다는 말인가?

최종 적용

나는 여러 측면에서 존 파인버그의 종말론에 동의하지 않지만, 그가 신자의 최종 목적지로서의 비물질적 천국이라는 전통 개념을 넘어서서 새 하늘과 새 땅이라는 성경 개념으로 나아가는 것은 칭찬한다. 또한 종말에 우리가 이생에서 하는 여러 평범한 일들을 할 것이며(우리가 지금으로서는 다 알지 못하는 적정한 차이는 있겠지만), 그리스도의 재림 후에도 우리가 배우고 성장할 가능성이 있다는 그의 말도 옳다고 생각한다.

특히 파인버그가 베드로후서 3:11과 데살로니가전서 4:18을 인용하면서 종말론이 오늘날 우리 삶에 주는 의미를 고찰하는 것으로 글을 마무리한 점이 기쁘다. 여기에 우리는 바울이 부활에 관한 긴 구절 말미에서 권면한 말을 덧붙일 수 있을 것이다. "그러므로 내 사랑하는 형제들아 견실하며 흔들리지 말고 항상 주의 일에 더욱 힘쓰는 자들이 되라 이는 너희 수고가 주 안에서 헛되지 않은 줄 앎이라"(고전 15:58). 내가 생각하기에는 이것이 성경 속 종말론의 주된 목적이다. 우리는 점쟁이처럼 수정 구슬을 들여다보며 미래를 예측하려 하지 말고, 대신 스스로에게 이렇게 질문해야 한다. 하나님의 나라가 하늘에서 이루어진 것같이 땅에서도 이루어지도록 하려고 하나님은 지금 여기서 우리에게 무엇을 요구하시는가? 그런 다음 우리는 그 미래를 그리며 살아 나가야 한다.

존 파인버그에 대한 답변 마이클 앨런

천국의 본질에 관한 파인버그 교수의 의견에 감사를 표하고 싶다.

파인버그가 집필한 장의 제목은 '전통 관점'을 약속하는데, 나는 바로 그 기치와 주제 아래에서 그의 견해를 고찰하고자 한다. 물론 여러 면에서 파인버그는 그리스도의 재림, 몸의 부활, 하나님의 심판, 천국과 지옥에서의 영원한 삶이 수반되는 전통 관점을 옹호한다. 성경이 부르는 곳에 가서 서겠다는, 특히 우리를 둘러싼 세상의 실증주의적이고 유물론적인 성향에 맞서 그렇게 하겠다고 정면에서 알리는 그의 의지는 칭찬할 만하다. 그 점에서 파인버그는 신 중심적이고 초자연적인(초자연주의자나 영지주의자는 아니지만) 기독교 및 일관성 있는 주해적 추론 방식을 강력히 변호한다. 간과될 수도 있기에 나는 이 방법론적 문제를 길게 이야기하고 싶다. 즉, 파인버그의 신 중심주의(theocentrism) 및 초자연적인 것에 대한 헌신이 그와 같은 주해적 헌신으로 귀결된다는 것이다. 복음에 계시된 하나님, 그런 소망을 주시는 하나님이 계시기에, 우리는 선지자와 사도들의 글에 나타난 대로 그분의 말씀에 귀를 기울이는 것이 현명하다. 그냥 그렇다는 말이다. 만약 모자를 쓰고 있다면, 나는 그의 논증의 근본적 표지 앞에 기꺼이 모자를 벗어 경의를 표할 것이다.

나는 파인버그 사상의 몇몇 요소는 기독교 전통의 일부 증인과 공개적으로 씨름해 봄으로써 더 진전되거나 고양될 수 있다고 본다. 나는 파인버그에게 동의하지 않는 특정 영역—가장 두드러진 것은 아마 그가 휴거를 거듭 언급하는 부분일 것이다—에 초점을 맞춰 답변하기보다는 그보다 범위가 넓은 방법론 문제를 생각해 보고자 한다. 주해가 속속들이 스며들어 있는 그의 접근법은 긴 세월 동안 성도들이 함께 증언해 온 내용을 사실상 제대로 읽어 내지 못한다. 아니 적어도 그의 소론은 그런 씨름을 명시적으로 증언하지 않는다. 그의 소론의 제목이 '전통 관점'을 암시하기 때문에, 그리고 그 역사적 싸움의 부재를 감안해서, 나는 고전적 본문을 검색해서 논증을 구체화하거나 조정하거나 진전시킬 수 있을 만한 몇 가지 영역을 제안해야겠다고 생각했다. 그렇게 하면 "구름같이 둘러싼 허다한 증인들"의 힘 있는 목소리가 여기서도 발언을 할 수 있고, 그렇게 해서 "우리 앞에 당한 경주를"(히 12:1) 신학적으로 해 나가고자 할 때 도움이 될 수 있다.

첫째, 파인버그 교수는 천상의 상태에서 "인간은 전지하지 않다"고 단언하며, 계속해서 말하기를 "영화롭게 된 실존이 모든 지적 호기심을 소멸시키지 않을 것"이라고 한다. 하나님의 영광으로 변화된다 해도 우리는 여전히 유한한 존재일 것이라고 일깨워 줘서 크게 고맙다. 그리고 그는 영원 세상 내내 지적 능력이 계속 새로워지리라 여기는데, 나는 이 또한 옳다고 생각한다. 토마스 아퀴나스는 우리가 하나님을 직접 보는 지극한 복을 누릴 때면 하나님뿐만 아니라 하나님 안에서 다른 것도 보게 된다고 말했다. 하지만 우리는 그리스도가 아니다.

만물은 우리 안에서 함께 서지 않으며(참조. 골 1:17—옮긴이), 그래서 하나님 안에서 다른 것들을 아는 우리의 지식은 전지하다 할 만큼 넓지 않을 것이다(토마스 아퀴나스는 그리스도가 누린 지복은 전지하다고 믿었다).

이러한 논증을 강화하는 데 도움을 줄 수 있는 의미 있는 목소리는 니사의 그레고리우스(Gregory of Nyssa)로, 그는 『모세의 생애』(Life of Moses)에서 완전의 본질을 힘 있게 탐구한다. "인간의 완전함은 아마 그 선함(goodness)이 자라가는 데 있을 것이다."[1] 이 선함은 단순히 하나님이 전해 주시고 하나님에게서 분리될 수 있는 어떤 별개의 부속물이나 항목이 아니라 하나님 자체로 정의되기 때문에, 이 선함은 (하나님처럼) 무한하다. 다시 니사의 그레고리우스의 말을 들어 보자. "본래 무엇이 선한지 아는 이들은 그 선에 참여하기를 갈망한다. 그리고 이 선에는 한계가 없기에, 이 선에 참여하는 이들의 갈망도 필연적으로 멈추는 지점이 없고 오히려 무한히 뻗어 나간다."[2] 그러므로 모세의 승천—우리 모두를 위한 범례이자 성육신하시고 부활하신 그리스도의 승천의 예표—은 하나님에게로 들어가는 실제적이고도 끝이 없는 여정을 나타낸다. 완전은 성장과 발전을 절대 중단하지 않을 것이다. 성장과 발전은 유한한 피조물이 무한하고 끊임없는 영광 중에 계신 창조주와 교통을 누리고자 할 때 행하는 일이기 때문이다. 파인버그 교수는 천국의 영광스러운 선 개념을 취할 수도 있었다. 신적이고 무한한 선이기 때문에 하나님이 전해 주시는 복을 의존적으로 받는 무궁

---

[1] Gregory of Nyssa, *The Life of Moses*, trans. Abraham J. Malherbe and Everett Ferguson, Classics of Western Spirituality (New York: Paulist, 1978), p. 31.
[2] Gregory of Nyssa, *Life of Moses*, p. 31.

한 체험을 하게 해 주는 선 말이다. 또한 그 선의 함축적 의미를 찾아내서 영원히 완벽하지만 여전히 발전하는 지적 선에 관해 생각해 볼 수도 있었을 것이다. 어떤 측면은 지적으로 변화가 없을 것이다. 그릇된 가설이나 가끔씩의 실수도 없을 것이다. 그렇다고 해서 정체(停滯)가 지적 존재들의 천상의 삶을 일컫는 적당한 표현이라는 말은 아니며, 하나님의 초월성과 피조물의 유한성(심지어 변화되어 영광을 입고 있을 때도)이라는 기독교 교리는 바로 이 지점에서 더 많은 생각을 유발한다. 그레고리우스가 어떤 맥락에서 이 말을 했는지 전체를 다 찾아보면 그 생각을 구체화하고 자극하는 데 도움이 될 것이라고 생각한다.[3]

둘째, 파인버그 교수는 "먹고 마실 일이 많고 연회도 많"을 미래를 찬양한다. 그렇게 하면서 파인버그는 "어린양의 혼인 잔치"라는 표현을 단순한 은유 장치가 아니라 그 이상으로 해석한다. 어린양의 혼인 장치라는 상징은 최고의 결혼식 피로연을 능가하는 친밀함과 축하에 대해 말하는 게 틀림없지만, 실제 잔치보다 더 큰 의미 또한 담고 있다. 달리 말해, 음식은 아무 내용 없는 표지가 아니라 천국의 선을 구성하는 요소다. 하나님이 이를 공급하신다. 죽지 않을 인간도 그 요소를 연료로 삼게끔 구성되어 있다. 그리고 이는 피조물로서 우리가 경험하는 행복을 뚜렷이 보여 주는 사회적이고 관계 중심적인 교제, 흥겨움과 잔치 분위기를 제공한다. 잔치는 계속될 것이다.

나는 우리가 음식을 먹는다는 것은 단순한 일이 아니라는 사실과

---

[3] 또한 조너선 에드워즈의 설교 "Heaven Is a World of Love"는 지적 측면에서도 도출할 수 있는, 지속적으로 발전하는 완전 개념을 제시한다. "Charity and Its Fruits (Sermon 15: Heaven Is a World of Love)", in *Ethical Writings*, vol. 8 of *The Works of Jonathan Edwards*, ed. Paul Ramsey (New Haven: Yale University Press, 1989), pp. 366-397를 보라.

씨름할 수도 있고 또 씨름해야 한다고 생각한다. 내가 크론병(Crohn's disease: 만성 염증성 장 질환—옮긴이)을 앓고 있기 때문에 다른 이들에 비해 이 사실에 더 공명하는 것일 수도 있지만, 더 심각한 질병이 없다 해도 소화 불량 증상쯤은 사람이라면 누구나 다 안고 살아간다. 그곳에는 더는 질병이 없을 것이다. 단지 자가 면역 질환이 존재하지 않는다는 게 아니라, 추측건대 어쩌다 한 번씩 배에 가스가 차는 사소한 증상도 없을 것이다. 이런 현실에 대해 이야기하는 것은 수준 떨어지는 일이 아니다. 하지만 건강하게 제 역할을 다하는 소화계도 배설 기관과 연결된다는 사실을 생각하면서 한 걸음 더 나아갈 수 있다. 음식이 들어간다는 것은 곧 배설물이 나온다는 의미지만, 사상가들은 늘 이런 사실을 탐탁지 않아 했다. 중세든 현대든, 천국에 있는 저택 이야기에서 그 집에 있는 그 많은 방과 함께 그곳의 화장실이 어떤지 설명해 주는 이야기는 아직 들어 본 적이 없다. 그러나 잔치 뒤에는 늘 화장실에 가기 마련이다. 그렇게 해서 이 새로운 부활의 삶의 생리적 성질에 대해 생각해 볼 기회가 생긴다.

이런 점에서 토마스 아퀴나스가 들려주는 인간의 원상태 이야기, 특히 인간이 무죄하던 타락 전 상태의 육체적 조건 부분에 등장하는 한 구절이 인상 깊다[『신학대전』(*Summa theologiae*) 1a.97.3]. 무죄 상태에서도 음식이 필요했다는 자신의 주장에 대한 네 번째 반론을 다루는 부분에서 그는 어떤 이들은 배설 이야기만 하면 "더러움"을 떠올리고는 배설이 "원래 상태의 존엄에 어울리지 않았을 것"이라 여긴다고 했다. 이런 반론에 대한 그의 답변은, 하나님은 타락과 별개로 인간의 배설물을 만드실 수 있으며, 그래서 배설 행위에는 "불쾌히 여길 만한 부분이 전혀" 없다는 것이다.[4] 어떤 식으로든 하나님은 배설 행위를 거룩하게 하시며, 그래서 배설물은 인간이 음식을 먹는 데 따른 생리적으로 적절한 폐기물이며 절대 그 낙원의 달갑지 않은 체험으로 귀결되지 않는다.

토마스는 계속해서 부활한 몸은 음식을 전혀 필요로 하지 않으리라고 말한다. 하지만 그는 부활한 몸이 음식을 먹는다는 것을 부인하지 않는다. 그가 분명히 알기로 예수도 호숫가에서 물고기를 드셨기 때문이다(요 21:9-14). 음식의 필요 여부는 별개로 탐구할 문제지만, 음식 먹기가 존재한다는 것은 소화와 배설이 천상의 변화된 몸 체험의 한 부분이리라는 것을 보증한다. 그렇다면 처음의 무죄한 낙원의 기적 같은 어떤 것이 나중의 이 영원한 잔치에도 나타나야 한다는 것은 말할 필요도 없다고 생각한다. 잔치는 성대하고, 다음 날 아침 배에 가스가 찬다거나 다른 어떤 후유증은 전혀 없다. 우리 몸에서 가장 동물적인 본능으로 보이는 것조차도 제한되지 않는다. 비록 그 본능이 변화되기는 했지만 말이다. 중세의 텍스트가 앞으로 다가올 이 낙원의 생리적 구성을 탐구하는 데 별 도움이 안 된다고 생각할 수 있다. 하지만 아퀴나스는 이런 깊이 있는 문제를 고민할 수 있게 자극을 준다.

셋째, 파인버그 교수는 지복직관에 다음과 같은 것도 포함된다고 단언한다. 즉, 성육신하셔서 우리가 오직 인성을 입은 모습만 볼 수 있었던 예수를 생리학적으로 볼 수 있을 뿐만 아니라 모종의 다른 방식으로 신성을 인식하게 된다고 말이다. 그는 성경이 아주 감각적 표현

---

[4] Thomas Aquinas, *Man Made to God's Image* (1a.90-102), vol. 13 of *Summa theologiae*, trans. Edmund Hill (New York: McGraw-Hill, 1963), pp. 143-145.

을 사용해 우리에게 계시되고 체험되는 하나님에 대해 말한다는 (심지어 성육신이 아닌 상황에서도) 중요한 암시를 한다. 나는 그가 여기서 무언가 매우 중요한 것을 말한다고 생각한다. 즉, 우리는 하나님의 비가시성을 계속 단언해야 하지만, 하나님이 감각적인 방식으로 자신을 알려 주신다는 사실에도 주목해야 한다는 것이다(성자의 성육신 임재와 별개로, 어떤 물질적 대상으로 나타나시지는 않지만). 성경에서 일어나는 일들(불, 구름, 음성, 향기, 연인이 서로를 만지거나 애무하는 것)을 다양한 신학자들이 때로는 은유적으로, 때로는 비유적으로 해석하는 방식이 있는데, 이 방식을 도표로 만들 때 영적 감각 교리가 도움이 될 수 있는 지점이 바로 여기다. 어떤 면에서 우리의 모든 지각은 이생(중간 상태에서는 아니더라도)에서 우리 몸으로 구현된 특성에 의해 다소간 형성되지만, 하나님은 (성육신하신 성자와 별개로) 우주의 물질적 구성 요소가 아니다. 성경은 출애굽기 3장이나 34장에서처럼 감각과 관련된 표현(예를 들어, 보다, 만지다)을 통해 확연히 영적인 감각을 증명하고 우리가 이에 대해 말하게 만드는데, 이러한 묘사 방식은 중요해 보인다. 그리고 오리게네스에서부터 웨슬리에 이르는 신학자들은 이 지점에서 도움이 될 수 있다[나는 개인적으로 히포의 아우구스티누스처럼 짜임새 있는 접근법을 선호하는데, 아우구스티누스의 방식에서는 모든 감각의 재통합이 현재의 회심(들) 체험과 내세에서 하나님의 영광을 궁극적으로 인식하는 일에 관여한다].[5]

결론을 말하자면, 이 소론과 그 주해적 성격, 그리고 우리의 산 소망의 전통적 (특히 교의적) 요소를 높이고자 하는 마음에 다시 한번 감사를 표하고 싶다. 나는 이러한 고전적 방침이 좀 더 명백하게 '전통적인' 연구 영역에서 탐구될 수 있는 방식을 알리고자 했는데 그것이 잘 전달되었기를 바란다. 그렇게 함으로써 나는 누군가를 성경에서 멀어지게 하려는 것이 아니라, 다만 성경은 성도의 교통 안에서 성경을 읽기를 요구하며 따라서 하나의 거룩하고 보편적이고 사도적인 교회 안에서 이어져 온 성경 주해의 역사를 염두에 두어야 한다고 제안하려는 것뿐이다.[6]

---

[5] 이 논의 전통은, Paul Gavrilyuk and Sarah Coakley, eds., *The Spiritual Senses: Perceiving God in Western Christianity* (Cambridge: Cambridge University Press, 2012)에 실린 다수의 역사 연구에서 접할 수 있다.

[6] 이 방법론 논의에 관해 더 알고자 하면, Michael Allen and Scott R. Swain, *Reformed Catholicity: The Promise of Retrieval for Theology and Biblical Interpretation* (Grand Rapids: Baker Academic, 2015)를 보라.

존 파인버그에 대한 답변 피터 크리프트

대체적 반론

우리 네 사람이 여러 표면적 차원에서는 의견이 다를지라도 깊은 차원에서는 생각이 일치한다는 것을 알게 되어 기쁘다. 두 가지 예를 들어 보겠는데, 하나는 대체적인 측면이고 다른 하나는 구체적인 측면이다.

전반적으로 우리 네 사람은 아주 달라 보인다. 한 가지 뚜렷한 차이는, 각자가 속한 신학 전통이 다르다는 것이다. 이 전통들은 1517년 이후 비극적으로 나뉘어 왔는데, 비극적이라고 한 것은 우리가 그리스도 안에서 서로 배울 것이 많은 형제지만 헤어져서 오랫동안 서로를 잃은 상태이기 때문이다. 우리 믿음의 한 가지 특정한, 그러나 중요한 차원(종말론)에 관한 이 작은 초교파적 기획은 지난 몇 세대 동안 그 비극을 해결해 보고자 애써 온 세계 교회의 수많은 솔직한 대화 가운데 놓인 하나의 작은 돌이다. 행복한 역설이지만, 의견 차이가 분명할수록 그 차이를 논해 서로에게서 배워야겠다고 더 많이 결단하게 된다.

또 한 가지, 어쩌면 전반적으로 더 깊이 있게 일치하는 부분은, 우리 네 사람 모두 종말론의 중요성 및 종말론이 어떻게 해서 우리 기독교 신앙의 다른 부분과 마치 이음매 없는 의복처럼 깔끔하게 연결되는지에 대해 말했을 뿐만 아니라 이를 분명히 알고 있다는 점이다.

그리고 또 한 가지, 어쩌면 더 결정적인 일치점은 객관적이기보다 주관적이고 신학적이기보다 개인적인 것이다. 즉, 우리 네 사람 모두 많은 쟁점에 관해 신중하고 겸손한 '거룩한 불가지론'을 표명했다. "하나님이 자기를 사랑하는 자들을 위하여 예비하신" 것, 그 누구도 "눈으로 보지 못하고"(경험상) "귀로 듣지 못[하고]"(분명 성경에서), "사람의 마음으로 생각하지도 못[한]" 것들(고전 2:9), 이런 것들에 관해 우리 네 사람 모두 거드름을 피울 수 없었고, 그 대신 강요하기보다는 발견할 준비가 되어 있었으며, 가능성을 닫기보다는 열 준비가 되어 있었다. 나는 이런 개인적인 태도, 곧 본질적인 문제에서는 확고히 일치하고 비본질적인 것에 의견 차이가 있을 때는 열린 마음으로 토론하며, 어느 경우든 여기에 사랑을 더하는 것이 교회 일치라는 소망의 열쇠라고 생각한다.

구체적 쟁점으로 들어가자면, 이 땅에서의 친구나 가족이 지옥에 가 있는 것을 알게 될 경우, 하나님의 사랑을 함께 나누는 우리가 어떻게 천국에서 행복할 수 있는가라는, 어쩌면 종말론에서 가장 곤란할 수 있는 문제에 대해 우리 네 사람 모두 명시적으로든 암시적으로든 똑같은 대답을 했다는 점에 나는 놀라기도 했고 동시에 뿌듯하기도 했다. 우리 네 사람 모두의 첫 번째이자 본질적인 대답은, 그 방식이 **무엇이든** 하나님이 행하시는 방식대로 천국에서 그 문제를 해결하게 되리라는 것이다. (짐작건대 우리의 사랑은 수동적이거나 반응하는 사랑이 아니라 전적으로 능동적인 사랑이 될 것이다. 하지만 그건 짐작일 뿐이다. 그러나 결코 평범한 신학자가 아닌 토마스 아퀴나스에게서 얻은 통찰이므로 믿을 만하다고 생각한다.)

파인버그의 소론에 대한 답변

이 소론에 대한 내 비평의 본질은 소론 제목에 있는 한마디로 표현될 수 있다. 이 소론은 내가 보기에 전혀 '전통적'이지 않다.[1] 이 소론은 근본주의와 세대주의 전통에 속한 사람들에게만 핵심이 되는 질문에 몰두하는데, 근본주의와 세대주의 역사는 겨우 1-2백 년밖에 안 된다.

나는 파인버그 박사의 소론에 관해 여러 말을 할 만한 전문 지식이 없다. 왜냐하면 나는 이러한 최근 전통에 속해 있지 않고 그다지 친숙하지도 않기 때문이다. 그러나 이 명쾌하고 인상적인 소론에 대한 내 생각을 대략적으로 말하자면, 내가 보기에 이 소론은 반드시 틀렸다거나 잘못되었거나 이단 사설로 보이지 않고, 오히려 매우 과대평가된 어떤 문제에 대한 아주 논증이 잘된 답변으로 보인다. 이는 본질적으로, 「뉴욕타임스」(The New York Times)가 언젠가 주장한 유명한 말처럼, 어떤 신문이든 "기사로 실을 만한 소식"을 다 실을 수 있다면 종말에 관한 소식은 어떤 헤드라인에 어떤 내용으로 기사가 실릴 것인가 하는 문제다. [이 시대의 이념적 제약 때문에 재림에 관한 모든 보도는 검열을 받

---

1 장 제목은 기고자인 존 파인버그가 붙이지 않았다. 또한 파인버그의 글에 '전통적'이라는 제목을 붙인 것은 그의 견해가 오늘날 가장 대중적인 복음주의 입장을 나타내는 것으로 보이기 때문이다. 그의 견해는 대다수 복음주의 그리스도인에게 가장 친숙하다(원서 편집자).

지 않을까 한다. 특히 타임지(*Times*)가 그럴 텐데, 이것이 바로 그리스도인은 시대(*Times*)가 아니라 영원(eternities)을 읽어야 하는 이유다.] 파인버그 박사의 소론을 읽고, 특히 다른 세 사람의 글과 비교해 보고 전보다 더 확실히 알게 된 것이 있다. 즉, 교리가 아니라 초점 면에서, 답이 아니라 질문 면에서 다른 복음주의 개신교의 신학 전통이 내가 몸담은 가톨릭 전통과 얼마나 가까운지, 그리고 우리 중 내가 누구보다도 근본주의 혹은 세대주의 전통에 얼마나 더 친밀한지를 알게 되었다.

그건 그렇고, 우리 네 사람 중 로마가톨릭교도는 내가 유일하고(동방 정교의 목소리를 낼 수 있는 사람이 추가되었다면 완벽했을 텐데!), 성경뿐만 아니라 교회의 교의까지 신적 계시―그리스도와 사도들이 우리에게 남긴 '신앙의 유산'(deposit of faith)―의 권위 있는 차원으로 받아들이는 사람도 내가 유일하기는 하지만, 나는 연옥 문제를 제외하면 이런 차이가 우리 네 사람 중 누군가의 글 또는 그 글들 간의 차이점에 필연적으로 영향을 끼친 것을 찾아내지 못했다.

그러나 내 생각에는 연옥조차도 명확히 가톨릭적인 다른 어떤 교의보다 더 두드러진 쟁점이 아니다. 왜냐하면 연옥의 근거가 되는 세 가지 전제가 성경에 아주 뚜렷이 나타나 있기 때문이다. (1) 우리는 본성적으로 다 죄인이다(요일 1:8), (2) 죄 있는 것이나 더럽혀진 것은 그 무엇도 천국에 들어가지 못한다(마 5:48; 계 21:27), (3) 우리가 천국에서 갖게 될 완전한 인격적 거룩함과, 이 땅에서 갖는 이기심과 죄성의 깊은 습관 사이에는 그랜드캐니언(Grand Canyon)만큼이나 넓은 간격이 있기 때문에 이 간격이 메워져야 한다. 과연 어떤 그리스도인이 이 세 가지 전제를 무시하거나 그 무게를 줄일 수 있는가? 그리스도인들은 오히려 연옥의 본질을, 즉 연옥은 그저 하나님이 우리의 성화를 완성하시는 것이지, 성화를 행하는 '영적 기술'이 아님을 뚜렷이 입증하지 않는가?

현 시대 끝에 일어날 일에 대한 자세한 내용은 솔직히 나에게 그다지 큰 관심사가 아니다. 그리고 나는 이것이 단지 개인 성향은 아니라고 생각한다. 파인버그 박사는 마치 이 시대의 애국적인 미국 시민이 많은 시간과 힘을 쏟아 가며 천 년 후의 미국 상태에 초점을 맞춘 뒤, 이 머나먼 미래의 신문 헤드라인에 관한 수정 구슬 예언에 대해 논하는 것처럼 보인다.

미국 시민에게는 역사라는 화면의 작은 점에 불과한 미국의 미래에 관한 성경 자료가 없지만, 우리에게는 온 '세상'[즉, 행성 또는 가이아(*gaia*)라기보다 시대 또는 아에온(*aeōn*)]의 미래에 관한 아주 많은 성경 자료가 있다. 하지만 성경 자료는 명쾌하거나 명백하지 않으며, 오히려 매우 암시적이거나 상징적이거나 비유적이다. 그리고 우리가 가진 성경 자료의 다른 어떤 부분보다 이 부분에 대한 의견 차이가 늘 더 많았다. 그것이 아마 신약에서 요한계시록이 정경성과 신적 영감과 관련해 초기 교회에서 상당한 의견 불일치가 있었던 중요한 이유일 것이다.

나는 현재의 영적 삶을 위해 종말론이 중요하다는 다른 세 필자의 생각에 동의하며, 이런 사실이 보편적으로 인식되고 받아들여지지 않는다는 점을 유감으로 여긴다. 하지만 ["종말론의 목적이 주로 윤리적"(p. 104)이라는 미들턴 박사와 한 마음으로] 나는 마지막 때에 살아 있을 그 사람들(선택받은 소수)보다는 나의 개인적 종말론의 윤리적 차원에 더 관심이 많다. 앨런 박사와 미들턴 박사 두 사람 모두 먼저 바로잡아야 할 것은 어쩌면 답변이 아니라 질문일 것이라는 설득력 있는 주장을 했다. 내 생각에 파인버그 박사와 온 교회가 요한복음 21:19-23에서 배워야 할 것은 바로 이 점이다. "이 사람은 어떻게 되겠사옵나이까"(21절)라는 베드로의 질문은 타락 후 아담과 하와가 사용한 것과 똑같은 교란 전술이었다(창 3:12-13). 이는 해석(version)이 아니라 교란(diversion)이고, 권유(invitation)가 아니라 유혹(temptation)이다. 파인버그 박사가 베드로와 아담 같은 잘못을 저지르고 있다는 말이 아니라, 그런 실수는 명백하고도 현존하는 위험임이 분명하다는 뜻이다. 거울을 들여다보기보다 쌍안경으로 먼 곳을 보는 게 언제나 더 마음이 편안하기는 하다.

파인버그의 소론에서는 다른 두 소론에서와 같은 깊은 상징적·신비적·언어학적·전례적 차원을 볼 수 없었다. 한 사람이 모든 걸 다 할 수는 없다는 걸 잘 알고 있고, 우리가 종말론에 대해서 보이는 다양한 관점의 가치도 나는 잘 인식하고 있다. 또한 이 땅의 미래 역사와 앞으로 있을 일에 초점을 맞추는 것이 종말론의 정당한 한 측면이라는 점도 인정한다. 하지만 그것이 제일 중요한가? 나는 다음 두 가지 질문을 제기한다. (1) 영원 세상에서 우리는 어떤 존재일 것이며 무슨 일을 할 것인지를 왜 더 시간을 들여 생각하지 않는가? (2) 성경을 해석할 때 왜 우리의 과거 교회 역사에 더 주목하지 않는가? 교부들과 대다수 성인들은 이런 잘못을 저지르지 않았다. 이들은 종말론의 초점을 이 땅에서 시간상 마지막에 있을 일들에 맞추지 않고 각 사람이 천국에서 누릴 영생의 본질에 맞췄으며, 교회 역사의 잘 알려진 선배들의 전통적 답변(과 질문)도 소홀히 여기지 않았다.

사도신경의 열두 조항 중 하나가 "성도의 교제"라는 사실에 비추어 신학적으로 바로잡아야 할 중요 특정 사항 한 가지를 덧붙이고자 한다. 파인버그 교수는 "영화롭게 된 신자들이…땅에 있는 사람들이 무얼 하고 있는지 알게 될지는 확실하지 않다"고 말한다. 그러나 내가 생각하기에 히브리서 11장과 12:1이 이 문제를 아주 확실히 밝혀 준다. 이 구절에서 말하는 사람들 모두가 순교자라는 의미에서의 "증인들"은 아니지만, 이들은 땅이 된 운동 경기장의 관중들 같은, 좀 더 넓은 의미에서의 "구름같이 둘러싼 허다한 증인들"이다.

자연 세상과 초자연 사이, 혹은 땅과 하늘 사이에 커다란 문이 닫혀 있다는 반론에 대해 나는 그리스도가 그 문을 여셨으며 그리스도가 그 문이라고 대답하겠다(요 10:9).

그리고 "큰 구렁텅이가 놓[인]"(눅 16:26) 곳은 파인버그 박사의 주장처럼 하늘과 땅 사이가 아니라 천국과 지옥 사이다. 하나님의 사랑과 임재와 교통은 죽음보다 강하고 삼위일체처럼 일체적이다. 하나님은 유니테리언(Unitarian)이나 자유의지론자나 개인주의자가 아니다. 그리스도인은 영지주의자와 신플라톤주의자와 달리 "혼자서 일자(一者)에게로 들어가"지 않는다.

응답 존 파인버그

먼저 몇 마디 감사의 말을 하고 싶다. 발행인 및 저자들과 함께 일하면서 우리 저자들이 열 가지 핵심 질문과 서로의 질문을 집중적으로 다룰 수 있게 해 준 우리의 편집자 마이클 위트머에게 감사한다. 이 책을 발간해 준 존더반 출판사에도 감사한다. 공동 기고자들에게도 특별한 감사를 드린다. 각 기고자가 저마다 명쾌하고 공정하게 쟁점을 다루었다고 생각한다. 비록 여러 항목에서 의견이 다르기는 하지만, 좀 더 폭넓은 신학에서는 많은 일치점이 있을 것이다. 이들과 함께 일하고 이들에게서 배울 수 있어서 정말 기뻤다!

지면의 제약이 있기는 하지만 동료들이 제기한 두 가지 쟁점을 다루지 않을 수 없다. 첫 번째는 세대주의에 관한 것이다. 무엇보다 먼저, 세대주의는 2번에서 10번 질문에 대한 내 답변과 **아무 상관이 없다**. 세대주의의 어떤 요소도 논리적으로 그 답변들을 필요로 하거나 나처럼 답변하게 만들지 않는다. 또한 내 답변은 세대주의를 수반하지 않는다. 1번 질문에 관해 말하자면, 세대주의는 신자들의 최종 상태에 이르기까지 내가 종말의 사건들을 보는 방식에 중요한 의미가 있지만, 신자들의 최종 상태가 어떠할지에 대한 내 생각과는 아무 상관이 없다.

둘째, 여러 믿음이 세대주의를 연상시키는 것은, 부분적으로 세대주의 초기 옹호자들이 지지한 몇 가지 견해 때문이다. 나는 동료 기고자들과 마찬가지로 그런 믿음들을 거부한다. 더 나아가, 진보적 세대주의자들의 수고에 감사하기는 하지만, 나는 나 자신을 진보적 세대주의자로도 보지 않는다. 그보다 나는 비(非)세대주의자와 세대주의자를 나누는 쟁점은 궁극적으로 구약과 신약 사이에 연속성이 더 많은지 또는 불연속성이 더 많은지에 관한 것이라고 본다. 나는 구약과 신약 사이에서 연속성도 보고 불연속성도 보지만, 불연속성을 더 많이 보기 때문에 불연속성 지지 진영에 속한다. 내가 생각하기에 동료 기고자들은 연속성 진영에 속한다. 세대주의에 관한 나의 구체적 견해에 대해서는 『연속성과 불연속성』(Continuity and Discontinuity)에 실린 내 글 "불연속성의 체계"(Systems of Discontinuity)를 보라.[1]

셋째, 종말론 체계에 대한 주해적 근거(그런 것이 있다고 전제하면)를 배우지도 않은 채, 자신들이 받아들인 체계를 배운 결과로 그런 견해를 채택한 것이라고 많은 세대주의자가 비난받는다. 이 체계를 채택한 후 이들은 성경 어느 구절이든 이 체계를 지탱하는 데 필요하다고 생각될 때마다 그 구절에 이 체계를 끌어다 붙인다.

일부 세대주의자가 그렇게 하는 건 틀림없다. 다른 이들도 비슷한 방식으로 로마가톨릭 사상이나 여러 '개혁파' 종말론을 채택해 활용한다. 하지만 내가 세대주의에 이른 경로는 분명 그게 **아니었다**. 신학

---

1 John S. Feinberg, "Systems of Discontinuity", in *Continuity and Discontinuity: Perspectives on the Relationship between the Old and New Testaments*, ed. John S. Feinberg (Wheaton, IL: Crossway, 1988).

교 시절 내 전공은 구약이었고, 구약의 예언에 특별히 관심이 있었다. 주로 초림에 관한 예언이 많지만, 많은 예언이 오히려 재림에 더 잘 들어맞는다. 그 구절들을 주해하고 꼼꼼히 연구함으로써 나는 종말에 있을 일들에 대해 일정한 이해에 이르렀다. 마찬가지로, 나는 종말에 관한 신약의 예언도 비슷한 방식으로 공부했다. 그리하여 구약과 신약 사이에는 의미 있는 불연속성이 있지만 몇 가지 아주 중요한 연속성도 있다는 것을 알게 되었다. 특별히 관심을 갖고 알고 싶었던 것은 이스라엘 민족이 메시아를 거부함에도 이스라엘을 향한 구약의 예언이 여전히 성취될 것인지 여부였다. 그리스도의 감람산 설교 및 로마서 9-11장 같은 구절들을 주의 깊게 연구한 결과 나는 이스라엘을 향한 약속이 종말에 이스라엘의 남은 자들에게 성취될 것이라는 결론에 이르렀다.

그 구절들을 공부하면서 나는 그 어떤 종말론 체계도 본문에 억지로 갖다 붙이지 않았다. 당시 내게는 그런 체계라는 게 없었다. 나는 그저 주해 작업을 했고, 그런 다음 그 본문들이 가르치는 것을 종합해서 종말론에 대한 나 나름의 이해에 도달했다. 세대주의에 대해서는 그 후에야 알게 되었다. 나의 주해 작업은 세대주의적 교의를 일부 지지하지만 전부를 지지하지는 않는다. 종말론과 관련해 내가 내리는 주요 결론 다수가 세대주의 일부 형식의 교의와 일치하기 때문에 사람들은 나를 세대주의 진영에 속한 사람으로 보기도 한다. 하지만 내가 생각하기에 나는 불연속성 진영에 속한 사람이라고 하는 게 더 정확하다. 하지만 내 말의 핵심 요점은, 종말론에 관한 내 견해는 '위로부터' 강요받아서 얻은 게 아니라는 것이다. 종말론에 대한 내 이해는 구약의 수많은 예언을 세심히 주해하고 그 가르침들을 신약의 가르침과 종합한 데서 생겨났다.

세대주의에 관한 최종 요점 한 가지에 대해 말하겠다. 미들턴 박사와 크리프트 박사는 내 의견에 대한 답변에서 세대주의는 최근에 생겨난 것으로, 고작해야 150여 년 전에 살았던 사상가들에게서 유래했다고 주장한다. 이에 대해 몇 가지 대답을 하겠다. 첫째, 내 입장(그리고 세대주의)의 핵심에는 전천년설에 대한 믿음이 있다. 미들턴과 크리프트도 전천년설이 초기 기독교 때부터 존재해 왔다는 것을 분명 알고 있을 것이다. 게다가 천년왕국에 관한 **성경의** 가르침을 내가 올바로 이해하고 있다면, 그런 견해의 기원은 성경의 계시에서 찾을 수 있다. 또한 세대주의는 영원 상태를 확언하며, 공동 기고자들이 영원 상태에 관해 말하는 여러 내용을 똑같이 말한다. 왜냐하면 그 일들의 기원 또한 성경에서 찾아볼 수 있기 때문이다. 그러므로 종말에 대한 세대주의의 이해가 **모두** 최근에 생겨났다는 말은 옳지 않다.

하지만 세대주의 일부 교의가 최근에 생겨났다는 말이 맞다 해도 그게 왜 중요한가? 미들턴은 지나가는 말처럼 답변하는 반면 크리프트는 조금 더 자세하게 말한다. 철학자로서 크리프트는 세대주의의 '새로움'에 대한 자신들의 발언이 거의 발생학적 오류를 범하고 있다는 것을 알고 있다(미들턴도 알고 있을 가능성이 높다).[2] 감사하게도 미들턴도 크리프트도 세대주의가 최근에 생겨났다는 것이 세대주의의 견

---

[2] 발생학적 오류란 어떤 견해의 기원 때문에 그 견해를 매도하는 것을 말한다. 이는 그 견해의 새로움을 가리킬 수도 있고, 첫 주창자의 성격이 모호하거나, 의심스러운 생각을 가지고 있거나, 의심스러운 행동에 관여한 것을 가리킬 수도 있다.

해가 그르다는 증거(혹은 논거)라고는 말하지 않는다. 그렇게 말한다는 것은 대놓고 발생학적 오류를 범하는 것이라고 할 수 있다. 그런데 이런 이해가 '최근에 등장'했다는 확실하지도 않은 언급은 애초에 왜 하는 것일까? 발생학적 오류 언저리에서 무언가를 논할 의도가 아니라면 이들의 언급이 성취하는 게 무엇일까?

내 동료들은 두 번째 쟁점도 제기하는데, 이것의 의미는 지극히 중요하다. 이들은 내 소론과 응답 내용에 교회사에 등장하는 역사적으로 중요한 인물들에 대한 언급이 거의 혹은 별로 없다고 올바로 지적한다. 꼭 집어서 말하지는 않지만, 이들은 내가 교회 역사에서 나와 비슷한 견해를 가졌던 신학자들을 다양하게 인용했다면 내 견해가 훨씬 더 신빙성을 가졌으리라 생각하는 것 같다. 그런데 나는 왜 그렇게 하지 않았을까? 다른 기독교 신학자들의 견해가 중요하지 않다고 생각하기 때문이 아니다. 내가 취한 접근법에는 몇 가지 이유가 있다. 첫째, 나는 이 책이 중점적으로 다루는 열 가지 질문에 답변하고 가능한 한 성경의 가르침으로 내 답변을 뒷받침하는 것이 가장 중요하다고 생각했다. 기고자들 모두 이 책의 제한된 지면을 통해 자기 견해를 진술하고 방어해야 했다. 기고자들은 무엇을 포함시키고 무엇을 빼야 할지 결정해야 했다. 열 가지 질문에 빈틈없이 답변하고 성경을 비롯해 다른 자료들로 그 답변들을 뒷받침하고도 역사적 인물들의 견해를 덧붙일 만한 지면상 여유가 있었다면 그렇게 했을 것이다. 하지만 독자들 앞에 내 소론이 펼쳐져 있다. 역사적 인물들의 견해를 포함시킬 만한 공간이 어디 있는가? 몇 가지 이야기를 빼고 거기에 과거 신학자들의 견해를 다루었어야 한다고 생각하는 독자들이 있을지 모르지만, 나는 동의하지 않는다. 나는 내 견해와 그 견해를 지지하는 자료들을 최대한 명쾌하고도 철저히 설명하는 게 중요하다고 생각했다. 이것이 훨씬 더 필요하다고 본 이유는, 원고를 집필하면서 내 견해가 이 책에 등장하는 모든 입장 중 가장 색다르고 독특하리라고 생각했기 때문이다(그리고 그 생각이 맞았다).

둘째, 내가 그 접근법을 택한 것은 권위에 관한 내 생각 때문이었다. 처음 소론에서 논했다시피, 성경은 내 신학의 시금석이다. 그래서 나는 이 논제에 관한 성경의 가르침을 또박또박 이야기해야 했다. 역사상의 견해도 중요하기는 하지만, 성경만큼 권위가 있지는 않다.

마지막으로, 역사상의 인물들이 내가 지닌 모든 견해에 동의한다 해도 그것이 내 견해가 옳음을 입증하지는 않을 것이다. 대부분 사상가들을 내 편에 둔다고 해서 논쟁에서 이기지는 않는다. 오직 성경만이, 하나님의 말씀만이 진리에 대한 최종적이고 권위 있는 결정권자다.

이야기를 마무리하면서 한 가지 덧붙일 것은, 천국에 대한 우리의 **견해**보다 훨씬 더 중요한 문제는 각 사람이 그곳에 가느냐의 여부라는 것이다. 말했다시피 성경은 그리스도를 믿고 의지하는 것만이 유일한 길이라고 가르친다. 우리 모든 독자들을 그곳에서 보게 되기를 정말로 소망하고 바란다.

제2장

새 땅 관점

리처드 미들턴

종말론은 복음에 불필요한 부분이 아니다. 오히려 성경 전체 이야기의 논리적 절정이자 성취로서 그 이야기 전체에 통합적으로 연결된다. 성경이 전하는 무엇보다 중요한 이야기에 관심을 기울여 보면, 이 이야기가 하나님의 창조 세계 구속(救贖)에서 절정을 이룬다는 것을 알 수 있다. 그렇게 해서 하나님의 임재가 하늘과 땅에 충만해진다. 사실 우주의 구속과 하나님의 임재라는 이 두 주제는 통합적으로 연결된다.

이 장에서는 '이마고 데이'(*imago Dei*), 즉 하나님의 형상으로서 우리 인간의 소명은 창조 세계라는 성전에서 의롭게 살면서 하나님의 임재를 하늘로부터 이 땅의 삶으로 중간에서 전하는 것임을 논한다. 그런데 이 소명은 창조주에 대한 우리의 반역 때문에 훼방을 받아 왔고, 이는 여러 방식으로 인간의 삶을 타락시키고 왜곡시켰으며 하나님의 임재가 이 땅의 삶에 충만히 퍼지는 것을 가로막아 왔다. 예수가 다시 오셔서 죄와 죄의 저주를 이 땅에서 없애시면, 그때 창조주의 영광과 임재는 하늘뿐만 아니라 땅도 가득 채울 것이다. 우리는 마침내 죄의 방해 없이 하나님의 존귀와 영광을 위해 인간의 소명을 다하게 될 것이다.

우리의 현재 삶과 다가올 세상 사이에 불연속성이 있기는 하지만,

나는 구속받은 사람들을 위한 종말론적 미래는 하나님이 태초부터 의도하신 평범한 문화 활동에 있다고 믿으며, 이제 그 활동들은 죄와 사망의 속박에서 자유로워져 하나님과 충만히 교통하게 될 것이며, 하나님의 임재는 창조 세계에 충만해질 것이다.[1]

나는 새 땅에서 인간의 삶이 어떠할지 정확히 그려 보일 수 있다고 주장하지 않는다. 성경은 종말을 보통 비유적으로 묘사한다. 이는 종말론의 목적이 주로 윤리적이기 때문이다. 성경이 내다보는 미래가 우리가 품을 수도 있는 의문에 반드시 답을 해 주지는 않지만, 지금이라도 그 미래를 바라보며 살 수 있도록 우리에게 영감을 주는 것만으로도 충분하다.

그럼에도, 내가 강조한 두 가지 주제, 즉 땅의 구속과 하나님의 임재에 주목하면서 성경 이야기를 스케치하다 보면 약속된 이 미래를 희미하게나마 엿볼 수 있다. 그 스케치의 결론 부분에서, 이 책에서 저자들에게 제시된 구체적 질문들에 답변해 보겠다.

창조에서 종말까지 성경 전체 이야기의 기저를 이루는 것은 자기 세상을 향한 하나님의 깊은 사랑이다. 성경에서 가장 유명한 구절 중 하나는 요한복음 3:16이다. "하나님이 세상을 이처럼 사랑하사 독생자를 주셨으니 이는 그를 믿는 자마다 멸망하지 않고 영생을 얻게 하려 하심이라."[2]

하나님은 세상을, 즉 그리스어로 '코스모스'(*kosmos*)를 그토록 사랑

---

1 이 장에서는 J. Richard Middleton, *A New Heaven and a New Earth: Reclaiming Biblical Eschatology* (Grand Rapids: Baker Academic, 2014)을 비롯해 내가 쓴 다른 여러 글의 주제를 좀 더 충분히 분석했다. 하지만 다른 곳에서 쓴 내용을 너무 반복적으로 언급하지는 않으려 했다.
2 달리 언급하지 않는 한 NIV를 기본적으로 사용하겠다.

하셨다. 이는 오늘날 우리가 말하는 '천지만물'(cosmos)을 뜻할 수 있을까? 하나님은 이 우주(universe)를, 즉 은하계·지구·모든 생명 형태를 다 사랑하시는가?

분명한 것은, 요한복음이 오늘날 우리가 가진 우주 개념을 가리키는 것일 수는 없다는 점이다. 시기상 그건 불가능하다. 그렇다면 요한복음 3:16은 하나님이 고대인들이 알고 있는 온 우주를 사랑한다는 뜻일 수 있을까?[3]

이 질문에 답변하려면 성경이 창조 세계를 어떻게 그리는지를 생각해 볼 필요가 있다. 사실 창조에 대한 하나님의 의도에 근거해서 구속과 종말론적 절정을 이해해 나가지 않으면 그 과정에서 길을 잃기 쉽다. 그렇다면 성경은 창조된 우주를 어떤 식으로 해석하는가?

사람이 거주할 수 있는 건물로서의 창조 세계

성경학자들이 잘 알고 있다시피, 성경은 고대 근동인들이 그리는 지구의 모습을 공유한다. 즉, 지하수 위에는 평평한 땅 덩어리가 있고, 그때까지 알려진 육지 끝에는 산들이 하늘의 기둥 역할을 했는데, 산들은 아래로는 지하 세계로까지 뻗어 있고 위로는 궁창(firmament)을 떠받치고 있다. 궁창은 하늘 위의 물을 차단하는 견고한 투명 혹은 반투명 덮개로서 공기층을 제공해 땅의 생명체들이 번성할 수 있게 해 준다고 여겨졌다.

---

[3] 요한복음에서 '코스모스'(kosmos)라는 말은 해당 구절에 따라 다양한 의미를 지닌다.

달리 말해, 성경 및 고대 근동의 다른 문화들은 우주를 대략 건물이나 집으로 그린다.[4] 잠언은 하나님이 세상을 창조하는 것과 집을 건축하는 것을 거의 똑같은 용어로 표현한다.

잠언 24:3-4은 집을 다음과 같이 묘사한다.

집은 지혜로 말미암아 건축되고
    명철로 말미암아 견고하게 되며
또 방들은 지식으로 말미암아
    각종 귀하고 아름다운 보배로 채우게 되느니라.

잠언 3:19-20은 창조를 다음과 같이 묘사한다.

여호와께서는 지혜로 땅에 터를 놓으셨으며
    명철로 하늘을 견고히 세우셨고
그의 지식으로 깊은 바다를 갈라지게 하셨으며
    공중에서 이슬이 내리게 하셨느니라.

히브리어로 "지혜"(*khokmah*), "명철"(*tevunah*), "지식"(*da'at*)은 사실상

---

4 성경이 우주를 건물로 이해한다는 이야기를 좀 더 자세히 알려면, J. Richard Middleton, *The Liberating Image: The Imago Dei in Genesis 1* (Grand Rapids: Brazos, 2005), pp. 77-81; Raymond C. Van Leeuwen, "Cosmos, Temple, House: Building and Wisdom in Ancient Mesopotamia and Israel", in *From the Foundations to the Crenellations: Essays on Temple Building in the Ancient Near East and Hebrew Bible*, ed. Mark J. Boda and Jamie Novotny, Alter Orient und Altes Testament 366 (Münster: Ugarit-Verlag, 2010), pp. 399-421를 보라.

동의어로서, 하나님이 세심히 세상을 건축하셨음을 가리킨다.[5]

그래서 어떤 면에서 창세기 1장의 묘사는 고대 근동 세계가 우주를 건물이나 집으로 그리는 것과 일치한다. 하지만 성경은 창조를 매우 구체적인 종류의 건축으로 생각한다는 점에서 나머지 고대 근동 세계에서 볼 수 있는 것을 의미 있게 뛰어넘는다. 우리의 집은 성전이다.

하나님의 우주적 성전으로서의 창조 세계

성경의 세계관을 주의 깊게 들여다보면, 많은 성경 본문이 하늘과 땅을 하나님의 성소나 우주적 성전으로 묘사하며, 성막과 예루살렘 성전은 그 성소와 성전의 축도(縮圖)일 뿐임을 알 수 있다. 창조 세계라는 우주적 건물에서 창공 또는 하늘은 통상적으로 인간이 가까이 다가가기 어렵기에(우리가 **미칠 수 없는** 영역이라는 의미에서 이곳은 **초월적**이다), 하늘은 **하나님**이 계신 곳으로 상징되며, 그곳에서 창조주는 자신의 보좌에 앉아 땅을 다스리신다.

이 개념을 흥미롭게 증언하는 것으로 모세와 아론과 이스라엘 장로들이 시내산에 올라 "이스라엘의 하나님을 보니 그의 발 아래에는 청옥을 편 듯하고 하늘같이 청명하더라"(출 24:10)라고 생생히 묘사하

---

5 잠 24장과 마찬가지로 잠 3장에서도 집의 구조가 먼저 묘사되고, 이어서 설비가 언급된다. 레이먼드 판 레이우엔(Raymond Van Leeuwen)의 말처럼 "성경에서 집을 짓고 채우는 것은 신적 창조를 가리키는 기본적 은유의 영역이다"(Van Leeuwen, "Cosmos, Temple, House", p. 404). 창세기의 창조 기사도 이런 구성이다. 첫 3일은 창조의 구조를 서술하고, 그다음 3일은 그 구조 채우기를 서술한다. J. Richard Middleton, "The Genesis Creation Accounts", in *T&T Clark Handbook of Christian Theology and the Modern Sciences*, ed. John P. Slattery (London: Bloomsbury T&T Clark, 2020), pp. 15-31를 보라.

는 광경이 있다. NRSV는 이 구절을 이렇게 묘사한다. "그의 발밑에는 청옥으로 포장한 듯한 것이 있었고, 청명하기가 바로 하늘 같았다." 하나님의 보좌 아래 있는 이 맑고 푸른 구조는 창공, 하늘 덮개(*shamayim*)다. 이미지가 이처럼 생생히 묘사되지는 않더라도 이는 성경 어디에서나 볼 수 있는 주제다(예. 시 103:19, "여호와께서 그의 보좌를 하늘에 세우시고 그의 왕권으로 만유를 다스리시도다").

하지만 하늘은 창조된 우주에 속한다. 따지고 보면, "태초에 하나님이 천지를 창조하[셨다]"(창 1:1). 그래서 하나님의 보좌가 있는 자리로서의 하늘은 하나님이 우주 **안에**(처음에는 그 초월적 영역에) **살기로** 결정하셨다는 뜻이다. 그래서 역설적으로 하나님의 보좌가 하늘에 있다는 말은 하나님의 초월성뿐만 아니라 하나님의 내재성을 가리키는 이미지다.

이사야는 "주께서 높이 들린 보좌에 앉으셨는데 그의 옷자락은 성전에 가득[한]"(사 6:1) 것을 보았다고 말한다. 하나님이 천상의 보좌(예루살렘 성전보다 훨씬 높은)에 앉아 계신 이 환상은 하나님이 지성소(왕정의 종교적 근거를 제공한다고 여겼던) 안에만 계신다고 믿은 유다 통치자들의 불완전한 시각에 도전을 던졌다. 참 하나님은 언약궤 위 그룹들 사이의 보좌에 앉으시기보다 하늘에 자신의 보좌를 확고히 정하셨으며, 언약궤는 그저 하나님의 발이 닿는 곳일 뿐이다. 사실 하나님의 겉옷 가장 아랫단만으로도 온 예루살렘 성전이 가득 찬다.

이 환상의 우주적 규모와 어울리게 스랍들은 이렇게 선포한다. "거룩하다 거룩하다 거룩하다 만군의 여호와여 그의 영광이 온 땅에 충만하도다"(사 6:3).[6] 이 선언은 두 가지 중요한 주장을 한다. 첫째, 예루살렘 성전만이 아니라 온 땅이 하나님의 영광을 증명한다. 둘째, 대다수 역본과 반대로 이 본문은 실제로는 땅이 현재 하나님의 영광으로 충만하다고 말하지 않는다. 성경의 지배적 주제는 이 충만함이 아직 미래의 일이라고, 우리가 돌아가게 될 지점이라고 암시한다.[6]

하나님이 하늘 보좌에 앉아 계신 비슷한 광경을 이사야서 말미에서 볼 수 있는데, 여기서 하나님은 바빌론 포로 후 예루살렘 성전을 재건하려고 하는 이들에게 이의를 제기하신다.

여호와께서 이와 같이 말씀하시되

하늘은 나의 보좌요
    땅은 나의 발판이니
너희가 나를 위하여 무슨 집을 지으랴
    내가 안식할 처소가 어디랴
나 여호와가 말하노라
    내 손이 이 모든 것을 지었으므로
그들이 생겼느니라. (사 66:1-2a)

이 본문은 원칙적으로 예루살렘 성전 재건을 반대하지 않는다. 다만 이 성전이 하나님의 우주적 지배를 대신한다거나 어떤 면에서 이

---

6 NASB의 이 구절에는 다음과 같은 각주가 있다. "문자적으로 **온 땅에 충만한 것이 그의 영광이로다**(Lit *the fullness of the whole earth is His glory*)." 존 레벤슨(Jon Levenson)은 이 구절을 애써서 올바로 번역하는 성경학자 중 한 사람이다[Jon D. Levenson, "The Temple and the World", *Journal of Religion* 64.3 (1984): p. 289 (전체 기사 pp. 275-298)].

스라엘이나 예루살렘에 대한 하나님의 통치를 제한한다고 하는 개념을 반대할 뿐이다. 하늘과 땅이라는 온 우주는 오히려 하나님이 거처로 삼기로 작정하신 곳이다.

하나님의 임재가 아직 땅에 충만하지 않기에, 예루살렘 성전은 열방이 이스라엘의 하나님에게 다가가는 것을 허용해야 한다. 이것이 이사야서의 바로 몇 장 앞에서 야웨가 선포하신 내용의 기초이다. "내 집은 만민이 기도하는 집이라 일컬음이 될 것임이라"(사 56:7). 그리고 이 구절을 신약에서 예수가 인용한다(막 11:17).

우주적 성전에 있는 이마고 데이로서의 인간

우주가 하나님의 성전이라는 또 하나의 암시는, 브살렐이 광야에 성막을 건축하는 일의 감독자로 임명된 것이다. 이 목적을 위해 하나님은 브살렐에게 지혜와 총명과 지식을 충만히 채워 주시는데(출 31:1-5; 35:30-33), 이는 잠언 24장에서 집을 지을 때와 잠언 3장에서 하나님이 우주를 창조하실 때 등장한 것과 똑같은 세 가지 표현이다.

이러한 재능을 통해 브살렐은 "정교한 일을 연구하여 금과 은과 놋으로 만들게 하며 보석을 깎아 물리며 여러 가지 기술로 나무를 새겨 만들" 수 있었다(출 31:2-5). 브살렐이 "여러 가지 기술"로 만든 것들은 하나님이 창조의 "모든 일"(창 2:2, 3)을 마치신 것을 반영한다. 히브리어 문구도 사실상 동일하다. 이는 성막이 하나님의 우주적 성소의 축도일 뿐만 아니라 그 지혜로운 기술을 가진 브살렐이 하나님의 형상임을 암시한다. 실제로 브살렐은 "하나님의 영"으로 충만한데(출 31:3;

35:31), 이는 원래 형태도 없고 텅 비었던 세상 위를 운행하던 그 동일한 영(창 1:2)의 임재를 반영한다. 창세기 1장 서두에서 영이 우주 건축을 인도하는 하나님의 지혜의 존재를 암시하는 것처럼, 하나님의 영이 브살렐 안에 임재하면서 광야에 성소를 건축하는 일을 지도한다. 훌륭한 기술은 성령의 열매이며 창조주로서의 하나님의 일을 반영한다고 말할 수 있다.

하지만 출애굽기의 성막 건축과 창세기 1:1-2:3의 세상 창조 사이에는 의미심장한 불연속성이 있다. 성막 건축이 완료되자(출 40:34-35) 성막은 하나님의 영광의 임재로 충만했다[나중에 유대인 저자들은 이것을 쉐키나(Shekinah)라고 부른다].[7] 하나님의 영광의 구름은 예루살렘 성전이 완공되었을 때 그곳에도 충만했다(왕상 8:10-11; 대하 7:1-3). 이를 통해, 창세기 1:2에서 하나님의 영이 언급된 것은 창조주가 우주에 자신의 임재를 불어넣어 자신의 영광으로 충만케 하시려는 일의 서곡이라고 예상할 수 있다. 하지만 창세기 1장에는 세상 건축이 완료되었는데도 하나님이 자신의 임재로 우주적 성소를 충만케 하셨다는 언급이 없다.

그보다, 이어지는 창조 기사에서 하나님은 땅의 흙을 취해 만든 인간에게 숨을 불어넣으셔서 인간이 살아 있는 존재가 되게 하신다(창 2:7). 동산에서의 이 신적 숨 불어넣기는 고대 근동에서 형상이나 숭배용 조각상을 만들어 봉헌하는 것으로 알려진 의식(儀式)을 반영한다. 이 의식을 치를 때 사람들은 신의 영이 조각상으로 들어가 조각상

---

[7] 쉐키나(Shekinah)는 샤칸(shakan: "거주한다")이라는 동사에서 파생된 단어다. "성막"[미쉬칸(mishkan)]을 뜻하는 단어는 이 동사에서 파생된 명사다.

이 그 신의 살아 있는 형상이 된다고 생각했다. 의식이 끝나면 신상은 신전에 자리를 잡으며, 거기서 하늘에서 땅으로 신적 임재를 중재한다고 여겨진다.[8] 이런 이교 개념과 대조적으로, 창세기 2장은 인간이 하나님의 참 형상이라고 주장한다.

고대 세계의 모든 신전에는 그 신전에서 숭배하는 신의 초상이나 조상이 있었고, 신상이 없는 신전은 완전한 신전이 아니라고 여겨졌기에, 하나님이 자기 형상, 즉 인간을 창조 세계라는 신전에 둔 것은 이상한 일이 아니다. 창세기 1:26-27의 "하나님의 형상"(히. *tselem 'elohim*)이라는 표현은 수많은 연구의 주제가 되어 왔지만, 오늘날 구약학자들은 이 표현이 이 땅에서 하나님을 나타내고 하늘(우주의 지성소)로부터 오는 하나님의 임재와 권능을 땅의 영역(성소)에 전하는 통로로서의 인간의 소명을 가리킨다는 데 기본적으로 의견이 일치한다. 그래서 달리 말하자면, 창세기 1장과 2장은 인간이 창조 세계라는 우주적 신전의 공인된 하나님의 형상으로서, 하늘에서 땅으로 신적 임재를 나타내고 중개하는 왕이자 제사장의 소명을 맡았다고 단언한다.[9]

창세기 1장의 광경에서 "땅에 충만"(창 1:28)하되 단순히 후손으로

---

[8] 메소포타미아와 이집트의 이른바 '마우스 워싱'(mouth washing) 또는 '마우스 오프닝'(mouth opening) 의례에 관한 탁월한 연구로는, Catherine L. McDowell, *The Image of God in the Garden of Eden: The Creation of Humankind in Genesis 2:5-3:24 in Light of the* mīs pî pīt pî *and* wpt-r *Rituals of Mesopotamia and Ancient Egypt*, Siphrut: Literature and Theology of the Hebrew Scriptures 15 (Winona Lake, IN: Eisenbrauns, 2015)를 보라.

[9] 이는 이교의 조상(statues)이 숭배자들에게, 그리고 고대 이집트와 메소포타미아의 왕들이 백성에게 행하던 기능이기도 했으며, 이런 이유로 신상과 왕 모두 신의 형상이라 불렸다. 하나님의 형상 개념에 이런 고대 근동의 배경이 있는 것을 깊이 분석한 글로는, Middleton, *Liberating Image*, 특히 3-5장을 보라. 고대 이집트와 메소포타미아에서 특정 신의 형상 혹은 초상으로서의 왕(그리고 때로는 제사장)을 구체적으로 언급한 내용으로는, Middleton, *Liberating Image*, pp. 108-122를 보라.

땅을 채우는 게 아니라 함축적 의미로서 하나님의 임재로 충만하게 하는 것이 인간의 과제인데, 이는 하늘에서 다스리시는 신적 왕을 신실하게 나타냄으로써 완수되는 과제다. 우주적 성전을 하나님의 임재로 충만하게 하기는 자동으로 되지 않는다. 이는 선교 과제다. 이 과제는 인간이 우주의 왕을 위해 능력과 대리권을 어떻게 행사하느냐에 따라 진전되기도 하고 지장을 받기도 한다.[10]

이마고 데이와 문화 명령

하나님이 하늘에서 통치하시는 데 반해 땅은 독특하게 인간의 영역이다. 시편 115:16은 이렇게 설명한다. "하늘은 여호와의 하늘이라도 땅은 사람에게 주셨도다." 그러면 하나님은 무엇 **때문에** 땅을 우리에게 주셨는가?

창세기 1장은 땅의 영역을 다스리라고 하나님이 우리에게 주신 지배권의 관점에서 '이마고 데이'를 해석한다. "우리의 형상을 따라 우리의 모양대로 우리가 사람을 만들고 그들로 바다의 물고기와 하늘의 새와 가축과 온 땅과 땅에 기는 모든 것을 다스리게 하자"(1:26). 인간이 이렇게 동물에 대해 권세를 행사하는 목적은 창세기 1:28에서 땅을 정복해야 할 과제와 짝을 이루어 되풀이된다. "생육하고 번성하여 땅에 충만하라, 땅을 정복하라, 바다의 물고기와 하늘의 새와 땅에 움

---

[10] '이마고 데이'(*imago Dei*)를 이렇게 제사장 역할이나 성례전적으로 이해하는 내 해석에 대해서는, Middleton, *Liberating Image*, pp. 74-90; *New Heaven and a New Earth*, pp. 37-50, 163-176; "The Role of Human Beings in the Cosmic Temple: The Intersection of Worldviews in Psalms 8 and 104", *Canadian Theological Review* 2.1 (2013): pp. 44-58를 보라.

직이는 모든 생물을 다스리라." 인간은 동물의 생명을 지배하고 땅을 '정복'할 사명을 부여받는데, 본래 맥락에서 이는 목축과 영농을 가리키는 두 가지 과제로서, 두 가지 모두 복잡한 인간 문화 발전의 기초가 된다.

시편 8편은 이 둘 중 첫 번째 과제, 즉 동물을 지배하는 것을 다룬다. 이 시편은 지배권을 영광과 존귀로 관을 쓰는 것과 동등하게 본다(4-5절).[11] 하나님은 우주의 창조주이자 궁극적 통치자이시기에(3절), 인간이 땅의 지배권을 갖는다는 것은 신 같은 존재가 되는 것과 같다(5절). "하나님['엘로힘']보다 조금 못하[다]"는 표현은 창세기 1장의 '이마고 데이'에 대응하는 표현이다.[12]

창세기 2장은 창세기 1장에 언급된 과제 중 두 번째 과제를 다루는데, 이는 인간이 동산을 경작하고 지키는 (혹은 경영하고 보호하는) 것에 초점을 맞추기 때문이다(15절). 이 동산은 하나님이 친히 시작하신 영농 프로젝트이며(8절; 하나님이 동산을 창설하셨다), 하나님은 인간이 이 일을 계속해 나가기를 기대하신다(암시적인 하나님의 형상 테마). 반역한 탓에 동산에서 쫓겨난 후에도 인류는 동산 밖에서 땅을 일구거나 경작하기로 되어 있다(창 3:23; 2:5을 보라).

마찬가지로 시편 104편도 인간을 가축과 비교하는 방식으로 인간의 농사 기술을 강조한다. 하나님은 가축에게는 풀을 주시고 인간에

---

[11] 여기서는 영역본 시 8편의 절 번호를 붙였다. 마소라 사본(MT)의 히브리어 절 번호는 하나씩 앞서가는데, MT가 표제를 1절로 취급하기 때문이다.
[12] NIV는 70인역 성경을 따라 이 표현을 "천사들보다 조금 못하게"라고 번역하는데, 이는 신약에서 인용된다(히 2:7). 엘로힘(*elohim*)은 하나님을 가리키는 말로 가장 자주 쓰이지만, 때로는 "신들"(천사들 아니면 열방의 신들을 가리키는)로 번역될 수 있다.

게는 채소를 주시는데(14절), 가축은 하나님이 공급하시는 풀을 먹는 데 만족하는 반면, 인간은 하나님이 주시는 채소를 경작한다. 우리는 창의력을 발휘해 포도와 올리브와 밀을 포도주와 기름과 빵으로 만들어서 스스로 생명을 유지하고 마음을 즐겁게도 하는 농부가 된다(15절).

창조를 다루는 성경 본문은 복잡한 사회 편제의 기본인 영농과 축산을 이렇게 두 번 강조함으로써, 문화와 기술과 문명의 모든 측면의 발전의 토대를 하나님이 인류에게 위임하신 일에 두고 있다. 이는 하나님이 자기 형상으로 지은 이들에게 주신 타락 전 '문화 명령'으로, 죄의 결과인 퇴화 및 노동의 고됨(창 3:17-19)에 선행한다. 땅의 환경을 하나님을 영화롭게 하는 복잡한 사회문화적 세계로 변화시켜 온 땅에 대한 하나님의 주권을 드러내는 방식으로 능력을 발휘하는 것이 인간에게 원래 주어진 사명이다.

창조는 정적(靜的)이어서는 안 된다. 하나님이 세상을 만드셨을 때, 세상은 좋았다. 정말로 좋았다(창 1:31). 하지만 그 잠재력은 아직 완전히 발현되지 않았다. 하나님은 인간이 이 땅 생활의 광대한 가능성을 펼쳐 나가려 수고함에 따라 변화와 발전이 있기를 기대하셨다.

이 기대를 생각하면 창세기 4장에 언급된 인간의 문화적 성취를 이해하는 데 도움이 된다. 예를 들어, 최초의 마을 혹은 인간의 거처가 세워지고(17절), 유목식 목축이 발생하고(20절), 악기를 만들고(21절), 금속 도구를 만들고(22절), 가인과 아벨이 제사를 드리고(2-4절), 사람들이 하나님의 이름을 부르면서(26절) 예배가 시작되었다. 이러한 문화 관행과 산물이 존재하게 된 것은 사람들이 하나님의 형상으로서 대리권을 행사해 원시적 시작을 넘어 땅의 번영을 위한 하나님의 목적에 따라 세상을 발전시킨 덕분이다.

이마고 데이와 예배의 의미

여기서 중요하게 주목할 점은, 우리가 찬양과 기도로 하나님께 주의를 집중한다는 좁은 의미에서의 '예배'는, 우리 인간의 삶 전체의 방향을 인도해야 할 목적의 일부일 뿐—비록 아주 중요한 부분이기는 하지만—이라는 것이다. 우리가 하나님께 순종해 행하는 모든 일에 상응하는 더 넓은 의미의 예배가 있으며, 이것이야말로 궁극적으로 하나님께 영광을 돌리고 하나님의 명성을 높인다. 좁은 의미의 '예배'는 우리가 행하는 모든 일에서 하나님을 영화롭게 할 수 있도록 하나님께 대한 우리의 충성을 강화시켜야 한다.

 바울이 로마 교회에 주는 훈계에서 이와 같이 예배의 넓은 의미를 확인할 수 있다. "그러므로 형제들아 내가 하나님의 모든 자비하심으로 너희를 권하노니 너희 몸을 하나님이 기뻐하시는 거룩한 산 제물로 드리라. 이는 너희가 드릴 영적 예배니라"(롬 12:1). 바울의 이 말은 예수가 바리새인들을 힐난한 말, 즉 통상적으로 경건의 표현이라고 여겨지는 행위(이를테면 십일조 같은)는 정의·긍휼·믿음이 있는 삶보다 중요성이 덜하다는 말씀과 일치하며, 이런 삶을 일컬어 예수는 "율법의 더 중한 바"라고 하신다(마 23:23-24). 예수는 하나님께 대한 순종, 특히 이웃에 대한 사랑과 궁핍한 사람들을 향한 정의로 입증되는 순종이 뒷받침되지 않는 희생 제사·성회·안식일·월삭·금식에 대해 이스라엘을 비난했던 구약 시대 선지자들의 말을 되풀이하신다. 이 선지자들의 말에 따르면, 좁은 의미의 '예배'는 이를 뒷받침해 주는 적절한 행위가 없으면 하나님 보시기에 완전히 역겹다.[13]

시편 15편까지 거슬러 올라가 보면, 하나님의 임재 가운데 살려면 무엇이 필요한지에 관한 질문이 나온다. "여호와여 주의 장막에 머무를 자 누구오며 주의 성산에 사는 자 누구오니이까"(1절). 이 질문에 대한 답변은 정직함과 의로움, 그리고 특히 이웃을 대하는 태도를 포함해 한 사람의 삶의 방식과 관계있다(2-5절). 여기서 우리는 성품과 행위 사이의 연관성을, 그리고 또 한편으로 하나님의 거룩한 임재 안에 머물 수 있는 가능성을 명확히 볼 수 있다.

미가 선지자도 비슷한 질문을 했다. "내가 무엇을 가지고 여호와 앞에 나아가며 높으신 하나님께 경배할까"(미 6:6a). 미가는 하나님이 번제와 수천 마리 숫양으로 드리는 과도한 (좁은 의미에서의) 예배를, 심지어 장자를 바치기를 원하실지 궁금해한다(6b-7절). 대답은 물론 '아니다'이다. 미가는 이렇게 결론 내린다. "사람아 주께서 선한 것이 무엇임을 네게 보이셨나니 여호와께서 네게 구하시는 것은 오직 정의를 행하며 인자를 사랑하며 겸손하게 네 하나님과 함께 행하는 것이 아니냐"(8절). 하나님과 친밀히 교제하려면 우리의 도덕적 변화가 요구된다. 사람과 사람 사이의 의를 향한 하나님의 목적을 우리의 모든 행위에 반영해야 한다.

삶을 예배로 보고, 그 삶으로써 하나님을 영화롭게 한다는 이 관점

---

[13] 사 1:10-20(특히 1:12-17); 58:1-14; 렘 7:1-15; 암 5:1-25(특히 4-7, 11-12, 14-15, 21-24절); 미 6:1-8(특히 6:6-8)을 보라.

은 성경이 우주를 하나님의 성전으로 보고 인간을 공인된 하나님의 형상으로 보는 시각과 일치하며, 여기서 인간은 하나님의 존귀와 영광을 위해 세상의 가능성을 펼쳐 가며 세상을 발전시키면서 우리의 행위 전체를 통해 창조주를 나타낼 사명을 부여받는다.

죄가 세상에 들어오다: 하나님의 목적과 임재의 장애물

문제는 죄가 인간의 삶을 일그러뜨렸고, 그에 따라 우주라는 성전에 하나님의 임재를 나타낼 수 있는 우리의 능력도 왜곡시켰다는 점이다. 창세기 3장에서 인간이 하나님이 금하신 일을 범함으로써 인간 사이의 관계도 황폐해졌다. 구체적으로, 남자와 여자 사이의 원래 조화는 남자가 여자에게 권력을 행사하는 상태로 퇴보했다(창 3:16). 더 나아가, 인간은 땅의 흙을 취하여 만들어진 존재인데, 인간의 죄 때문에 땅이 저주를 받음으로써 인간과 땅 사이의 원래 조화가 깨졌다(17-19절).[14]

그다음 세대에서는 가인이 동생 아벨을 죽인다(창 4:8). 그 때문에 가인 자신에게 저주가 임할 뿐만 아니라 땅과의 관계도 소원해져서 그는 이제 더는 땅을 경작하지 못하게 된다(10-12절). 가인의 후손 라멕은 한 청년이 자기를 다치게 했다는 이유로 청년을 죽인 뒤 이 보복

---

[14] 창 3장의 첫 불순종의 결과로 여러 관계가 붕괴된 것을 더 상세히 분석한 글로는, J. Richard Middleton, "From Primal Harmony to a Broken World: Distinguishing God's Intent for Life from the Encroachment of Death in Genesis 2-3", in *Earnest: Interdisciplinary Work Inspired by the Life and Teachings of B. T. Roberts*, ed. Andrew C. Koehl and David Basinger (Eugene, OR: Pickwick, 2017), pp. 145-173를 보라.

행위를 자신의 두 아내에게 자랑한다(23-24절). 이렇게 창세기 4장은 긍정적인 문화 발전과 더불어 폭력 행위(땅을 개발할 수 있도록 하나님이 주신 대리권을 오용하는)가 확산되는 광경을 서술한다. 하나님은 자신의 임재로 충만한 세상을 바라셨지만, 창세기 6장쯤에 이르면 세상은 오히려 폭력으로 가득하다. 모든 육체는 물론 땅 자체가 하나님 보시기에 부패해졌다(창 6:11-12).

우주라는 성소에서 땅 부분은 죄로 오염되어 신성함이 더럽혀졌고, 이에 하나님은 홍수를 일으켜 땅을 깨끗하게 하신다. 홍수는 바빌론 포로 전의 하나님의 경고, 즉 이스라엘의 죄가 땅을 오염시키면 땅이 이들을 토해 내리라고 경고하실 것(레 18:25; 20:22)을 내다보고 있다. 홍수 후, 인류는 여러 나라·민족·언어로 급격히 늘어나 땅에 충만하게 되지만, 세상이 하나님이 거하시기에 적합한 곳으로 변화하는 일은 아직 일어나지 않았다. 하나님의 계획은 인간의 죄로 방해받아 왔다.

하나님의 제사장 나라로서의 이스라엘

하나님은 아브라함을 민족 사이에서 불러내셔서, 하나의 소우주 혹은 땅의 인류를 위한 하나님의 목적의 모형으로서 많은 후손과 많은 토지로 복 주시겠다 약속하심으로써 이에 대응하신다. 아브라함과 그 후손에게 약속하신 이 복의 장기 목적은, 이들을 통해 세상의 다른 민족들도 복을 얻는 것이다(창 12:3; 18:18; 22:18; 26:4; 28:14).[15] 하지만 이 장기 축복은 아브라함의 후손들이 기근 때문에 이집트에 머물게 되면서 지체된다. 이들은 자기 소유의 땅은 아니지만, 거기서 수를 늘리며 이집트 땅을 채우기 시작하면서(출 1:7) 인류를 위한 하나님의 원래 목적을 반향한다(창 1:26-28). 그 땅을 통치하는 파라오가 이들을 노예로 삼아 압제하고 이들에게서 태어나는 남자 아기들을 죽이고자 하지만, 이들은 그 땅에서 계속 수를 늘려 간다(출 1:8-20).

도움을 청하는 백성의 울부짖음에 대한 대답으로(2:23-25) 개입하시는 하나님은 모세의 손을 통해 이들을 이집트에서 구해 내신 뒤 홍해의 기적을 거쳐 시내산으로 이끄신다(출 3-19장). 이곳에서 하나님이 이스라엘과 맺으시는 언약의 일부로서 토라가 주어진다(출 20-24장). 갓 구속받은 백성이 시내산에 이르자 하나님은 모세를 통해 이들에게 말씀하시며 이들의 소명을 분명히 하신다. "세계가 다 내게 속하였나니 너희가 내 말을 잘 듣고 내 언약을 지키면 너희는 모든 민족 중에서 내 소유가 되겠고 너희가 내게 대하여 제사장 나라가 되며 거룩한 백성이 되리라(출 19:5-6a).

하나님이 택하신 백성, 왕 같은 제사장 역할을 위해 선택된 백성은 하나님의 축복과 임재를 세상에 전하는 거룩한 임무—인간이 죄 때문에 상실한—를 이행해야 했다. 창조된 목적을 완수하지 못하는 인간의 불순종에 대한 조치로, 이스라엘은 '이마고 데이'가 되라는 부름을 받는다. 이스라엘은 하나님이 시내산에서 이들과 맺은 언약에 순종하고 하나님이 모든 백성에게 뜻하신 의로운 삶의 모범이 됨으로써

---

15 이는 짧게 요약한 내용으로서, 어떻게 아브라함을 통해 다른 나라들이 복을 얻는지를 제대로 설명해 주지 못한다. 좀 더 상세한 분석으로는, J. Richard Middleton, "The Blessing of Abraham and the *Missio Dei*: Reframing the Purpose of Israel's Election in Genesis 12:1-3", in *Orthodoxy and Orthopraxis: Essays in Tribute to Paul Livermore*, ed. Douglas R. Cullum and J. Richard Middleton (Eugene, OR: Pickwick, 2020), pp. 44-64를 보라.

이 부름에 응해야 한다.

자기 백성이 일상적 삶의 평범한 일들에서 잘되기를 바라는 하나님의 관심은 이스라엘의 지혜 문헌에서 다루는 다양한 문제는 물론, 출애굽기·레위기·신명기에서 볼 수 있는 율법에도 뚜렷이 나타나 있다. 이 성경 구절들은 가정생활, 사람과 사람 사이의 정의, 일, 채무, 의복, 주거, 음식, 질병, 성, 전쟁, 말, 분노, 예배, 리더십 관련 문제를 다룬다. 이 구절들에는 장애인, 가난한 사람, 과부, 고아, 외국인, 거류민 보호에 관한 지침이 있고, 심지어 가축과 들짐승, 새, 나무, 땅 자체의 안녕을 다루는 율법도 있다. 구약학자 존 스텍(John Stek)이 설명하다시피, "이스라엘을 위한 야웨의 뜻은 개인, 가정, 민족 등 이스라엘의 삶의 전 영역에 걸쳐 있다. 사회, 정치, 경제, 교육, 예배 등 이스라엘의 삶의 모든 측면이 그분의 규제 아래 있다. 삶의 단 한 모퉁이도, 그 어떤 사적 영역도, 그 어떤 인간관계도 왕으로서의 그분의 권한 밖에 있지 않다. 그분의 다스림은 절대적이다. 이스라엘은 만사에 '거룩'해야 했고, 야웨를 섬기는 일에 전적으로 전념해야 했다."[16]

언약의 하나님은 모든 창조 세계의 하나님이시기에 여기에는 성결한 것과 속된 것의 구별이 없다. 성경의 하나님은 땅에 있는 모든 생명의 전 영역에 관심을 가지시며, 인간과 그 외 창조 세상 모두의 번영과 복락을 바라신다. 그래서 토라 및 이스라엘 성경의 지혜 문헌이 제공하는 지침은 삶 전체를 하나님의 원래 의도대로 회복시켜서 전체적인 땅의 번영을 촉진시키는 것을 목표로 한다. 이 토대가 성경이 그리

---

16 John H. Stek, "Salvation, Justice and Liberation in the Old Testament", *Calvin Theological Journal* 13 (1978): p. 150.

는 종말론적 갱신에 얼마나 중요한지는 이제 곧 살펴보겠다.

성막과 성전의 목적

이스라엘을 땅에서 번영시키려는 하나님의 의도를, 이스라엘이 제사장으로서 하나님의 임재를 나라들 사이에 중개해야 할 소명과 따로 떼어 생각해서는 절대 안 된다. 이스라엘은 바로 언약에 충실한 모습으로써 세상에 하나님의 임재를 증명하는 하나의 증거가 될 것이다. 하지만 하나님의 언약 백성은 먼저 자신들 가운데서 하나님의 임재를 체험할 때에야 비로소 제사장 나라로서 기능하게 될 것이다(출 19:6). 그래서 출애굽기를 보면, 하나님이 자기 백성 가운데 거할 준비를 하시는 것을 상당히 많은 지면을 할애해서 다루는 것을 알 수 있다(출 31-40장).

시내 광야에서 약속의 땅 사이를 하나님은 낮에는 구름기둥, 밤에는 불기둥으로 이스라엘과 함께 다니신다. 그렇게 이스라엘을 인도하는 임재 외에도 하나님은 성막 및/또는 회막에 거하신다.[17] 하나님은 이렇게 설명하신다. "내가 성막(dwelling place)을 너희 중에 세우리니 내 마음이 너희를 싫어하지 아니할 것이며 나는 너희 중에 행하여 너희의 하나님이 되고 너희는 내 백성이 될 것이니라"(레 26:11-12). 여기서 "성막"에 해당하는 히브리어는 '미쉬칸'(mishkan)으로, 보통 "타버나클"(tabernacle)로 번역된다. 하늘의 하나님이 땅에서 자기 백성과 함께

---

[17] 성막과 회막이 동일한 구조물을 두 가지로 다르게 지칭하는 것인지, 아니면 두 개의 서로 다른 구조물을 가리키는 것인지는 확실치 않다.

거하려고(shakan) 내려오신다는 주제는 자신의 임재가 모든 창조 세상에(하늘만이 아니라 땅에도) 충만하기를 바라시는 하나님의 바람을 증명한다. 포로 기간 동안 에스겔은 자기 백성과 함께하시는 하나님의 임재를 공들여 설명했다. "내 처소['미쉬칸']가 그들 가운데에 있을 것이며 나는 그들의 하나님이 되고 그들은 내 백성이 되리라. 내 성소가 영원토록 그들 가운데에 있으리니 내가 이스라엘을 거룩하게 하는 여호와인 줄을 열국이 알리라"(겔 37:27-28).

한편으로 성막과 성전의 관계, 그리고 또 한편으로 성막과 하나님의 성소로서의 우주와의 관계를 아는 게 중요하다. 제사장 나라로서의 이스라엘이 이 세상에서 모든 인간이 하나님의 형상이 되어야 한다는 부르심의 부분적 성취였던 것처럼, 그리고 안식일의 성취로서의 종말과 더불어 안식일이 (모든 시간이 다 거룩하지만) 시간의 부분적 성별(聖別)인 것처럼(7일 중 하루), 성막과 성전은 온 땅이 하나님의 영광스러운 임재로 충만할 날이 올 때까지 공간의 부분적 성화(聖化)를 나타낸다. 민수기 14:21은 온 땅을 자신의 영광으로 충만케 한다는 목적이 이스라엘의 불순종으로 방해받지 않으리라는 하나님의 약속을 기록하는 반면, 시편 72:19은 하나님의 영광이 온 땅에 가득하기를 바라는 간절한 소원을 선언한다.[18] 이사야와 하박국은 "물이 바다를 덮음같이" 온 땅이 정말로 하나님을 아는 지식, 혹은 하나님의 영광으로 충만하게 될 날을 상상한다(사 11:9; 합 2:14).

포로 시대 및 하나님의 임재가 회복되리라는 선지자의 약속

이스라엘이 제사장 나라로서 열국에 하나님의 의의 모형이 되게 하려는 것이 하나님의 원래 목적이었으나 이집트에서의 종살이가 이 목적에 장애물이 되었던 것처럼, 바빌론 포로도 예루살렘 성전 파괴와 더불어 하나님의 임재가 땅에 충만해지기를 바라는 이스라엘의 소망을 종식한 듯 보였다.

하지만 이는 하나님의 놀라운 신실함을 계산에 넣지 않은 시선이다. 바빌론 포로 기간 동안 에스겔은 백성이 역겨워 야웨의 영광이 예루살렘 성전을 떠나는 환상을 보았다. 하나님의 영광은 그룹들에 의해 지성소에서 옮겨져 동문을 통해 성전을 떠나 도성 동쪽의 산을 향하고, 그 동안 도성에 대해서는 심판이 선포된다(겔 9-11장; 특히 9:3a; 10:1-5, 18-19; 11:22-23).

에스겔서에서 과거를 회상하게 하는 기능을 하는 이 환상은 에스겔서 서두에 등장하는 환상(겔 1-3장)의 의미를 명확히 하려는 것이었는데, 그 서두 환상에서 갓 바빌론으로 끌려온 선지자는 그룹들이 옮기는 병거 모양 보좌가 바빌론에 도착하는 광경을 생생하고도 자세히 묘사하고 있으며, 그 보좌 한가운데에는 영광과 신비로 관을 두른 한 형상이 있다. 이스라엘의 하나님은 실제로 예루살렘 성전을 떠나셨다.

---

18 민 14장에서 하나님은 이렇게 맹세하신다. "그럼에도─내가 살아 있는 것처럼, 그리고 온 땅이 여호와의 영광으로 충만하게 될 것처럼…"(민 14:21 NRSV─옮긴이 사역). NIV는 미완료 동사를 현재 시제로 옮기지만(is filled, "충만한"), 이 동사를 미래 시제로 옮기는(shall be filled, "충만하게 될") NRSV의 번역이 미완료의 전형적 의미이자 이 구절의 맥락을 훨씬 더 잘 이해하는 (그리고 역시 미래 시제를 쓰는 70인역의 지지를 받는) 번역이다. 즉, 이스라엘의 불순종은 하나님의 궁극적 목적이 성취되는 것을 가로막지 못하리라는 것이다.

하지만 그분은 자기 백성을 버리지는 않으셨다. 그보다 야웨는 자기 백성과 동행해 바빌론으로 들어오셨다. 그분은 참으로 임마누엘, 곧 우리와 함께하시는 하나님이다.

포로 시대 및 그 후에 여러 선지자들이 야웨가 시온과 성전으로 돌아오시기를 기대하면서 보는 일련의 중요한 환상을 설명해 주는 것이 바로 하나님의 임재가 예루살렘과 그 성전을 떠난 일이다(당시 성전은 주전 586년에 바빌론 군대의 손에 파괴되었다). 그래서 이사야 40장에서 우리는 포로 생활 중 이스라엘에게 주어지는 계시의 말씀을 보게 되는데, 이 계시는 하나님이 바빌론을 떠나 예루살렘으로 돌아오실 것이라고 말한다. "너희는 광야에서 여호와의 길을 예비하라. 사막에서 우리 하나님의 대로를 평탄하게 하라.…여호와의 영광이 나타나고 모든 육체가 그것을 함께 보리라"(사 40:3, 5). 이어서 한 사자(使者)가 하나님의 임재가 돌아올 것을 알리라는 지시를 받는다. "아름다운 소식을 예루살렘에 전하는 자여 너는 힘써 소리를 높이라.…유다의 성읍들에게 이르기를 너희의 하나님을 보라 하라"(9절).

이사야서 후반에는 에스겔이 야웨가 떠나는 것을 보았던 바로 그 동쪽 산을 예루살렘 거민들이 바라보고 있을 때 이들에게 계시가 주어지는 장면이 있다. "좋은 소식을 전하며…시온을 향하여 이르기를 네 하나님이 통치하신다 하는 자의 산을 넘는 발이 어찌 그리 아름다운가.…여호와께서 시온으로 돌아오실 때에 그들의 눈이 마주 보리로다"(52:7-8). 실로 "여호와께서 열방의 목전에서 그의 거룩한 팔을 나타내셨으므로 땅 끝까지도 모두 우리 하나님의 구원을" 볼 것이다(10절).

스가랴 선지자도 약속된 대로 하나님이 시온으로 돌아오실 것에 대해 자세히 이야기한다. "여호와가 이같이 말하노라. 내가 시온에 돌아와 예루살렘 가운데에 거하리니 예루살렘은 진리의 성읍이라 일컫겠고 전능자 여호와[문자적으로 만군의 여호와]의 산은 성산이라 일컫게 되리라"(슥 8:3).[19]

에스겔 자신도 하나님이 동쪽에서 성전으로 돌아오시는 환상을 보는데, 동쪽은 하나님의 영광이 떠나간 바로 그 방향이다.

> 그 후에 그가 나를 데리고 문에 이르니 곧 동쪽을 향한 문이라. 이스라엘 하나님의 영광이 동쪽에서부터 오는데…여호와의 영광이 동문을 통하여 성전으로 들어가고 영이 나를 들어 데리고 안뜰에 들어가시기로 내가 보니 여호와의 영광이 성전에 가득하더라. (겔 43:1-2, 4-5)

에스겔은 야웨가 성전에서 말씀하시는 것을 듣는다. "인자야 이는 내 보좌의 처소, 내 발을 두는 처소, 내가 이스라엘 족속 가운데에 영원히 있을 곳이라"(7절).

하지만 포로 생활이 끝나고 다수의 이스라엘 사람들이 고향으로 돌아온 후에도 야웨의 돌아오심은 완료되지 않는다. 아직까지 하나님은 돌아와서 지성소에 거처를 잡지 않으셨다. 이에 대한 흥미로운 증거 한 가지는, 솔로몬이 지은 최초의 성전과 바빌론 포로 후에 지어진 제2성전 사이에 다섯 가지 차이점이 있었다는 탈무드[바블리(Bavli) 또

---

19 NIV는 여호와 세바오스(*tseva'oth*, 만군의 여호와)를 일관성 있게 전능자 여호와로 번역하는데, 이 번역은 하나님을 일컫는 이 독특한 호칭을 모호하게 만든다. 이 호칭은 삼상 4:4에서 하나님이 지성소에 보관된 언약궤 위 그룹들 위쪽 보좌에 좌정하신 것과 관련해서 처음 쓰인다.

는 바빌론 탈무드와 예루샬미(Yerushalmi) 또는 예루살렘 탈무드 모두]의 의견이다. 하나님의 영광스러운 임재도 제2성전에서 분실된 항목 중 하나라는 기록을 탈무드의 두 버전 모두에서 볼 수 있다(탈무드는 기독교 시대 처음 몇 세기 동안 여러 랍비의 말을 모아 놓은 권위 있는 문헌이다).[20]

그런데 포로 시대 후 하나님이 성전으로 돌아오시려는 작정에 관해 말라기가 알리는 말이 있는데, 하나님이 돌아오시려면 제사장 직분이 정화되고 정련될 필요가 있다는 것이었다. "전능자 여호와[문자적으로 만군의 여호와]가 이르노라. 보라 내가 내 사자를 보내리니 그가 내 앞에서 길을 준비할 것이요, 또 너희가 구하는 바 주가 갑자기 그의 성전에 임하시리니 곧 너희가 사모하는 바 언약의 사자가 임하실 것이라"(말 3:1).

육신이 되신 말씀으로 쉐키나가 임하다: 임마누엘

신약에 이르면, 하나님이 성전—사실은 시온—에 눈에 띄게 부재하신다는 느낌을 마가복음 서두에서 읽어 낼 수 있는데, 여기서 마가는 말라기 3:1과 이사야 40:3을 인용한다.

하나님의 아들 예수 그리스도의 복음의 시작이라. 선지자 이사야의 글에

---

20 바빌론 탈무드에서는 랍비 슈무엘 바르 인야(Shmuel bar Inya)의 이름으로 가르쳐진 b. Yoma 21b에서 이를 볼 수 있다. 똑같은 개념이 예루살렘 탈무드의 y. Ta'anit 2:1(65a)와 랍비 아하[Aha; 바블리 탈무드의 랍비 슈무엘 바르 인야와 동일한 인물인 랍비 슈무엘 바르 야나(Shmuel bar Yana)가 예시하는]의 이름으로 인용된 다른 두 병행 본문에도 등장한다.

보라 내가 내 사자를 네 앞에 보내노니
　　그가 네 길을 준비하리라
광야에 외치는 자의 소리가 있어 이르되
너희는 주의 길을 준비하라
　　그의 오실 길을 곧게 하라

기록된 것과 같이. (막 1:1-3)

마가 및 다른 공관복음의 해석에 따르면 그 사자는 세례 요한으로서, 예수의 길을 예비하러 오는 사람이며, 예수는 백성에게 돌아오겠다는 하나님의 약속을 자신의 존재와 사명으로 성취하시는 분이다.

예루살렘 성전 완공 때 하나님의 영광이 이 성전을 가득 채운 후 (왕상 8:10-11), 솔로몬은 이스라엘과 함께 거하실 만큼 하나님이 자기를 낮추시는 것에 대해 곰곰이 생각하다가 놀라서 이렇게 물었다. "하나님이 참으로 땅에 거하시리이까. 하늘과 하늘들의 하늘이라도 주를 용납하지 못하겠거든 하물며 내가 건축한 이 성전이오리이까"(27절). 오늘날 우리는 "하늘들"이 얼마나 광대한지 좀 더 잘 알고 있으며, 그래서 솔로몬의 말의 의미를 훨씬 잘 헤아릴 수 있다. 그런데 하나님은 단순히 하늘들에 거하시기 위해서, 단순히 땅의 성막과 성전에 거하시기 위해서 자기를 낮추시지 않았다. 창조주가 나사렛 예수로 성육신 하셨으니, 그분은 육신이 되신 말씀이시고 (요 1:14), '이마고 데이'의 모범이시며(고후 4:4-6; 골 1:15; 히 1:3), 두 번째 아담으로서 첫 번째 아담이 불순종 때문에 행하지 못한 일을 자신의 순종으로 (심지어 죽기까지) 완수하신 분이라는 것이 신약의 대담한 주장이다(롬 5:12-19).

인간은 공인된 하나님의 형상으로서 창조주를 나타내고 신적 임재를 하늘에서 땅으로 전해야 한다는 성경의 가르침을 감안할 때, 예수를 결정적인 '이마고 데이'로 말하는 신약의 확언은 예수가 자신의 지상 생활 전체를 통해 하나님의 성품과 임재를 드러내는 데 성공했다는(인간은 실패했지만) 주장과 마찬가지다. 마태는 예수의 탄생을 임마누엘, 즉 "하나님이 우리와 함께하신다"는 이사야의 예언의 성취로 이해한 반면(마 1:22-23), 바울은 "아버지께서는 모든 충만으로 예수 안에 거하…기를 기뻐하[셨다]"(골 1:19)고 설명하며, 예수 자신은 "나를 본 자는 아버지를 보았[다]"(요 14:9)고 제자들에게 말씀하신다.

요한은 성막과 성전에 하나님이 임재하심을 반영하는 말로 성육신을 묘사한다. "말씀이 육신이 되어 우리 가운데 거처를 만드셨으매(made his dwelling) 우리가 그의 영광을 보니 아버지의 독생자의 영광이요 은혜와 진리가 충만하더라"(요 1:14 — 옮긴이 사역). 야웨의 "영광"이 성막과 성전에서 이스라엘과 함께 거한다고 했지만, "거처를 만드셨다"는 문구는 그리스어 동사 '스케노'(skēnoō)를 번역한 말로, 70인역에서는 흔히 히브리어 동사 '샤칸'(shakan, "거하다")의 번역어로 쓰인다. 성막(mishkan)이라는 명사와, 나중에 랍비 전통에서 하나님이 이스라엘과 함께 영광스럽게 임재하심을 가리키는 말로 쓰인 유대인 특유의 '쉐키나'(Shekinah)라는 말 모두 여기에서 파생되었다.

미슈나에 인용된 랍비들의 격언 중에 "두 사람이 함께 앉아 율법의 말씀[을 이야기하면], 신적 임재[문자적으로 쉐키나]가 두 사람 사이에 머문다"는 말이 있다.[21] 이는 "두세 사람이 내 이름으로 모인 곳에는 나도 그들 중에 있느니라"(마 18:20)라고 예수가 제자들에게 하신 말씀을 이해하게 해 준다. N. T. 라이트가 설명하다시피, 예수는 "자신이 인격체로 나타난 쉐키나, 자기 백성과 함께 거하시는(tabernacling) 야웨의 임재인 양" 말하고 행동했다.[22] 이제 신약학자들 사이에서는 제2성전기 유대교를 배경으로 복음서가 예수를 진정한 성전, 신적 임재의 결정적 장소이자 하나님과의 연결 수단으로 묘사한다고 널리 인식되고 있다.

하나님의 성전으로서의 교회

죽은 자들 가운데서 일어나신 후 예수는 제자들을 향해 숨을 내쉬며 "성령을 받으라"고 말씀하셨다(요 20:22). 사도행전 2장은 이 일을 자세히 설명하기를, 예수의 승천 후 오순절에 성령이 제자들에게 임했고, 이어서 그리스도를 따르는 이들의 수가 늘어나는 결과를 낳았다고 한다. 성령의 능력을 통해, 부활해 승천하신 예수는 이제 서로 화해했고 하나님과도 화해한 유대인과 이방인의 국제적 공동체의 머리이시다. 이 공동체를 바울은 "그리스도의 몸"(고전 12:12-27)이자 하나님의 형상을 따라 새롭게 된 "신인류"(new humanity; 필자의 번역)라고 한다(엡 4:24;

21　미슈나 소책자 Avot 3:2. 이 번역은 Benedict Thomas Viviano, *Study as Worship in Aboth and the New Testament*, Studies in Judaism in Late Antiquity 26 (Leiden: Brill Academic, 1978), p. 67에서 가져왔다. 첫 번째 괄호 속 문구는 비비아노(Viviano)가 삽입했고, 두 번째 괄호 문구는 필자가 했다.

22　N. T. Wright, *The Challenge of Jesus: Recovering Who Jesus Was and Is* (Downers Grove, IL: InterVarsity Press, 1999), p. 114. 『예수의 도전』(성서유니온선교회).

골 3:9-10; 고후 3:18도 보라).²³

성령의 오심(하나님의 쉐키나 임재)과 교회가 이 땅 위에 하나님의 형상으로 새롭게 된 것을 생각하면, 교회가 하나님의 성전으로도 묘사되는 것은 놀라운 일이 아니다(고전 3:16-17; 6:19; 고후 6:16). 실제로 바울은 에베소서 2장에서 이 개념을 결합시켜 처음에는 교회를 유대인과 이방인으로 이뤄진 "한 새 사람"(one new humanity; 15절)으로 묘사하고, 이어서 교회를 "주 안에 있는 성전"(21절)이라고 부르는데, 이 성전은 "성령 안에서 하나님이 거하실 처소"(22절)로 지어져 가고 있다.

그리스도의 몸, 신인류, 하나님의 성전이라는 이미지들은 모두 통합적으로 연결된다. 이 이미지들이 하나님의 구원의 임재를 이 땅의 생명들에게 완전히 전해 죄 사함이라는 결과를 낳고 죄가 초래한 상황이 치유되는 과정을 시작한 메시아의 사명을 계속 이어 나가야 할 하나님 백성의 소명을 가리키기 때문이다. 성령이 부어 주시는 능력은 인간의 삶을 치유할 뿐만 아니라, 성령 충만한 공동체가 치유되어 하나님을 닮은 모습으로 변화되는 현실은 이들 가운데 하나님이 임재하심을 입증한다.

새 하늘과 새 땅: 만물의 갱신

성경은 하나님의 임재가 교회를 넘어 온 창조 세계에 충만할 날을 그

---

23 엡 4:24의 '카이논 안트로폰'(*kainon anthrōpon*; KJV에서는 "새 사람")은 여러 현대어 역본(이를테면 NIV)에서 흔히 "새 자아"(new self)로 번역되지만, 바울의 표현에는 새롭게 된 인류를 뜻하는 공동체의 의미가 담겨 있으므로 "신인류"가 그 의미에 더 잘 부합한다. 교회는 하나님의 형상을 나타내 보이는 본래 목적, 즉 죄 때문에 인류가 이루지 못한 목적을 성취하라는 부름을 받는다.

린다. 이는 요한이 요한계시록 21-22장에서 상세히 설명하는 광경인데, 이 환상은 새 하늘과 새 땅(계 21:1) 그리고 새 예루살렘(구속받은 인류를 뜻하는)이 남편을 위해 준비한 신부로서(2절) 하나님의 영광으로 빛나면서(11절) 하늘로부터 내려가는 것으로 시작한다.

구속받은 인간들(새 예루살렘)이 창조 세계라는 배경(새 하늘과 새 땅) 가운데 있는 요한의 환상은 성경이 이해하는 인간, 즉 **땅으로부터** 만들어졌을 뿐만 아니라(창 2:7) 땅을 **위해** 만들어진(창 2:5, 15) 땅 피조물(earth-creatures)로서의 인간 이해에 뿌리를 두고 있다. 인류와 자연 세계는 불가분하게 서로 얽혀 있어서, 어느 한쪽에게 영향을 끼치는 것은 예외 없이 다른 한쪽에도 영향을 끼친다. 이것이 바로 창세기가 타락 전의 표준적 인간 소명을 땅을 일구는 것으로 말할 뿐만 아니라(2:5, 15), 인간의 불순종이 땅에 저주를 초래해 땅의 비옥함이 저하되었다고(3:17) 묘사하는 이유다. 이 생태학적 미래는 이스라엘의 언약 관련 문헌과 선지서 다수에서 볼 수 있으며, 이 문헌들은 인간의 행동이 자연 세계에 끼치는 결과를 묘사한다. 이런 다수의 성경 본문에서, 인간의 행동은 땅과 땅의 식물과 동물의 삶에 영향을 끼친다. 그리고 인간과 땅의 불가분한 유대 관계 때문에 이런 결과들은 다시 사람에게 영향을 끼친다.[24]

예언 관련 문헌들은 하나님이 인류, 땅, 그리고 땅에 사는 피조물 일체를 회복시켜 조화와 번영을 구가하게 만드실 날도 약속한다. 이 약속은 신약으로도 이어지는데, 신약은 땅에서 저주가 일소되고(계

---

[24] 토라와 선지서에 나타난 생태학적 미래를 좀 더 상세히 탐구한 글로는, Middleton, *New Heaven and a New Earth*, ch. 5: "Earthly Flourishing in Law, Wisdom, and Prophecy"를 보라.

22:3) 피조물이 부패의 속박에서 해방되어(롬 8:19-21) 마침내 새 하늘과 새 땅이 되며, 그곳에는 의가 거한다고(벧후 3:13; 계 21:1) 말한다. 에베소서 1장에서 바울은 하늘과 땅에 "있는 것이 다" 그리스도 안에 모이는 것, 혹은 연합하는 것이 하나님의 계획이라고 단언한다(엡 1:10). 그리고 골로새서 1장에서 바울은 하늘과 땅의 "만물"이 그리스도를 통해 창조되었고(골 1:16) "만물"이 현재 그리스도 안에서 함께 서 있는 까닭에(17절), 하나님이 언젠가는 십자가의 피로써 그리스도를 통해 하늘과 땅의 "만물"이 하나님과 화목하게 만드실 것이라고 설명한다(20절).

그리스도를 통해 "만물"이 구속되는 이 우주적 미래도는 창세기 앞 장들에서 그린 생태학적 미래에 바탕을 두고 있는데, 여기서 인간과 인간을 둘러싼 땅의 환경은 본래적으로 서로 얽혀 있어서 인간의 구원은 세상의 갱신 없이는 생각할 수 없다. 몸의 부활이 신약의 중심 주제라는 사실을 생각하면, 우리 인간이 우리가 속한 더 넓은 창조 세계와 나란히 구속되리라는 것이 이해된다. 교부 메토디오스(Methodius)는 "더는 공기도 없고 땅도 없고 다른 아무것도 없을 경우, 우리 몸이 그때 어떤 삶의 방식으로 존재할지 논의하는 것은 어리석은 짓"이라고 말하면서 우리 몸의 구속을 우주의 갱신과 통찰력 있게 연결시킨다.[25]

---

25 Methodius, *Discourse on the Resurrection* 1.9, 영역본은 William R. Clark, in *Ante-Nicene Fathers*, vol. 6, ed. Alexander Roberts, James Donaldson, and A. Cleveland Coxe (Buffalo, NY: Christian Literature, 1886)에 실려 있으며, www.newadvent.org/fathers/0625.htm에서 볼 수 있다.

창조의 절정: 온 세상에 충만한 하나님의 임재

이 우주적 갱신은 세상을 하나님의 성전으로 보는 성례전적 이해에도 바탕을 두고 있다. 땅은 현재 (죄 때문에) 하나님 임재의 충만함을 경험하지 못하고 있지만, 성경은 우주적 성전의 이 작은 부분까지도 마침내 물이 바다를 덮듯이 하나님의 영광으로 충해지리라고 약속한다.

하나님은 "만물"을 구속하실 계획일 뿐만 아니라, 에베소서 4장에 따르면 그리스도의 승천은 "만물을 충만하게" 하기 위해 다시 오실 일의 전주곡일 뿐이며, NIV는 이를 "온 우주를 충만하게" 하기 위해서라고 표현한다(엡 4:10). 우주를 하나님이 의도하신 성소라고 생각하면, 우주의 구속과 우주의 충만은 서로 병행한다. 성경 다른 곳에서 바울은 그리스도가 마지막 날에 죽음을 정복하시고(고전 15:26) 나라를 아버지에게 넘겨드린 후, 아버지는 "만유 안에 계[실]"(28절) 것이라고 설명한다. 달리 말해, 하나님의 임재가 창조 세계라는 성전에 충만하리라는 것이다.

우주적 성전은 요한계시록 마지막 장에서 생생한 이미지로 묘사된다. 요한은 하나님의 보좌로부터 한 음성이 이렇게 선언하는 소리를 듣는다. "보라 하나님의 장막이 사람들과 함께 있으매 하나님이 그들과 함께 계시리니 그들은 하나님의 백성이 되고 하나님은 친히 그들과 함께 계셔서"(계 21:3). 구약의 약속은 마침내 열매를 맺을 것이다.

하지만 그 음성이 들려오는 하나님의 보좌는 어디에 있는가? 구약 전체에 걸쳐 우리는 하나님이 하늘에 있는 보좌(우주적 지성소)에서 땅을 다스리신다고 일관성 있게 주장하는 말을 보게 된다. 하지만 땅에서 일단 저주가 일소되어 하나님의 우주적 성전에 있는 성소가 더는 죄 때문에 더럽혀진 상태가 아니면, 하나님의 보좌는 하늘에서 땅으로 확고하게 옮겨져, 이제 하늘에서 내려온 새 예루살렘 한 가운데서 찾아볼 수 있게 된다(계 22:3; 또한 21:3, 5; 22:1). 하나님의 우주 통치의 중심은 이제 새로워진 땅에 영구히 세워진다. 우주적 성전의 운명이 완결되는 것이다. 하나님의 나라가 마치 하늘에 있는 것처럼 땅에 임했다(마 6:10).

새 예루살렘에 임재하시는 하나님을 생각하면, 요한이 "성 안에서 내가 성전을 보지 못하였으니 이는 주 하나님 곧 전능하신 이와 및 어린 양이 그 성전이심"(계 21:22)이라고 말한 것도 당연하다. 그리고 성은 땅에서 하나님의 임재의 중심지이기에, 요한은 이 성에 "하나님의 영광"이 있는 것으로 묘사한다(계 21:11; 23절도 보라).

그런데 요한은 한 걸음 더 나아가 이 성을 정육면체로 묘사한다("그 성은 네모가 반듯하여 길이와 너비가 같은지라"; 계 21:16). 이는 성경에 언급된 또 하나의 유일한 정육면체, 즉 예루살렘 성전에 대한 암시임이 분명하다(왕상 6:20). 그러나 지성소가 비교적 작은 구조물이었던 데 비해 새 예루살렘은 어마어마하게 커서 한 면의 길이가 1만 2천 스다디온이나 되는데, 이는 2,400킬로미터에 이른다(계 21:16). 물론 우리는 여기서 종말론의 비유적 표현을 다루고 있으므로 이런 숫자를 지나치게 문자적으로 받아들여서는 안 된다. 이 엄청난 규모의 요점은 무엇보다도 이 성이 전 우주에서 하나님의 임재의 중심이리라는 것이다. 하지만 이는 또한 이 성에 많은 사람을 수용할 만한 공간이 있다는 암시이기도 하다(하나님의 자비는 폭이 넓다). 그래서 실제로 요한은 "각 나라와 족속과 백성과 방언에서 아무도 능히 셀 수 없는 큰 무리가 나[온]"(계 7:9) 것을 보았다고 말하며, 이들은 땅에서 하나님을 섬기려고 하나님에게 속량된 이들이다(계 5:9-10).

구속받은 인류의 운명: 문화 명령이 갱신되다
새 예루살렘의 이미지는 복합적이다. 이곳은 사람들이 살아갈 장소, 하나의 도시다. 또한 새 예루살렘은 사람들, 즉 어린양의 신부이기도 하다(계 21:2). 한 도시로서의 사람들이라는 이미지는 하나님이 고립된 개인을 구속하지 않으심을 암시한다. 하나님은 공동체 안의 사람들, 심지어 사회문화적, 도시 환경 속의 사람들을 구원하신다.

이는 새 땅에 인간 문화를 위한 중요한 역할이 있다는 뜻이다. "사람들이 만국의 영광과 존귀를 가지고 그리로 들어[갈]"(계 21:26) 것이라는 말은 역사 전체를 통해 발전되어 온 인간의 최고 기량에 대한 언급이다. 인간이 새 예루살렘에 기여하는 것을 경시해서는 안 된다.

새 창조 세계에 만국이 언급되는 것은 문화, 심지어 국가의 다양성이 구속 때문에 폐기되지는 않는다는 뚜렷한 신호다. 구원은 문화의 차이를 지워 없애지 않는다. 오히려, 국적으로 구별되는 인류가 이제 어린양 덕분에 저절로 빛나는 거룩한 성의 영광 또는 빛 가운데 행한다(계 21:24).

구속받은 사람들은 새로워진 창조 세계의 성전에서 무슨 일을 **할까**? 하나님이 인간을 자기 형상으로 만드사 땅을 다스리고 토지를 경작하고 문화를 발전시킴으로써 자신을 나타내게 하셨기에(창 1:26-28; 2:15), 요한계시록 5:9-10에서 그리스도에게 속량받은 각 족속과 나라 사람들이 하나님을 섬기는 나라와 제사장이 되어 "땅에서 왕 노릇"하리라고 말해도 놀라지 말아야 한다.

성경은 이 부분에서 놀라울 만큼 일관성 있다. 하나님은 땅에서 사는 삶의 전 영역에서 하나님의 존귀와 영광을 위해 살아가는 사람들이 왕 같은 제사장으로 행하는 중간 역할을 통해 자신의 임재로 온 창조 세상을 충만하게 하실 계획이었다. 인간의 이 사명은 불순종으로 방해를 받았지만, 그리스도를 통해 재활성화되었으며, 종말에 우리는 우리의 원래 목적을 죄의 훼방 없이 성취할 것이다. 실제로, 구속받은 사람들은 "세세토록 왕 노릇"(계 22:5)할 것이다. 이것이 우리의 영광스러운 최종 상태다.[26]

새 예루살렘이 새 창조 세계 전체를 포괄하지 않고 다만 하나님의 임재의 중심지를 나타낸다는 사실은 땅의 문화 발전이 인간의 계속적 과제임을 더욱 시사한다. 즉, 구속받은 사람들은 하나님의 치유하는 임재로 땅을 충만하게 하는 일에서 각자의 역할을 함으로써 도성의 경계를 확장하고 세상의 종말론적 운명에 참여한다.

부활 생명의 본질

물론 새 창조 세계가 정확히 어떤 모습일지 완전히 파악하기는 매우

---

26 헤일리 고란슨 제이컵(Haley Goranson Jacob)은 로마서에서 볼 수 있는 바울의 영광 신학이라는 중요한 연구에서, 바울이 구원의 목적을 우리가 "그 아들의 형상을 본받[아]…그로 많은 형제 중에서 맏아들이 되게 하심"(롬 8:29)으로 설정한 것이 무슨 의미인지에 초점을 맞춘다. 제이컵은 바울의 영광 신학이란 그리스도의 종말론적 땅 통치에 신자들이 함께 참여하리라는 의미임을 확고하게 보여 준다. Haley Goranson Jacob, *Conformed to the Image of His Son: Reconsidering Paul's Theology of Glory in Romans* (Downers Grove, IL: IVP Academic, 2018)을 보라.

어렵다. 성경은 현재 시대와 다가올 시대 사이에는 불연속성이 있으리라고 암시한다. 주된 불연속성은 죄의 부재일 것이다. 우리 중 죄 없는 삶을 경험해 본 사람은 아무도 없기에, 죄 없는 세상이 어떤 모습일지는 상상하기 어렵다. 범죄나 전쟁이 없다면 공동의 삶은 어떻게 구성될까? 사람의 역기능이 없다면 인간관계는 어떤 모습일까? 뒤틀리게 만들고 무거운 짐을 안기는 죄의 결과가 없다면 인간의 일은 어떤 모습으로 작동할까? 대답은 우리 상상의 범위 밖에 있다(고전 2:9).

또 한 가지 중요한 불연속성이 있다. 우리는 현재의 필멸 상태에서 부활의 불멸 상태로 변화할 것이다. 바울은 흙으로 만든 사람(창 2:7에서 땅의 흙으로 창조된 사람임을 빗대는 말)으로 묘사되는 아담을 두 번째 아담, 곧 불멸의 상태로 부활해 절대 다시 죽지 않는 분이신 그리스도와 대조시킨다(고전 15:47-49).

구약 전체에서 "흙"(dust)은 시종 덧없음과 필멸성의 상징이며, 이는 창세기 3:19("너는 흙이니 흙으로 돌아갈 것이니라")뿐만 아니라 시편 103:14에서도 분명히 알 수 있는데, 이 구절은 (창 2:7의 "지으셨다", "흙"이라는 표현을 사용해서) 하나님이 자기 자녀를 긍휼히 여기심을 단언한다. "이는 우리가 어떻게 만들어졌는지를 그가 아시며 우리가 흙이라는 것을 기억하심이로다"(옮긴이 사역). 마찬가지로, 시편 90편은 영존하시는 하나님을 인간의 짧은 수명과 대조시키고(10절: 70이나 80년) 죽음이란 하나님이 사람들을 "티끌로 돌아가게 하시[는]" 것이라고 말한다(3절). 구약이 부활에 대해 말할 때 "땅의 티끌(dust)"에서 일어난다는 표현을 쓰는 것도 전혀 놀랍지 않다(단 12:2).[27]

우리가 흙으로 빚어진 피조물이라는 것 외에 바울이 인간의 필멸성을 나타내는 또 한 가지 방식은, 첫 사람이 "살아 있는 존재"(*psychēn zōsan*)가 되었다고 말한다는 것이다. 이는 70인역 창세기 2:7에서 인용한 말로, 히브리어 '네페쉬 카이야'(*nephesh khayyah*)를 번역한 말이다. KJV는 이 표현을(창 2:7에서든 고전 15:45에서든) "생령"(a living soul)이라고 번역한다. 구약에서 한 인간은 "영"을 **소유하는 것**(성경이 존재하게 된 후의 기독교 신학이 인정하게 된 것처럼)이 아니라 그저 "영", 즉 '네페쉬', 실로 살아 있는 '네페쉬'다. '네페쉬 카이야'는 "살아 있는 유기체" 정도로 옮기는 게 좀 더 나은 번역일 것이다. 이 표현은 창세기 2:19에서 인간 외의 동물에게도 쓰인다. 그러므로 이 표현은 인간이든 동물이든 평범한 필멸의 생명체를 나타낸다.[28]

첫 사람을 살아 있는 영(*psychē*)으로 묘사한 바울은 이어서 "자연적인"(natural; NIV) 몸, 혹은 "육의"(physical; NRSV) 몸으로서의 우리의 현재 몸에 대해 말하면서 우리가 부활 때 입게 될 "영의 몸"(spiritual body)과 대조시킨다(고전 15:44; 46절도 보라). NIV의 "자연적인"이라는 말과 NRSV의 "육의"라는 말 두 가지 모두 바울이 '프쉬케'의 형용사형인 '프쉬키코스'(*psychikos*)라는 표현을 쓰고 있다는 사실을 분명히 감지할 수 없게 만든다. "영"을 뜻하는 명사이든('프쉬케') 형용사 "영적인"이든('프쉬키코스'), 바울이 하는 말의 요점은, 우리네 평범한 인간의 생

---

27 흙 은유는 시 104편에서 모든 살아 있는 것들에게 적용된다. "주께서 그들의 호흡을 거두신즉 그들은 죽어 먼지(dust)로 돌아가나이다"(시 104:29). 이를 알면 시 22:15의 "죽음의 진토(dust)"라는 표현뿐만 아니라 "진토 속으로 내려가는 자"(22:29)라는 언급을 이해할 수 있다.
28 "살아 있는"(카이야)이라는 말을 "존재"나 "유기체"(네페쉬)라는 말과 짝짓는 것은 의미 중복이 아니다. 왜냐하면 죽은 네페쉬는 성경에서 시체, 생명이 떠난 후의 유기체를 가리키기 때문이다(민 5:2; 6:6; 9:6-7).

명은 반드시 죽을 수밖에 없고 덧없다는 것이다.[29]

이와 대조적으로 바울은 부활체를 "영의"(pneumatikos) 몸이라고 묘사한다. 바울의 이 말은 비물질적 실체로 구성된 몸을 뜻하지 않는다. "혼"(soul)이 무슨 의미인지에 대해 우리가 갖고 있는 현대적이고 비성경적인 개념을 없앨 필요가 있는 것처럼, "영"(spirit)에 대해서도 마찬가지다.

첫 아담이 "생령이 되었[던]" 것처럼, 마지막 아담은 (자신의 부활을 통해) "살려 주는(life-giving) 영"이 되었다(고전 15:45). 바울은 부활하신 예수에게 육체가 없다는 말을 하는 게 아니다. 부활하신 예수에게 육체가 없다면, 예수가 부활 후에 제자들에게 "내 손과 발을 보고 나인 줄 알라 또 나를 만져 보라 영은 살과 뼈가 없으되 너희 보는 바와 같이 나는 있느니라"(눅 24:39)라고 하셨다는 복음서의 기록과 모순된다. 제자들이 여전히 믿기 어려워하자 예수는 먹을 것을 좀 달라고 하셨다(40-41절). "이에 구운 생선 한 토막을 드리니 받으사 그 앞에서 잡수시더라"(42-43절).

그렇다면, 그리스도가 생명을 주는 영이 되었다는 바울의 말은 무슨 뜻인가? 죽을 수밖에 없는 인간의 몸이 부활을 통해 변화한다고 말할 때 바울이 쓰는 병행 표현에 주목하라. "욕된 것으로 심고 **영광**스러운 것으로 다시 살아나며 약한 것으로 심고 **강한** 것으로 다시 살아나며 육의 몸으로 심고 **신령한**(spiritual) 몸으로 다시 살아나나니"(고

---

[29] J. Richard Middleton, "Paul on the Soul: Not What You Might Think", *Creation to Eschaton*, October 23, 2014, http://jrichardmiddleton.wordpress.com/2014/10/23/paul-on-the-soul-not-what-you-might-think/를 보라.

전 15:43-44). 신령하다는 것은 영광 및 강함과 일치한다. 실제로 하나님의 영은 성경 전체에서 세상을 다시 만들고, 세상을 자신의 영광스러운 나라로 변화시키는 활력을 불어넣어 주는 능력이다.

성경 다른 곳에서 바울은 이렇게 설명한다. "예수를 죽은 자 가운데서 살리신 이의 영이 너희 안에 거하시면 그리스도 예수를 죽은 자 가운데서 살리신 이가 너희 안에 거하시는 그의 영으로 말미암아 너희 죽을 몸도 살리시리라"(롬 8:11). 그러므로 예수가 "살려 주는" 영으로 부활하셨다고 할 때 바울의 말의 요점은, 부활하신 예수에게는 우리, 곧 예수를 따르는 이들에게 부활 생명을 나누어 줄 능력이 있다는 것이다. 실제로 바울은 그리스도가 죽은 자들의 "첫 열매"라고 말하면서(고전 15:20-23) 앞으로 수확할 것이 많다고 암시하는데, 이는 구속받은 사람들의 부활을 말한다. 우리는 첫 아담의 필멸성에 참여한 것과 마찬가지로 부활하신 그리스도, 곧 둘째 아담을 통해서 오는 부활의 불멸성에도 참여한다. 그리고 그 불멸은 **육체를 지닌** 불멸이다.[30]

새 창조 세계에서는 상황이 확실히 다를 것이다.[31] 하지만 그 세계가 아무리 지금과 다르다고 해도 나는 우리가 (죄 없는 세상에 걸맞게 변화된) 평범한 문화 활동에 참여할 것이라는 생각을 버릴 수 없다. 성경

---

30 부활체의 본질에 관한 재기 넘치는 문맥 분석으로는, James Ware, "Paul's Understanding of the Resurrection in 1 Corinthians 15:36-54, *Journal of Biblical Literature* 133.4 (2014): pp. 809-835를 보라.
31 예수가 (사두개인들과의 대화 중에) 현재 시대와 다가올 시대의 불연속성으로 언급하신 것 한 가지는, 부활 때에는 결혼이 없으리라는 것이다(마 22:30). 아마 이 말씀의 기저에 있는 논리는, 죽지 않는 이들의 세상에서는 아이를 낳을 필요가 없으리라는 것이다. 그러나 새 창조 세계에 결혼이 없을지라도, 하나님이 현재 시대의 결혼 못지않게 동반 관계에 대한 인간의 가장 깊은 욕구를 충족시킬 방도를 제공해 주시리라고 믿는 게 이치에 맞다.

에 기록된 이야기의 논리가 이를 암시할 뿐만 아니라, 만국의 존귀와 영광이 새 예루살렘으로 들어간다는 요한의 환상도 문화의 존재를 당연하게 여긴다. 우리의 공적이 일부는 불에 타 없어지겠지만, 어떤 공적은 하나님의 심판을 통과할 때 정화되어 다가올 시대로 들어갈 것이라는 바울의 생각도 진지하게 받아들여야 한다(고전 3:12-15). 인간이 과거에 이룬 최고의 업적이 지속될 뿐만 아니라, 우리가 마침내 죄의 훼방을 받지 않는 창의력으로 탐험할 수 있는 완전히 새로운 세계가 열릴 것이다.

그와 동시에, 새 하늘과 새 땅에 대해 너무 시시콜콜 알려고 하는 것은 종말론의 언어를 너무 멀리 밀어붙이는 행동이다. 종말론 관련 언어는 대개 은유적이거나 상징적이며 현재 인간의 경험 너머에 있는 일들을 상상으로 재현하기 때문이다. 그런 언어의 주요 논점은 다가올 세상에 관한 우리의 호기심을 충족시키는 게 아니라 현재 우리가 하는 모든 일에서 하나님께 성실하도록 동기를 부여하려는 것이다.

단순한 질문에 복잡한 대답

이제 이 책 필자들에게 주어진 질문에 답변해야 할 시간이다. 물론 우리 지식의 한계를 유념하면서 말이다. 필자들에게 열 가지 질문이 주어졌지만, 나는 처음 여섯 질문에 초점을 맞출 생각이다. 나머지 네 질문에 대한 답변은 너무 사변적일 듯해서다.

1. **구원받은 사람이 최종적으로 있게 되는 곳은 어디인가?** 내가 믿

기로 성경은 우리가 새 하늘과 새 땅이라는 배경에서 구속받은 땅, 하나님의 우주적 성전에서 살게 되리라는 점을 분명히 하고 있으며, 그곳은 성화되어 하나님의 거룩한 임재로 충만할 것이다.

2. **그곳에서 우리는 '어떤' 모습일까?** 내가 믿기로 성경은 우리가 죽은 자들 가운데서 육체를 지닌 불멸의 인간으로 살아난다고 가르친다.

3. **그곳에서 우리는 '무엇'을 할까?** 하나님의 형상으로 새롭게 된 인간에 대해 말하는 성경의 궤적을 대략 따라가 보면, 우리가 하나님의 영광을 위해 새 세상을 발전시키면서 온전한 사회문화적 복합성을 지닌 존재로 살아가게 되리라는 암시가 있다. 물론 좁은 의미의 '예배'도 거기 포함되어, 우리는 하나님이 어떤 분이시며 우리를 위해 어떤 일을 하셨는지에 대해 감사와 찬양으로 하나님께 화답할 것이다.

4. **우리는 하나님을 어떻게 보고, 하나님에게서 무엇을, 그리고 누구를 보게 될까?** 이 질문은 답변하기 어렵다. 성경에는 사람들이 하나님을 보는 것에 관해 말하는 구절들이 많은데, 그 본문들을 어떻게 해석하느냐에 따라 답변이 달라지기 때문이다. 하나님을 본다는 것은 구약 여러 곳에 널리 스며들어 있는 주제이며, 흔히 하나님의 "영광"(*kavod*)을 보는 것과 연결된다. 이사야가 높이 들린 여호와를 보는 광경(사 6:1)이 먼저 떠오르고, 이스라엘 장로들이 시내산에 올라갔을 때 하나님이 하늘에 앉아 계신 것을 보는 광경도 있다(출 24:9-10). 야곱이 밤에 강가에서 "어떤 사람"과 씨름하고 그 사람이 야곱에게 네가 하나님과 겨루었다고 말하

는 장면도 있다. 야곱은 이 장소를 "브니엘"(문자적으로 하나님의 얼굴)이라고 부르는데, 이는 "내가 하나님을 대면하여 보았다"는 뜻이다(창 32:24-30).[32]

하지만 요한복음 1:18에 따르면, 예수라는 결정적 계시, 육신이 되신 말씀이 오시기까지는 "하나님을 본 사람이 없[었다]." 이는 단지 과거의 계시를 성육신의 급진적 성격과 대조하려는 과장된 표현일까? "어떤 사람도 [하나님을] 보지 못하였고 또 볼 수 없[다]"고 하는 디모데전서 6:16은 어떻게 이해해야 할까? 그리스도를 "보이지 아니하는 하나님의 형상"으로 말하는 골로새서 1:15은 또 어떤가? 요한1서 3:2에서는 "그가 나타나시면 우리가 그와 같을 줄을 아는 것은 그의 참모습 그대로 볼 것이기 때문"이라고 말하는데, 구체적으로 이는 성부 하나님이 아니라 부활해 승천하신 그리스도를 볼 것을 가리키는 말인가?

예수는 팔복을 말씀하시면서 "마음이 청결한 자는 복이 있나니 그들이 하나님을 볼 것"(마 5:8)이라고 하시는데, 여기서 예수가 가리키는 것은 성부 하나님으로 보인다. 하나님을 본다고 할 때, 이 말의 요점은 가시성(可視性)이 아니라 보좌가 있는 곳으로 초대받아 왕이 임재하신 곳으로 들어간다는 개념일 가능성이 있다(히 4:16, 은혜의 보좌로 담대히 다가감). 가시성을 강조하든 하지 않든 '지복직관', 즉 하나님을 직접 보는 지고(至高)의 복은 하나님의 임재 앞에 가만히 서 있는 문제가 아닐 것이다. 그보다, 예수

---

[32] 이는 영역본의 절 표시로, 히브리어 본문의 절 번호보다 한 절 느리게 진행된다.

가 일찍이 팔복 설교에서 "온유한 자는 복이 있나니 그들이 땅을 기업으로 받을 것"(마 5:5)이라고 단언하신 맥락에서 볼 때, 하나님을 본다는 것은 우리가 이 개념을 어떻게 이해하든 이 땅에서 우리가 행하는 일상적인 활동과 얽혀 있을 것이다.

5. **종말에 대한 당신의 견해는 중간 상태와 어떻게 연관되는가?** 중간 상태는 성경의 종말론에서 그다지 중요하지 않다. 죽음과 부활 사이에 어떤 일이 일어나든, 신약 시대의 소망은 절대 그 일에 초점을 맞추지 않는다. 그보다 우리 그리스도인들의 소망은 하나님이 악을 최종적으로 타도하사, 우리를 죽음의 속박에서 자유롭게 해서 부활 생명으로 들어가게 하시고 이 땅에 자신의 나라를 하늘에서와 같이 임하게 하시는 데 있다. 중간 상태에 관해서는, 성경에서 가르치는 전인적 인간관(이 인간관을 알면 몸 없이는 의식도 없다고 생각하게 된다)과 중간 상태의 증거 구절이라고 통상적으로 인용되는 몇 안 되는 성경 본문(어느 본문도 중간 상태를 명확히 뒷받침하지 않지만) 주해를 바탕으로 나 나름대로의 의견을 형성했다.[33] 나는 신자의 의식이 죽음 후 그다음으로 알게 될 것은 부활이라고 생각한다. 하지만 이는 하나의 의견일 뿐이다. 성경은 이 문제에 초점을 맞추지 않기 때문이다. 결국 미래에 대한 내 소망은 죽음과 부활 사이에 있을 일에 관해 어떤 이론을 갖는 데 있지 않고, 죽은 자를 일으키시고 새 창조 세계가 임하게 하실 수 있는 하나님에게 있다.

---

[33] 이 본문들을 내가 어떻게 주해했는지에 대해서는(전형적으로 인용되는 본문은 겨우 여섯 개뿐이다), Middleton, *New Heaven and a New Earth*, pp. 228-237를 보라.

6. **종말에 대한 당신의 견해는 우리의 현재 삶과 어떻게 연관되는가?**

나는 "나라가 임하시오며 뜻이 하늘에서 이루어진 것같이 땅에서도 이루어지이다"(마 6:10)라는 주기도문의 간구의 기초가 되는 진리를 열렬하게 믿는다. 이는 마지막 날에 하나님의 의와 공의가 종말론적으로 임하리라는 기대에 동기를 부여받아서 우리가 지금 여기에서도 그 이상(vision)에 맞춰 살아갈 수 있어야 함을 시사한다.[34] 정말로 하나님이 땅의 생명들을 구속하고 땅이 자신의 임재로 충만하게 되기를 바라신다고 믿는다면, 우리는 그 이상을 지향하며 살 것이다.

물론 우리는 망가진 세상에 살고 있어서 장차 임할 나라의 완전함을 항상 구현하지는 못한다. 그리고 우리의 망가진 상태가 얼마나 심한지 하나님이 자신의 영으로써 임재하시기보다는 오히려 우리에게서 아주 멀리 떨어져 계신 듯한 경험을 자주 한다. 우리는 힘들 때 하나님께 더 가까이 가기 위한 수단으로 기도에 전념해야 한다. 실패를 변명하지 말고 의의 기준을 가장 높이 잡고서, 회개하며 하나님께 나아가 우리가 부족한 지점에서 하나님의 사함을 구해야 한다. 또한 지금 여기서 우리 삶에 그 나라를 구현하고자 하는 동시에 이 복잡다단한 세상에서 거룩함을 이루는 데는 수많은 장애물이 있음을 알고 타인에게 아량을 베풀어야 한다.

이런 일들 중 그리스도인 공동체 없이 이뤄질 수 있는 일은 한

---

34 Middleton, *New Heaven and a New Earth*, p. 24.

가지도 없다. 우리는 그리스도의 몸의 지체이고 우리 각 사람에게는 그 몸에 기여할 수 있는 은사가 있으며, 우리 자신의 믿음과 생명이 자라려면 그 몸이 필요하다. 실제로 새 땅에서 보게 될 하나님의 다문화적 백성의 이상(계 5:9-10; 7:9)은, 배경과 문화와 민족이 다른 그리스도인들이 서로 교제하기를 권장해 교회가 하나님의 전 백성의 기여에서 유익을 얻을 수 있도록 해야 한다.

하나님이 세상을 이처럼 사랑하사

성경이 그리는 종말에는 여전히 신비로운 부분이 많지만, 무엇보다 중요한 요점은 이 기억할 만한 말씀에 요약되어 있다. "하나님이 세상을 이처럼 사랑하사 독생자를 주셨으니"(요 3:16).

그리스도가 흘리신 피는 개인 구원의 토대일 뿐만 아니라 하나님의 우주 구속의 기초이기도 하다. 성경은 분명히 말한다. 구속받은 사람들이 부활에서 경험하게 될 구원과 동일한 구원, 죽음에서 해방되는 바로 그 구원에 온 창조 세계가 참여하게 될 것이라고 말이다. 요한복음 3:16은 "하나님이 세상을 이처럼 사랑하사"라고 말하는데, 그 무엇도 이 말씀을 가장 넓은 의미로 해석하는 것을 가로막지 못한다.

요한복음 3:16을 믿을 수 있을진대 — 성경 내러티브의 종말론적 틀 안에서 상호텍스트적으로 그리고 정경적으로 이 구절을 읽을 수 있을진대 — 창조주가 그리스도 예수 안에서 성육신하시고, 망가져서 탄식하는 이 창조 세계를 위해 결국 고통받고 죽으셔서 마침내 그 세계가 죄조차도 훼방할 수 없는 참 운명, 즉 진정한 '텔로스'(telos) 혹은 목표에 이를 수 있게 한 것은 바로 이 창조 세계(인간과 비인간)에 대한 사랑이었다.

궁극적으로, 새 하늘과 새 땅에 대한 성경의 약속은 바로 하나님의 마음을 나타낸다. 여호와, 하늘과 땅의 창조주를, 그리고 **구속주를** 찬양하라!

리처드 미들턴에 대한 답변 존 파인버그

미들턴 교수의 소론은 우주(혹은 미들턴이 말하는 '코스모스')에 대한 하나님의 프로그램의 최종 목표 또는 결말에 관한 성경의 가르침을 그가 어떻게 이해하는지를 제시한다. 소론의 상당 부분은 성경의 스토리 라인을 자신의 방식으로 소개한 내용이다. 독자들이 보기에 그의 글은 비교적 읽기 쉬울 것이고, 대부분 내용에 동의할 가능성이 크다. 사실 미들턴은 그저 하나님이 사람들을 구속하는 것을 성경이 어떻게 풀어 가는지 이야기해 주기에, 오히려 그가 하는 말 대부분에 동의하지 않기가 어렵다.

그럼에도 나는 미들턴의 글이 사실상 마지막 때에 관한 특정 종말론의 견해를 다소 세련되게 제시한 것이라고 생각한다.[1] 미들턴의 종말론에는 만대의 구원받은 이들이 구속받은 땅에서 영원히 사는 것이 이들의 최종 상태일 것이라는 그의 믿음이 포함되어 있다. 미들턴의 글에 내가 동의할 수 있는 부분이 많기는 하지만, 그와 나 사이에는 몇 가지 중요한 차이점이 있다. 그 차이점들을 여기서 다 다룰 수

---

[1] 미들턴의 견해에 호칭을 붙인다면, 무천년설과 전천년설 사이의 어디쯤으로서, 하나님의 나라에 대한 비세대주의적 이해라고 볼 수 있을 것 같다.

는 없기에, 중요한 차이점 한 가지, 즉 미들턴의 해석학 및 그가 그 해석학을 어떻게 적용해 종말론에 대한 이해를 이끌어 내는지에 초점을 맞추고자 한다.

첫째, 미들턴의 소론에 나타난 그의 해석법을 짚고 넘어가지 않을 수 없다. 그는 자신의 해석법을 다양하게 언급함으로써 이 작업에 도움을 준다. 104페이지에서 미들턴은 "성경은 보통 비유적 표현으로 종말을 묘사한다"고 말한다. 성경이 다른 많은 일을 논할 때 실제로 비유적 표현을 쓰기 때문에 이는 별 문제가 없는 말 같다. 그런데 결정적인 문제는, 성경이 가르치는 종말론의 올바른 해석에 관해 미들턴이 어떻게 생각하느냐는 것, 그리고 그 가르침의 어떤 부분을 비유적으로 여기고 어떤 부분을 문자적으로 여기느냐는 것이다.

해석법과 관련해 미들턴의 주장을 두 가지 더 생각해 보자. 134-136페이지에서 우리는 최종적인 종말론적 질서에 충만히 스며 있는 하나님의 임재에 관한 항목을 볼 수 있다. 미들턴은 요한계시록 21-22장에서 볼 수 있는 그때에 관해 상세히 설명한다. 그 구절에서 미들턴은 자신이 성전을 어떻게 이해하는지를 설명하는데, 해석을 제시하면서 그는 요한계시록 21-22장 해석에 적용될 뿐만 아니라 종말 예언에 대한 자신의 해석을 이해하는 적절한 방법인 듯한 한 가지 주장을 한다. 영원 상태의 성전이 어느 정도 크기인지 해석한 뒤 미들턴은 이렇게 덧붙인다.

물론 우리는 여기서 종말론의 비유적 표현을 다루고 있으므로 이런 숫자를 지나치게 문자적으로 받아들여서는 안 된다. 이 엄청난 규모의 요점은 무엇보다도 이 성이 전 우주에서 하나님의 임재의 중심이리라는 것이다. 하지만 이는 또한 이 성에 많은 사람을 수용할 만한 공간이 있다는 암시이기도 하다(하나님의 자비는 폭이 넓다). 그래서 실제로 요한은 "각 나라와 족속과 백성과 방언에서 아무도 능히 셀 수 없는 큰 무리가 나[온]"(계 7:9) 것을 보았다고 말하며, 이들은 땅에서 하나님을 섬기려고 하나님에게 속량된 이들이다(계 5:9-10).[2]

미들턴이 "부활 생명의 본질"을 묘사하는 항목의 마지막 구절도 보라.

그와 동시에, 새 하늘과 새 땅에 대해 너무 시시콜콜 알려고 하는 것은 **종말론의 언어를 너무 멀리 밀어붙이는 행동이다. 종말론 관련 언어는 대개 은유적이거나 상징적이며 현재 인간의 경험 너머에 있는 일들을 상상으로 재현하기 때문이다.** 그런 언어의 주요 논점은 다가올 세상에 관한 우리의 호기심을 충족시키는 게 아니라 현재 우리가 하는 모든 일에서 하나님께 성실하도록 동기를 부여하려는 것이다.[3]

그의 해석법에 관한 내 불만을 이야기하기 전에 내가 주목하는 점은, 앞에 대략 설명된 해석법을 이용해 미들턴이 구속받은 인류가 주님과 함께 거하게 될 실제 새 땅이 있으리라고 결론 내린다는 것이다. 우리가 새 땅의 모든 특징을 상세히 묘사할 수 없는 것이 사실인데, 미들턴은 "새 땅"이라는 표현에 실제 하나님이 창조하신 실제 우

---

[2] pp. 135-136(필자 강조).
[3] p. 142(필자 강조).

주에 존재하게 될 실제 사물을 가리키는 대상물이 있다는 데 아무 의심이 없다. 요한계시록 21-22장, 베드로후서 3:13, 이사야 65:17-25 같은 본문이 하나님이 창조하실 새 하늘에 대해 말하고 있는데도 미들턴은 미래의 어느 날 영화롭게 된 인간들이 새 하늘에 들어갈 것이라고 보지 않는다. 따라서 이들의 삶은 새 땅에 제한될 것이다. 어째서 그런가? 미들턴은 자신이 왜 그렇게 생각하는지 명시적으로 말하지는 않지만, 앞에 인용된 구절들로 보면 그는 실제 새 하늘(그리고 그 새 하늘에서의 삶에 대한 최소한의 묘사)에 대한 믿음이 새 하늘에 관한 성경의 표현을 '지나치게 문자적'으로 이해한 것이라고 생각하는 듯하다. "새 하늘"이 실제 존재할 뿐만 아니라 영화롭게 된 신자들이 살 수 있는 실제 장소를 가리킨다고 생각하지 않는 데 대해 미들턴이 다른 무슨 이유를 제시하는가?

이제 미들턴의 해석법에 대한 나의 우려로 화제를 돌려 보겠다. 첫째, 문자 그대로의 표현과 해석, 그리고 상징적/은유적 표현과 해석의 차이점은 무엇인가? 미들턴은 이 중 어느 것에 대해서도 명확히 정의 내리지 않으며, 그래서 그가 이 차이(들)를 어떻게 이해하는지에 대해 의구심이 들게 된다. 여기서 내 말을 오해하지 말라. 이 두 가지 표현 유형에는 차이점이 있다. 그런데 결정적인 점은, 은유적 표현에도 지시 대상이 있다는 것이다. 예를 들어, 예수가 헤롯을 "저 여우"라고 부르셨을 때(눅 13:31-32), 예수의 이 말씀은 은유다(헤롯은 실제 여우가 아니라 사람이었다). 그렇다고 해서 이 표현이 헤롯이라는 사람에 대해 아무것도 말해 주지 않는다는 뜻은 아니다. 은유는 지목된 은유적 사물(여우로서 여우의 '본성'에 해당한다고 여겨지는 것)과 실제 세상에서 그 은유의 바탕이 되는 문자 그대로의 사물(헤롯의 성격, 사고방식, 행동) 사이의 유사성에 주목하는 방식으로 작동한다.

이제 미들턴의 종말론 이해에 부수되는 문제점이 무엇인지 밝힐 수 있다. 미들턴은 "새 땅"과 "새 하늘" 이야기가 은유나 상징이라고 주장하지만, 이상하게도 그는 "새 땅"이 가리키는 실제 사물은 우리가 지목할 수 있고 "새 하늘"에 대해서는 그렇게 할 수 없다고 믿는다. 그리고 이 미래의 "새 땅"에서의 삶에 대해서는 문자 그대로 사실일 거라고 여겨지는 많은 것을 이야기하지만, "새 하늘"에서의 삶에 대해서는 말할 수 있는 게 거의 없다. 그래서 구속받은 사람의 종말론적 실존을 새 땅에만 한정할 수밖에 없다. 하지만 "새 땅"의 **정확한 본질**은 "새 하늘"의 **정확한 본질**만큼이나 불분명하다. 마찬가지로, 우리는 현재 하늘의 정확한 본질에 대해서도 현재 땅의 정확한 본질만큼 알지 못한다. 하지만 미들턴은 우리가 새 하늘에 대해 문자 그대로 해당되는 많은 것을 이야기할 수 있다고 생각하는 것 같지 않다. "새 하늘"은 지목 대상이 있는 개념인가? 물론이다. 그렇지 않다면 새 하늘에 대해 하는 말은 횡설수설에 지나지 않을 것이다. 그렇더라도 우리는 "새 하늘"이 가리키는 것에 대해서는 "새 땅"이 가리키는 것에 대해서만큼 많이 알지 못한다. 이는 우리가 새 하늘에 대해 아무것도 알지 못한다든가 혹은 새 하늘에 있는 구속받은 사람들에 관해 말하는 구절들이 지금의 우리에게 아무 의미도 없다는 말이 아니다.

둘째, 앞 인용문 첫 번째 구절에서 그는 '지나치게 문자적'이지 않도록 주의할 필요가 있다는 말로 종말의 인간에 대한 자신이 해서을 뒷받침한다. 하지만 그는 이 말이 무슨 뜻인지 설명하지도 않고, 문자주의가 본래 어떤 것인지 정의하지도 않는다. 또한 그는 구속받은 인류가 "새 땅"에 거한다는 믿음은 '적절한 문자주의'(appropriate literalism; 이것이 무엇이든 간에)로 성경 본문을 논하는데, 구속받은 사람들이 거할 수도 있고 오갈 수도 있는 "새 하늘"에 대한 믿음은 왜 본문을 '지나치게 문자적'(overly literalistic)인 방식으로 다룬다는 것인지 그 이유도 말해 주지 않는다. "새 하늘"에 대한 믿음이 본문을 '지나치게 문자적'인 방식으로 다룬다는 것을 그가 어떻게 아는가? 적절하게 문자적인 표현 및 해석을 지나치게 문자적인 표현 및 해석과 구별하는 법을 어떤 해석학 텍스트가 가르치는가? 미들턴이 이런 문제에 대해 아무 말도 하지 않기 때문에, 새 땅 이야기는 영화롭게 된 성도들이 그곳에 있게 될 것이라고 말할 수 있을 만큼 문자 그대로 '충분한' 지목 대상을 가지고 있다고 보는 반면, 새 하늘 이야기는 '지나치게 문자적'이어서 영화롭게 된 인간이 그곳에 살게 될 것이라고 말할 수 없다는 미들턴의 판단은 순전히 그 자신의 **규정**으로 보인다. 이러한 실체(새 하늘과 새 땅)를 다루는 성경 본문에서 과연 무엇이 그런 구분을 허용하는지는 알아내기 어렵다.

이 점을 다른 식으로 표현해 보겠다. **새 땅** 관련 표현법이 (미들턴이 묘사하는 식으로) 상징적이고 은유적인데 어째서 그는 이 표현이 어떤 구체적인 것을 말한다고 보고, 문자 그대로 새 땅에서의 삶에 대해 우리에게 많은 것을 말해 줄 수 있다고 보는가? 반면 그는 **새 하늘**에 관한 표현도 상징적이거나 은유적이기는 하지만, 그 표현은 그것이 가리키는 지시 대상에 대해 문자 그대로 말할 수 있는 게 거의 없는 표현이므로, 구속받은 이들은 종말에 새 하늘이 아니라 새 땅에서만 살 것이라고 가정해야 한다고 한다. 이 해석법은 문제가 있다. 그뿐 아니라 이는 근거 없는 논리적 비약으로 이어진다. 즉, 우리가 새 하늘에 관해 문자 그대로 아는 게 거의 없기 때문에 이는 곧 영화롭게 된 인간은 새 하늘에 살지 않으리라는 의미라는 것이다. 표현법 관련 사항은 영화롭게 된 성도들이 새 하늘에 살지 않으리라는 결론을 전혀 보증하지 않는다. 고작해야 구속받은 이들이 새 하늘에 들어가거나, 들어가서 살기까지 할 것인지의 여부를 우리는 정확히 알지 못한다는 결론을 보증할 뿐이다. 새 하늘에 관해 미들턴의 입장이 내리는 결론은, 그가 종말론의 언어에 관해 하는 말로 보증이 되지 않는 결론이다. 새 하늘에 관한 언어를 포함해 종말론의 언어는 무언가 실제적인 것을 가리킨다. 비록 그 언어가 가리키는 것에 관해 우리가 아는 게 많지 않더라도 말이다.

미들턴의 또 다른 발언에도 나는 우려를 표한다. 앞에 미들턴의 소론에서 인용한 두 번째 구절에서 그는 새 하늘과 땅에 관해 너무 많은 것을 시시콜콜 알려 하는 것은 "종말론의 언어를 너무 멀리 밀어붙이는 행동이다. 종말론 관련 언어는 대개 은유적이거나 상징적이며 현재 인간의 경험 너머에 있는 일들을 상상으로 재현하기 때문"이라고 말한다. 이는 정말 주목할 만한 발언이다! 새 하늘과 땅을 표현하는 언어는 상징 혹은 은유로서 "현재 인간의 경험을 벗어나는 일들"을 상상으로 재현하기 때문에 우리는 새 하늘과 땅에 관해 너무 많은 것을 시시콜콜 알려 해서는 안 되는데, 그럼에도 미들턴은 영화롭게 된 신자들이 확실히 새 땅에 살게 될 것이라고 주저 없이 단언하며, 서로 다른 여러 내용을 자신의 소론에서 **시시콜콜**하게 묘사한다. 달리 말해, 미들턴은 (1) 새 하늘에 관한 이야기는 현재 인간의 경험 너머에 있는 일들을 상상으로 재현하며, 따라서 영화롭게 된 인간이 새 하늘에 들어가게 될 것이라고 말해 주지 않는다고 주장한다. 그러면서 미들턴은 (2) 새 땅 관련 이야기 또한 현재 인간의 경험 너머에 있는 일들을 이야기한다고 스스로 인정하면서도 이것이 구속받은 사람들이 장차 새 땅에서 펼쳐 갈 삶에 관해 자신이 **상술(詳述)할 수 있고 실제로 상술하는** 여러 상세한 내용을 확실히 드러내 보여 준다고 단언한다. 그 결과 만대의 성도들이 새 땅에 들어가 거기서 살게 될 것은 단언할 수 있지만, 그 성도들이 새 하늘에 자주 다가갈 수 있는지의 여부, 아니 다가가기는 할지의 여부는 말할 수가 없다는 것이다. 그가 이런 일들을 어떻게 아는가? 나는 이 전략의 논리가 이해되지 않으며, 이를 뒷받침하는 해석법도 이해되지 않는다.[4]

---

4   한 가지 덧붙일 게 있다. 우리가 (현재의 경험이든 다른 어떤 때의 경험이든) 인간의 경험 너머에 있는 일들에 관해 많은 말은 할 수 없고 그런 일들의 존재를 부인해야 한다면, 이는 삼위일체 및/혹은 그리스도의 위격적 연합에 관한 믿음과 관련해 무엇을 의미하는가? 이 교리들도 장소, 사람, 사건에 관한 종말론의 표현과 마찬가지로 지시 대상이 있으며, 우리가 비록 이 교리들에 관해 알지 못하는 게 많을지라도 이 교리들이 말하는 것을 아예 거부할 근거는 없다.

리처드 미들턴에 대한 답변 마이클 앨런

이런 소론을 써 준 것에 대해 미들턴 교수에게 경의를 표한다. 그는 "우주의 구속과 하나님의 임재라는 이 두 가지 주제는 통합적으로 연결된다"는 주장으로 글을 시작하며, 이를 이용해 소론의 주요 부분의 구조를 짠다. 나는 이것이 미들턴의 전작 『새 하늘과 새 땅』에서 의미 있게 한 걸음 더 나간 것이라고 생각한다. 그 책을 읽으면서 나는 미들턴이 이 세상 구속에 지나치게 초점을 맞추고, 하늘 개념에 대해서는 충분히 관심을 보이지 않거나 아예 그 개념을 거부한다고 느꼈다. 그래서 그에 대한 응답으로 나는 『하늘에 기반을 두다』라는 제목의 짤막한 책을 썼다.[1] 내가 보니 이번 소론은 훨씬 균형이 잡혀 있고 유익해서, 정말로 감사하고 존경한다는 말로 글을 시작하고자 한다.

그의 글에서 어떤 부분이 내게 그렇게 유익하게 다가왔을까? 앞에서 말한 한 쌍의 주제는 단순히 "사람이 거주할 수 있는 건물로서의 창조 세계"뿐만 아니라 "하나님의 우주적 성전으로서의 창조 세계"라는 기본 역할을 한다. 여기서 하나님은 단지 영생, 부활체, 새 하늘과

---

[1] Michael Allen, *Grounded in Heaven: Recentering Life and Hope in God* (Grand Rapids: Eerdmans, 2018).

새 땅을 제공하는 분으로서의 역할만을 하시는 게 아니라, 그분의 임재 자체가 새 하늘과 새 땅의 영광의 결정적 요소가 된다. 미들턴은 개혁파 언약 신학과 다수의 성경신학자들을 의지해서 사려 깊게 성전이라는 주제를 전개한다. 앞서 출간한 책에서와 마찬가지로, 여기서 가장 중요한 부분은 그리스도인을 윤리적으로 형성해 나가려는 종말론의 목적에 관한 그의 논의다. 이를 비롯해 그 외 이유로 나는 감사의 말부터 하고 싶다.

하지만 그의 견해에는 내가 여전히 동의하지 않거나 동의하기 망설여지는 부분이 있다. 나는 그가 중간 상태를 부정하는 말에 약간 충격을 받았다. 중간 상태를 부정하는 것도 놀랍지만, 성경에 중간 상태를 입증하는 말이 없다고 다소 완강하게 말하는 것이 더 놀랍다. 하지만 그는 일부 성경 본문이 바로 그런 교리를 가르친다고 2천 년 동안 주장해 온 사람들과 실제로 싸움을 벌이지는 않는다. 그리고 미들턴 교수가 하나님의 임재를 이 영광스러운 나라의 결정적 현실로 단언하는지, 아니면 그곳의 (바라기는 하지만 사실로 추정하지는 않는) 가장 뚜렷한 특징, 즉 주의 영광이 거기 있기에 성전도 해도 없는 그곳(계 21:22-23)의 **필수 조건**(*sine qua non*)으로 단언하는지도 여전히 궁금하다. 미들턴의 글을 읽고 전에 비해 우리의 접근 방식에 공통점이 확연히 많다는 것을 알 수 있었지만, 그의 종말론을 어느 정도까지 신 중심적 종말론이라고 할 수 있을지는 아직까지도 잘 모르겠다. 이는 비교적 긴 대화를 나눌 때 생겨날 수도 있는 여러 의문의 사례다.

미들턴 교수가 말하는 다른 문제에도 시선을 돌려 보고 싶다. 그러면 지금 진행 중인 이 논의에 어떤 접점을 제공해 줄 수도 있고 바라건대 실질적 결론에 관해 우리 모두에게 더 깊은 숙고를 유발할 수도 있다. 미들턴은 새 땅에서 있을 예배에 대해, 그리고 인간의 작용 혹은 좀 더 넓은 의미에서 인간의 활동에 대해 반복적으로 말한다. 이 문제에 대해 미들턴과 더불어 고민해 보고—그가 하는 말을 종합해 얼마나 설득력 있는지 탐구하면서—그의 대답을 기대하겠다. 변증법적 논의를 하면 우리 각 사람이 문제를 좀 더 깊이 있게 탐구할 수 있을 것이라고 믿는다.

"이마고 데이와 예배의 의미"라는 항목에서 미들턴은 이렇게 말한다. "우리가 찬양과 기도로 하나님께 주의를 집중한다는 좁은 의미에서의 '예배'는, 우리 인간의 삶 전체의 방향을 인도해야 할 목적의 일부일 뿐—비록 아주 중요한 부분이기는 하지만—이라는 것이다. 우리가 하나님께 순종해 행하는 모든 일에 상응하는 더 넓은 의미의 예배가 있으며, 이것이야말로 궁극적으로 하나님께 영광을 돌리고 하나님의 명성을 높인다. 좁은 의미의 '예배'는 우리가 행하는 모든 일에서 하나님을 영화롭게 할 수 있도록 하나님께 대한 우리의 충성을 강화시켜야 한다."[2]

미들턴이 말하는 "좁은 의미의 예배"에 대해서는 예전(liturgy)이라는 용어를 쓸 수 있을 것이다. 미들턴은 "찬양과 기도로 하나님께 주의를 집중한다"는 말로 이 예배의 본질적 요소가 어떤 항목들로 이뤄

---

[2] p. 116. 미들턴은 소론 말미 "그곳에서 우리는 '무엇'을 할까?"라는 질문에 대답하는 항목에서 이 주장으로 잠시 돌아온다. 이 질문에 대한 그의 답변은 앞서의 주장과 일치한다. "하나님의 형상으로 새롭게 된 인간에 대해 말하는 성경의 궤적을 대략 따라가 보면, 우리가 하나님의 영광을 위해 새 세상을 발전시키면서 온전한 사회문화적 복합성을 지닌 존재로 살아가게 되리라는 암시가 있다. 물론 좁은 의미의 '예배'도 거기 포함되어, 우리는 하나님이 어떤 분이시며 우리를 위해 어떤 일을 하셨는지에 대해 감사와 찬양으로 하나님께 화답할 것이다"(p. 143).

지는지를 설명한다. 내가 걱정하는 것은, 예배를 이렇게 설명하면 예배에서 행위자로서의 인간의 작용, 즉 하나님을 찬양하고 주님께 기도하는 일에 우리의 시선을 고정하게 된다는 점이다. 여기에는 우리 편에서 무언가를 받는다는 말이 전혀 없고 하나님 편에서의 행동을 나타내는 말도 없다. 다시 말해, 주님이 자신의 언약 가정에 주시듯 하나님이 말씀을 주시고 성례를 베푸신다는 언급이 없다. 나는 미들턴이 이 모든 내용을 지지한다고 믿지만, 여기에는 그런 언급의 부재가 두드러진다. 예전에서 하나님 편의 행위 문제는 이쯤 해 두고 다시 미들턴이 하는 말로 돌아가 보겠다. 미들턴은 예전 또는 좁은 의미의 예배가 더 넓은 영역에서 하나님을 영화롭게 할 수 있도록 우리를 구비시키고 강하게 해 준다고 주장한다. 이 의례적(儀禮的) 경건의 리듬에는 원심력이 작용해, 찬양과 기도로 우리를 준비시켜서 세상으로 내보내 다른 영역에서도 세심하게 하나님에게 영광을 돌릴 수 있게 한다.

 날마다, 각 활동에서, 그리고 모든 측면에서 충만한 삶은 하나님을 영화롭게 하기 위한 무대다. 갖가지 관계, 생산 활동, 심지어 문화를 만드는 일도 왕 중의 왕이신 분을 존귀하게 여기기 위한 배경이 되어 준다. 이러한 삶의 전 영역의 경건을 가리켜 미들턴은 "넓은 의미의 예배"라고 한다. 이따금 미들턴은 마치 이런 세속적 활동도 제대로 이행되기만 하면 예전과 똑같이 하나님께 영광과 찬양과 존귀를 돌릴 수 있다고 주장하는 것처럼 보인다. 미들턴이 좁은 의미의 예배는 "인간의 목적의 일부일 뿐"이라고 말하는 것은 바로 그런 맥락에서일 것이며, 이는 그저 예전과 삶의 모든 것을 일치시켜야 한다는 하나의 요구를 전달하는 말인 듯하다. 그런데 또 어떤 때 보면, 원래 예전은 인간의 기능을 이렇게 좀 더 궁극적으로 이행할 수 있도록, 예전의 공간을 넘어서까지 삶이 충만해지도록 우리를 빚어 나가기 위한 것으로 보인다. 이런 점에서, 미들턴이 궁극적이라는 말을 넓은 의미의 예배에 대해 말할 때만 쓴다는 점은 주목할 만하다("이것이야말로 **궁극적으로** 하나님께 영광을 돌[린다]", p. 116). 나중에 미들턴은 '비지오 데이'(visio Dei, 하나님을 직접 보는 것—옮긴이)에 대해서도 "이 땅에서 우리가 행하는 일상적인 활동과 얽혀 있"(p. 145)는 것으로 이야기한다. "얽혀 있다"는 동사는 문맥상 공들여 선택한 단어가 아니기 때문에 그 말이 무엇을 의미할 수도 있는지에 대해서는 말하지 않겠다. 이는 암시적인 단어지만, 그가 좁은 의미의 예배라고 하는 예전과 넓은 형태의 예배라고 하는 삶이 어떻게 연관되는가 하는 질문과 관련 있을 법하다.

몇 가지 의문이 떠오른다. 내가 그의 글을 제대로 읽고 있는 것일까? 더 넓은 영역이 "궁극적" 또는 실제 행동이 있는 곳인가? 예전은 단순히 그런 더 광범위한 사명을 위한 부차적인 일인가? 아니, 어쩌면 좀 더 이야기해야 할 것이 있지 않은가? 시편이 그토록 꾸준히 우리에게 요구하는 그 예전을 통해 하나님께 기도와 찬양을 드릴 수 있는 삶과 공동체를 준비하고 유지하기 위한 더 광범위한 활동이 있는 구심력 있는 움직임에 대해서도 이야기할 수 있지 않을까? 예전이 (우리를 변화시키는 하나님의 임재로서) 우리를 준비시켜 일상을 살아 나갈 수 있게 해 준다는 점에 이의를 제기하는 것은 아니다. 물론 주님의 이름을 찬양하는 **궁극적** 목적이 빠진 것은 아닌가 싶기는 하지만 말이다.

미들턴의 논의는 그의 논의의 또 다른 특징, 즉 "성례전적" 세상에 대해 말하는 성향과 사실상 통합된다. 미들턴이 세속 세상은 불경건하다는, 혹은 아무런 경건한 결과를 낼 수 없다고 보는 개념에 이의를 제기하는 것을 문제삼지는 않겠다. 그가 신칼뱅주의자 식으로 그런 경향에 우려를 표하는 데 동의한다. 하지만 내 집 잔디 관리하는 일에 성례라는 예전 용어를 적용한다면, 이웃과 좋은 관계를 유지하고 지구를 아끼는 일이 얼마나 가치 있는지 경각심을 가질 수는 있지만, 그와 동시에 하나님이 예전을 통해 **참 신비**(*sacramenta*)의 은혜를 주실 때 제공되는 것의 유일성을 (의도치 않게) 평가절하하고 경시하는 것은 아닌지 생각해 보는 게 지혜로울 것이다. 만사가 다 성례라면, 어떤 것이 정말로 성례인지, 즉 이 땅의 특정한 장소, 시간, 종교 의례나 예식에 위에 있는 하늘의 종말론적이고 은혜로운 임재를 표시하는 신비가 있는지 질문해 보는 게 좋다.[3]

예전과 삶을 이렇게 폭넓게 이해하는 견해는 내세뿐만 아니라 바로 오늘을 위해서도 중요한 의미가 있다. 나는 종말론의 가르침을 윤리적으로 해석하려는 것에 대해서는 미들턴 교수에게 전적으로 동의한다. 그런데 그것은 내 궁금증의 또 다른 근원이기도 하다. 즉, 신구약이 공히 예전의 초점(혹은 의례의 중심)을 어디에 두고 있는지 생각해 볼 때 미들턴의 주장이 이를 뒷받침하느냐는 것이다. 데이비드 피터슨(David Peterson)은 신약의 가르침이 의례적 예배보다 삶의 모든 것으로

---

[3] 한스 부어스마(Hans Boersma)가 *Heavenly Participation: Weaving a Sacramental Tapestry*[Grand Rapids: Eerdmans, 2011,『천상에 참여하다』(IVP)]에서 제안하는 "성례전적 존재론"(sacramental ontology)에 대해서도 동일한 반론을 제기할 수 있다. 나는 부어스마의 (그리고 여기서는 미들턴의) 직관적 통찰이 성례나 성례전적 행동의 언어에 의지하지 않고 섭리와 참여의 언어를 통해서도 신학적으로 성취될 수 있다고 제안하고자 한다. 성례나 성례전적 행동의 언어에 의지해 보았자 일반 계시와 특별 계시의 구별과 관련해 예외 없이 혼란이 생기고 "성례전적"이라는 말에 기본적으로 함축된 것[단순한 환기가 아니라 유일성 혹은 독특성을 전달하는 '신비'(*mysterium*)]을 망쳐 버릴 뿐이다.

드리는 예배를 우선한다고 주장했으며, 이 관측에는 무언가 의미심장하게 주목할 것이 있다.[4] 구약의 선지서든 신약의 사도들의 글이든, 전체성과 완전성에 대한 (예전만이 아니라 온 삶으로 예배하라는) 요구는 결정적으로 중요한 외침이다. 이런 면에서 마태복음 5:21-6:18에서 무엇이 대조되고 있는지를 보면 '완성', 즉 완전함 혹은 완전한 상태를 추구해야 할 필요성을 서술할 때 매우 도움이 된다. 이 구절은 친구에게는 잘하면서 원수는 미워하지 말라고, 몸은 단속하면서 생각은 제멋대로 날뛰게 놔두지 말라고, 이웃 사랑에는 힘쓰지 않으면서 하나님 사랑하기를 권면하는 예배에 참석하지 말라고 말한다. 그렇기는 하지만, 산상설교나 신약을 비정경적인 방식으로 폭넓게 읽을 수는 없다. 산상설교, 사도행전, 아니 심지어 신약도 기독교 예배의 충분한 지침서는 아니다. 이 가르침은 구약과 함께 (좀 더 구체적으로는 구약에서 볼 수 있는 율법과 함께) 시작되며, 나중에 다채로운 상황 속에서 선지자들과 사도들의 글에 적용된다.

미들턴 교수가 구속의 역사를 길게 요약해 보여 주므로 여기서 나는 내 말이 무슨 뜻인지 자세히 설명하고 싶다. 우리는 선지서의 부름과 훗날 사도들의 가르침을 이스라엘에게 연달아 주어진 계시의 성취로 읽어야 하지만, 이 부름과 가르침이 정경이자 문헌으로 형태를 갖춰 가는 (여전히 율법을 기본으로 하면서) 진전 과정을 파악할 필요가 있다. 선지자들은 율법 전체로 돌아가기를 백성들에게 요구한다. 사도들은 성취된 혹은 완전하게 된 율법 쪽으로 교회를 부른다. 미들턴 교수

---

4 David Peterson, *Engaging with God: A Biblical Theology of Worship* (Downers Grove, IL: InterVarsity Press, 1992). 『성경신학적 관점으로 본 예배신학』(부흥과개혁사).

가 주목하다시피, 입에서 나오는 말과 행동으로 보여 주는 삶이 일치하지 않는 사람들에게 선지자들이 경고를 하는 오랜 전통이 있다. 하지만 반쪽짜리 경건을 향한 질책은 성실성이 결여된 사람들을 거칠게 고발하는 말로, 수사학적으로 읽어야 한다. 물론 선지자들이 이들을 바로잡아 주는 말은 이 사람들이 놓치고 있는 것을 강조한다. 우리가 한 걸음 뒤로 물러나 우리의 소망 및 거기 담긴 윤리적 의미를 좀 더 충분히 설명하고자 할 때에는, 구약과 신약의 선지자들이 우리에게 상기시키는 것을 (애초의 형태는 물론 나중에 성취된 형태로도) 율법이 좀 더 광범위하게 스케치해 보인다는 점을 알고 있어야 한다. 선지자들은 우리가 예배의 범위를 잊지 않도록 도와주기는 하지만, 나는 모세오경이 어쩌면 우선순위와 강조점을 좀 더 근본적으로 정의하는 역할을 해 줄 수 있지 않을까 생각한다. 다시 말하거니와 우리는 정경이 단순히 구속사적으로만이 아니라 어떻게 수사학적이고 문학적으로 작용하는지를 알아야 한다.

어떤 의미에서 나는 미들턴 교수의 전작과 이번 기고문을 현대 교회의 많은 이들에게 주는 예언적 질책으로 읽었다. 미들턴 교수는 세대주의 신학의 영향을 받은 이들을 향해 말한다. 우리가 품는 미래의 소망은 새 땅을 필요로 할 뿐만 아니라 우리의 모든 능력을 적극적으로 발휘하게 만든다는 점을 기억하라고 말이다. 더 나아가 그는 이렇게 하면 그리스도인들이 현재 각자의 활동 영역이 어떤 식으로 신학적 또는 신앙적 의미를 가질 수 있고 또 가져야 하는지 그려 보는 데 도움이 된다는 것을 깨닫게 해 준다. 그래서 나는 그가 우리를 꾸짖어 주는 것이 고맙다. 여러 면에서 꾸짖음은 필요하다(선지자 미가의 시대만이 아니라 지금과 같은 소비자 시대에도). 하지만 이는 가장 오래된 관심사도 아니고(세대주의는 근대에 생겨난 오류이기에), 오늘날의 가장 지배적인 관심사도 아닐 것이다(적어도 많은 지역에서). 내가 생각하기에 이 꾸짖음은 공격적 세속주의의 두드러지게 반종교적인 성격(심지어 그 '영적인' 외양)을 집중적으로 다루지도 않고, 또한 개혁주의적 우상파괴주의나 아우구스티누스처럼 사랑의 순서를 (마 6:33 식으로) 강조하기를 요구하는 신앙에 기계적으로 접근하는 태도에 맞서지도 않는다. 이것이 가장 지배적 관심사가 아니라는 내 말이 설사 틀리더라도, 이것이 유일한 관심사가 아니라는 말에는 미들턴 교수도 동의할 것이라고 믿는다. 우리는 신 중심적 소망과 예배 의례 윤리를 우리 시대 사람들에게 환기시킬 필요가 있다. 나는 미들턴 교수의 이 소론이 신 중심적 소망과 관련해서는 많은 도움이 된다고 생각하지만, 예배 의례 윤리를 전달해 주는지는 잘 모르겠다. 미들턴 교수의 답변을 기대한다.

리처드 미들턴에 대한 답변 피터 크리프트

내가 생각하기에 미들턴 박사는 하나님이 지금과 훗날 자신의 지상 성전(코스모스)과 자신의 형상(인간) 가운데 임재하신다는 것에 관심을 두었다는 점에서 앨런 박사가 자신의 소론에서 주장한 초점 재설정을 이루었다. '임재'는 중요하기도 하고 그만큼 신비롭기도 한 개념인데, 신학자와 철학자 들은 대개 이를 무시한다. '시간'과 '존재'와 마찬가지로 우리는 체험할 때에야 '임재'를 이해하고 심지어 인식하지만, 그래도 이를 명확히 개념화하지는 못한다. 임재는 단순히 생각이나 기억이나 소망 속에 있는 것 그 이상이고, 단순히 몸으로 있는 것 그 이상이다. 임재는 그 두 가지를 합친 것 그 이상이다(예. 우발적으로 어떤 사람을 때려눕히면서 그와 동시에 그 사람에 관해 생각하는 것은 인격적 임재가 아니다).

미들턴 박사의 글에서 매우 인상적이었던 것은, (동방 정교를 연상시키는) 우주적 그리스도 중심주의, (폰 발타자르(Von Balthasar)를 연상시키는) 해석의 언어학, (미르체아 엘리아데(Mircea Eliade)를 연상시키는) 신화 속 신성한 공간과 시간에 관한 심리학, (아브라함 카이퍼를 연상시키는) 칼뱅주의의 '문화 명령', (아우구스티누스를 연상시키는) 유추의 연관성에 대한 그 자신의 직관을 모두 종합한다는 것이었다. 참으로 다차원적이고

품이 넓은 지성이다!

미들턴 박사가 '성전'이나 '거룩한' 같은 평범한 단어에 담긴 풍요로운 의미를 풀어 보여 줌으로써 언어를 조명하는 풍성한 은사를 우리와 함께 나누었을 때, 나는 산타클로스가 두고 간 신기한 선물을 풀고 있는 어린아이가 된 듯한, 혹은 『반지의 제왕』과 『실마릴리온』(The Silmarillion)을 읽으면서 톨킨이 이름들을 사랑한다는 것을 처음 발견했을 때와 같은 기분이었다. "말과 언어는 글을 쓰고 말을 하는 사람들의 거래를 위해 꾸려진 관념들의 포장이 아니다. 오히려 말과 언어를 통해 관념이 처음으로 존재하게 되고 실제로 존재한다"는 하이데거(Heidegger)의 통찰이 생각났다.[1]

그리고 성전과 성막과 성결한 건물에 관해 말하자면, "교회란 무엇인가"라는 질문에 "교회는 우리가 일요일마다 예배드리러 가는 저 모퉁이 건물이에요"라고 단순하고 올바르게 대답하는 어린아이가 우리 생각만큼 그렇게 피상적이거나 어리석지 않다는 생각이 들었다.

미들턴 박사의 소론에서 나는 별 문제점을 발견하지 못했고, 또한 그가 (1) 종말론의 도덕적 차원과 (2) 이 세상과 다가올 세상 사이의 연속성, 이 두 가지를 강조한 것도 좋게 생각했다. 하지만 나는 이 두 가지 중 첫 번째 주제는 좀 더 상세히 다룰 가치가 있고, 두 번째 주제는 변증법적으로 좀 더 미묘한 차이가 있는 주제라고 생각한다.

첫 번째 주제에 관해 말하자면, 미들턴 박사가 단언하는 것처럼 이 세상과 다가올 세상의 주된 차이점이 도덕적 차이점이라면, 즉 다가

---

[1] Martin Heidegger, *An Introduction to Metaphysics* (New York: Doubleday, 1961), p. 11. 『하이데거의 형이상학 입문』(그린비).

올 세상에서는 우리와 하나님과의 관계가 무죄(無罪)한 관계가 될 거라면, 여기에는 매혹적이고 급진적인 결과가 따를 것이다. 그중 하나는 성 토마스 아퀴나스가 유명하게 만든, 복된 자의 부활체의 네 특징 중 하나인 '기민성'(agility)과 관련 있다. [나머지 세 가지는 '고통불가성'(impassibility) 혹은 취약성으로부터의 자유, '신묘함'(subtlety) 혹은 의사소통을 훼방하는 것들로부터의 자유, 그리고 '투명함' 혹은 아름다움, 영광, 명민함이다.] '기민성'은 부활체가 완벽하게 성화된 뜻에 완전히 순종하고 또 그 뜻이 하나님께 완전히 순종하면, 새 땅의 물질·시간·공간이 부활체에 완전히 순종하게 된다는 뜻이다. 달리 표현해, 새 땅의 물질과 시간과 공간이 우리에게 맡겨질 때 우리는 마법 같은 능력을 갖게 된다. 우리가 하나님께 순종하는 자녀가 될 때, 우리의 우주는 말 잘 듣는 반려동물처럼 우리에게 순종할 것이다. 이는 여행·예술·과학·기술(심지어 에덴에도 기술이 존재했다)·자연에 대한 우리의 이해에 어떤 영향을 끼칠까? 새 세상은 지금 세상만큼 상상할 수 없을 정도로 클까? 다른 행성에 있는 이성적·도덕적·영적 종(種)들을 발견하고 이들과 소통하게 될까? 이런 질문에 답을 가지고 있거나 답이 있기를 예상해야만 심오하고 유익하게 질문하고 깊이 생각할 수 있는 것은 아니다.

두 번째 주제에 관해 말하자면, 미들턴 박사는 이 옛 땅(혹은 우리가 지금 쓰는 표현대로 "우주")과 "새 땅", 지금의 우리와 새 땅에서의 우리, 그리고 이 세상에서 우리 인간의 자연스러운 문화 활동과 새 땅에서의 활동 사이의 연속성이나 동일성을 강조하는데, 좀 더 일반적으로 이는 불연속성을 강조함으로써 균형을 잡을 필요가 있으며, 이 점은 미들턴도 분명히 확언한다. 대략적으로 말해, 하나님은 이 우주를 파괴하고 새 우주를 창조하실까, 아니면 이 우주를 개조하실까? 엔트로피(entropy)에는 어떤 일이 생길까? 우리 인간의 자연스러운 문화 활동은 어떻게 변화될까? 미들턴이 아우구스티누스 식의 변증법적 역설 원리(예. 예정과 자유의지, 신적 은혜와 인간의 자유)를 구체적 질문들에 어떻게 적용할는지 보고 싶다. 하나님이 "가까이 가지 못할 빛에 거하시"는데도 우리가 그분을 "보게" 된다는 역설에서 이미 미들턴은 그 작업을 한다. 다른 질문들은 어떤가? 결혼도 인간 삶의 다른 모든 본질적 차원과 마찬가지로 그냥 폐지되기보다는 변화될까? 변화된다면 어떻게 변화될까? 모든 사람과 영적 혹은 신비로운 결혼이 가능해져서, 일종의 난잡함이 미덕이 될까? 유일무이한 사람과 유일무이한 관계는 어떻게 대하는 게 올바를까? 분명 우리는 이를 알지 못하고 그저 추측만 할 수 있지만, 지금의 우리에게는 상세한 답변이 아니라 그런 추측의 원리가 더 중요하고 의미 있다.

응답 리처드 미들턴

파인버그, 앨런, 크리프트 세 교수가 새 땅에 관한 내 소론을 읽고 평해 주신 글에 최종적으로 몇 마디('응답') 할 수 있게 되어서 기쁘다.

존 파인버그에게 응답함

존 파인버그는 성경 본문을 비유적으로 읽기와 문자적으로 읽기를 구별하는 법 문제와 관련해 중요한 해석학적 쟁점을 제기한다. 파인버그는 내가 이를 구별하는 어떤 명쾌한 기준을 제공하지 않는다고 (올바로) 말한다. 내가 그런 기준을 제시하지 않는 부분적 이유는, 실제 해석에 앞서 해석학적 이론에 호소해 진행 방식을 규정하는 것을 경계하기 때문이다. 성경 해석은 과학보다는 예술에 가깝고, 좋은 이론은 사실을 알고 난 후의 실천에 관한 의견이다. 하지만 사실 나 자신의 성경 연구를 바탕으로 어떤 기본 지침을 분명히 해 둘 필요는 있다.

'문자적' 해석과 '비유적' 해석을 구별하는 분명한 기준을 제시하지 않는 또 다른 이유는, 내가 통상적으로 이 두 용어를 대비적으로 사용하지 않기 때문이다. '문자적'이라는 것과 '비유적'이라는 것은 현대의 구별법으로, '문자적'이라는 말은 대개 본문의 언어와 외부 세계의 특징이 일대일로 상응한다는 의미로 쓰인다. 나는 이런 현대의 접근법을 '문자적'(literal)이라고 하기보다는 '직역주의적'(literalistic)이라고 부른다. 나는 교부들과 개혁자들을 좇아 '문자적'(*ad litteram*)이라는 말을 본문의 의도(본문의 장르와 사회 관례에 따른 읽기에 해당)를 가리키는 말로 쓰는 경향이 있다. 그래서 역설적이게도 비유적 읽기는 본문의 문자적 (의도된) 의미일 수 있다.

원칙적으로 나는 비유적 언어가 가리키는 대상을 우리가 알 수 있다고 생각하는 데 아무 어려움이 없다. 다만 이것이 외부 세계에서 어떻게 보일지에 관한 세부 사항이 다소 모호할 수 있다. 이와 관련해, 파인버그가 내게 답변하는 글의 마지막 각주에는 좀 당혹스러운 언급이 있다. 그는 우리가 어떤 특정 논제에 관해 많은 말을 할 수 없다고 해서 (그 논제가 인간의 경험의 범위를 벗어나는 일이기 때문에) 그것이 곧 그 논제의 실체를 부인해야 한다는 뜻은 아니라고 하면서 내 입장을 비판한다. 나는 그의 말에 전적으로 동의하며, 이것이 어떻게 내가 실제로 한 말에 대한 비판인지 잘 모르겠다.

여기서 파인버그는 새 땅("하늘"과 반대되는)이 구속받은 이들의 운명이라는 내 주장을 생각하면서 이와 같이 말했을 가능성도 있다. 실제로 그는 구속받은 사람들이 종말에 "하늘"에 다가가리라는 것을 내가 부인하는 것은 문제가 있다고 말한다. 하지만 나는 사실상 이를 부인하지 않았다. 그저 역점을 두어 다루지 않았을 뿐이다. 왜냐하면 성경도 이를 그렇게 다루지 않기 때문이다. 사실 성경 이야기의 전체 기조는(내가 추적해 보았을 때), 하나님의 임재가 하늘로부터 땅에 임하는 것이다.

파인버그가 생각하는 "하늘"이 내가 생각하는 그 하늘인지 궁금하다. 내 소론에서 개략적으로 말했다시피, 성경에서 "하늘"은 창조된 질서의 일부분, 창조 세계에서 땅에 속하지 않은 부분을 가리키며, 그 위치는 '저기 위'(창공, 하늘에 속한 형체들의 영역)다. 성경을 연구한 결과 나는 "하늘"이라는 말이 비물질적 영역을 가리키지 않는다는 결론에 이르렀다(파인버그는 그렇게 추측할지 모르지만). 해석의 역사에서도 "하늘"은 중세 말이나 근대 초에 이르러서야 비물질적인 영역을 뜻하게 된다. 시편 148편이 해와 달, 별과 함께 천군천사를 하늘의 거민으로 나열하는 이유는, 이 모두가 땅의 평범한 생명체를 초월하는 피조물이기 때문이다(그리고 신약과 구약을 불문하고 성경에는 천사를 별과 동일시하는 본문도 있다).

성경은 구속받은 자들이 종말에 하늘에서 사는 모습을 묘사하지 않지만, 한번 추측해 보자. 우리는 하늘에서 살게 될까? 우리가 말하는 "천국"이 땅의 영역 너머 (생명체가 거주할 수 있는 다른 행성을 포함해) 창조된 우주를 뜻한다면, 우리가 땅의 영역 너머로 갈 수도 있고 어쩌면 하나님이 창조하신 지각력 있는 존재를 찾아가 볼 수도 있다고 하는 가능성을 나는 받아들이겠다(이는 피터 크리프트도 자신의 답변에서 깊이 생각하고 있는 부분이다). 하지만 이는 우리가 확실히 알 수 있는 범위를 벗어나는 게 분명하다.

마이크 앨런에게 응답함

마이크 앨런에게서는 나와 유사한 정신(spirit)을 발견한다. 비록 의견 차는 있지만 말이다. 반가운 점은, 앨런은 내가 하나님의 임재를 강조하는 것을 자신도 인정할 수 있는 중요한 포인트로 생각한다는 것이다. 하지만 이것이 어떻게 내가 『새 하늘과 새 땅』(2014)에서 종말론을 다루는 방식과 상당히 다르다고 생각하는지 이해되지 않는다. 근본적인 면에서 내 입장에는 아무 변화가 없기 때문이다. 실제로 그 책 4장에서 나는 하나님이 이스라엘과 함께 거하시려는 의도는 **출애굽 패턴**을 이해하는 데 가장 본질적인 요소이며, 이것이 그 이후의 성경에서 구원을 읽어 나갈 때 우리의 지침이 되어야 한다고까지 역설했다(pp. 89-90). 또한 창조를 다루는 2장에서 성경 이야기를 강해한 뒤(pp. 39-49) 8장에서 **구속**(救贖)의 궤적을 다루었는데, 이는 자신의 임재가 세상에 충만하게 하려는 하나님의 의도라는 일관성 있는 스토리라인으로 쓴 것이다(비록 집필 당시에는 두 개 장으로 나누어서 썼지만). 지금 이 책에 실린 내 소론은 기본적으로 이 내러티브의 반복이며, 인정하건대 다만 조금 더 상세히 다룰 뿐이다.

이제 앨런이 (매우 아름답고 정중한 태도로) 제기한 몇 가지 의문에 답변해 보겠다. 앨런은 내가 하나님의 임재를 하나님 나라의 '결정적 현실'로 받아들이는지, 아니면 '**가장** 뚜렷한 특징'(필자 강조)으로 받아들이는지 궁금해한다. 앨런이 두 번째 선택안을 '신 중심적'인 것으로 여긴다는 점을 고려하면, 이는 내가 좁은 의미의 예배 또는 예전을 순종적 삶이라는 더 넓은 예배에 종속시키는 것이 인간 중심적인 태도로 여겨질 수도 있음을 시사한다(앨런이 이런 표현을 쓰지는 않지만). 여기서 나는 불필요한 염려를 간파한다. 리처드 번스타인(Richard Bernstein)이 지적하다시피 근대의 종말 후 많은 학자가 번스타인이 말하는 '데

카르트적 불안'(Cartesian anxiety), 즉 데카르트가 주장한 절대적 확실성이라는 (도달할 수 없는) 기준에 미치지 못하므로 아무래도 자신의 지식이 열등하다는 무의식적인 생각에 시달린다고 한 것과 유사한 염려다.[1] 앨런의 염려는 뭐라고 불러야 할지 잘 모르겠다. 인간의 책임과 기능을 손상시켜 가며 하나님의 주권과 영광을 강조한다고 하는(이는 사실 칼뱅의 견해가 아니지만, 칼뱅에 이어 등장한 개혁파 스콜라주의에서 이런 태도가 발견된다), 칼뱅에 대한 다소 상투적인 이해를 출발점으로 삼는 '칼뱅파의 불안'(Calvinian anxiety)이라고 해야 할 것이다.

또 어쩌면 이는 세속 세상을 초월하는 것을 명시적으로 강조하지 않으면 우리의 세계관과 신학에 근본적인 문제가 있는 것이라고 보는 '플라톤적 불안'(Platonic anxiety)일지 모른다. 이 불안에 플라톤적 억양이 있다는 것은 내가 온 삶의 순종을 좁은 의미의 예전 또는 예배의 '궁극적' 목적으로 강조하는 것에 관해 앨런이 의문을 제기하는 것으로써 암시된다. 앨런은 다음과 같이 묻는다(내가 강조한 단어에 유의하라). "더 넓은 영역[온 삶의 순종]이 '궁극적' 또는 **실제** 행동이 있는 곳인가? 예전은 그런 더 광범위한 사명을 위한 부차적인 일인가?" 부차적인 것은 궁극적인 것의 한낱 그림자일 뿐이고 세속 세상은 궁극적 현실에 빈약하게 참여한다는 생각으로 유명한 이는 플라톤이기에, 이런 표현법은 플라톤주의를 암시적으로 드러낸다(앨런이 그럴 의도는 아마 아니었겠지만). 하지만 이는 성경에 기반을 둔 현실관과는 거리가

---

[1] Richard Bernstein, *Beyond Objectivism and Relativism: Science, Hermeneutics, and Praxis* (Philadelphia: University of Pennsylvania Press, 1983), pp. 16-20. 『객관주의와 상대주의를 넘어서』(철학과현실사).

멀다. 성경의 현실관에서는 하나님(궁극적 존재)이 불확실한 세상을 보고 "심히 좋다"고 선언하신다(창 1:31).

피터 크리프트에게 응답함

피터 크리프트의 답변은 대부분 칭찬조인데, 크리프트 정도의 철학자가 성경신학(특히 성전신학)을 깊이 생각하는 것(그리고 흥미를 갖는 것)을 보니 정말 반갑다. 오늘날 분석 철학자들과 신학자들 사이에는 성경을 그 자체의 맥락에서 세심하게 읽는 것이 어떻게 개념적 성찰에 활기를 불어넣을 수 있는가 하는 문제와 씨름하는 의미 있는 움직임이 있다. 물론 이는 철학과 신학 서로에게 이익이다. 그런 성찰은 성경 고유의 신학 개념을 분석하고 더 명료하게 하는 데 도움이 될 수 있기 때문이다.[2]

크리프트는 중요한 쟁점을 제기하면서 내가 이를 더 깊이 있게 탐구했으면 좋겠다고 말하는데, 그 쟁점은 바로 현재의 창조 세계와 우리가 기다리는 종말론적 세계 사이에 어느 정도의 연속성과 불연속성이 있느냐는 것이다. 그런 맥락에서 크리프트는 물질이 더는 엔트로피의 영향을 받지 않을지, 결혼은 어떻게 변화할지 등을 포함해 온갖 흥

---

[2] 이런 호혜적(互惠的) 작업의 인상적인 예로, James T. Turner Jr., "Temple Theology, Holistic Eschatology, and the *Imago Dei*: An Analytic Prolegomenon in Response to N. T. Wright", *Canadian-American Theological Review* 8.1 (2019): pp. 16-34가 있다. 터너(Turner)의 이 소론은 라이트가 세인트앤드루스 대학교의 '주해와 분석신학을 위한 로고스 연구소'(Logos Institute for Exegetical and Analytical Theology) 취임 강연에 답변하는 글이다. 라이트의 강연문은 "History, Eschatology, and New Creation in the Fourth Gospel: Early Christian Perspectives on God's Action in Jesus, with Special Reference to the Prologue of John", *Canadian-American Theological Review* 8.1 (2019): pp. 1-15에 실려 있다.

미로운 질문을 한다. 나는 "이런 질문에 답을 가지고 있거나 답이 있기를 예상해야만 심오하고 유익하게 질문하고 깊이 생각할 수 있는 것은 아니다"라는 크리프트의 말에 동의한다.[3]

결론적으로, 천국에 대한 네 가지 견해를 말하는 이 책에 나를 기고자로 불러 준 마이크 위트머에게 감사를 표하고 싶다. 종말론적 소망의 본질에 관해 동료 기독교 신학자들과 대화할 수 있어서 큰 영광이었다. 비록 모든 부분에 의견이 일치하지 않더라도, 종말에 관한 논의가 계속되기를, 그리고 대화의 상대를 더 잘 알 수 있게 되기를 기대한다.

---

3 종말에 물질이 어떻게 엔트로피를 초월해서 변화할 수 있는지를 탐구하는 주요 연구(이 질문에 대한 궁극적 해답 없이)로는, David Wilkinson, *Christian Eschatology and the Physical Universe* (London: Continuum T&T Clark, 2010)가 있다. 윌킨슨(Wilkinson)은 신학자이자 천체 물리학자로서, 현재 더럼 대학교의 세인트존스 칼리지 학장과 더럼 대학교 신학과 종교학부 교수를 겸직하고 있다. 윌킨슨은 별의 형성 연구로 천체 물리학 박사 학위를 받았으며, 여기서 인용된 저서는 그의 2004년 신학 박사 학위 논문이다.

제3장

지상의 천국 관점

마이클 앨런

거꾸로 생각해 보기: 마지막에서 처음으로 초기 방향 설정

결국 하나님은 땅에서 하늘을 완성하신다.[1] 태초(the beginning)는 딱 어울리는 마지막(the end)을 찾아낸다. 아니, 마지막이 태초라는 용어에 딱 들어맞는다. 현대 신학의 한 가지 두드러진 특징은 모든 기독교 신학의 어머니로서 종말론에, 심지어 때로는 종말론적 사조에 관심을 집중한다는 것이다.[2] 우리가 종말론을 뒤늦은 착상으로 생각하는 일이 없도록, 다양한 유파의 현대 신학자들은 기독교 신앙과 실천의 전 영역을 형성할 때 종말론이 그 체계를 세우는 중요한 위치를 차지한다는 점을 그리스도인들에게 경계시키려 애써 왔다. 카를 바르트(Karl Barth)는 이렇게 일갈한다. "전적으로, 그리고 전체적으로 종말론이 아닌 기독교는 그리스도와 전혀, 그리고 전적으로 무관하다."[3]

종말론에는 여러 요소가 있다. 종말과 관련해 여러 신조는 그리스도의 재림, 최후 심판, 몸의 부활, 영생에 관해 이야기한다. 특정 교회

---

1 달리 언급하지 않는 한 이후 성경을 인용할 때는 NASB를 사용한다(한글은 개역개정을 사용했으며, 저자가 사용하는 NASB와 번역이 다른 부분만 사역했다ㅡ옮긴이).
2 Ernst Käsemann, "The Beginnings of Christian Theology", in *New Testament Questions for Today*, trans. W. J. Montague (London: SCM, 1969), p. 102.
3 Karl Barth, *The Epistle to the Romans*, trans. Edwyn C. Hoskyns (Oxford: Oxford University Press, 1933), p. 314.

전통에서 생겨나는 특징들도 있다(예. 로마가톨릭의 종말론적 상상에는 연옥이 등장하고, 세대주의자들은 천년왕국을 기대한다). 특히 지옥에서의 심판 경험이나 하나님의 종말론적 계획에서 유대인이 갖는 독특한 의미 등 모든 전통에서 신학적 성찰을 수반하는 또 다른 문제들도 있다. 이런 문제들이 수 세기에 걸쳐 세계 전역 그리스도인들의 관심을 끌었다는 사실은 이들이 이 문제들을 부단히 탐구해 왔음을 시사한다.

이 소론은 이 책의 주제에 맞게 구속받은 사람들의 체험에 초점을 맞춰서, 천국 교리란 종말에 관해 생각해 보기 위한 중심 개념일 뿐만 아니라 그리스도인이 오늘날의 현실에 전심을 다할 수 있도록 종말의 의미를 명료하게 하는 개념이라고 보면서 이야기를 전개할 것이다. 이 소론에서는 먼저 종말을 고찰해 보겠다. 구속받은 사람들은 어디에서 살게 될까? 구속받은 사람들은 어떤 존재일까? 구속받은 사람들은 어떤 식으로 하나님을 보고 이를 향유하게 될까? 다음으로 이 소론은 중간 상태를 다룰 텐데, 중간 상태가 천상의 실존의 최종 영광과 어떻게 연관되는지를 물을 것이다. 결론 부분에서는 다시 현재로 돌아와, 종말이 우리 삶의 시작과 인생 여정을 어떤 모양으로 빚어 가는지를 살펴보겠다. 물론 우리는 인생이 어디로 가는지를 알고 싶어 하지만, 우리가 이를 확실히 알고 싶어 하는 것은 인생 계획을 잘 세우기 위해서일 뿐만 아니라 오늘의 시간을 지혜롭게 투자하려는 목적도 있다.

종말

구속받은 사람들의 천국 소망은 성찰을 요구한다. 네 가지 질문에 주의를 기울여야 할 텐데, 그 구체적 질문들과 씨름하기 전, 먼저 종말에 관해 성경적으로 고찰할 때 핵심적으로 대비되는 것 한 가지를 생각해 보는 게 지혜로울 것이다. 성경은 구속에 관해 서로 다른 두 가지 방식으로 이야기하는데, 때로는 새 창조 같은 개념을 사용해서 말하고 또 때로는 회복이라는 비유적 표현을 써서 말한다. 구약을 보면, 어떤 때는 마음이 제거되고 교체되어야(즉, 겔 36:26에서처럼 이식되어야) 하고, 어떤 때는 마음에 할례를 받거나(신 30:6), 마음에 율법이 기록되어야 한다(렘 31:33). 신약에서는, 어떤 때는 새 창조(new creation)라는 표현으로 구속의 규모를 나타내고(고후 5:17; 개역개정, "새로운 피조물"), 또 어떤 본문에서는 회복이나 갱신이라는 비유적 표현을 쓴다(고후 4:16). 또 어떤 본문은 이 두 부류의 개념을 모두 사용한다. 예를 들어, 에베소서 4:23-24에서는 "새롭게" 됨에 대해서도 말하고 하나님의 형상을 따라 "지으심을 받은" 새 사람을 입는 것에 대해서도 말한다. 각 경우를 보면, 새 창조라는 용어는 급진적이고 근본적인 변화의 필요성을 환기시키는 반면, 회복이나 갱신이라는 용어는 이런 유형의 구속적 변화가 **이** 세상이나 **다음** 세상에 임한다는 사실을 말해 준다. 교리적으로 말하자면, 성경이 이 두 가지 개념을 모두 요구한다는 점에 주목하는 것이 핵심이다. 근본적인 변화는 이와 같은 사람, 장소, 사물에 실제로 임하기 때문이다. 그래서 이 차이점은 (훌륭한 조직신학의 특징이 모두 그렇듯) 두 가지 강조점을 모두 유념할 필요성을 우리에게 일깨워 준다. 구원은, 말하자면 애초에 완전히 새로운 창조에서 시작하는 것에 비유될 수 있을 만큼 근본적으로 새로운 무언가의 도착을 알린다. 하지만 구원은 **이** 사람에게도 임하고 **저** 사람에게도 임해,

어떤 혁신 프로젝트에서처럼 고유의 정체성을 갖고 있는 사람들에게 개인적 연속성을 수반하는 방식으로 구속의 은혜를 전달한다. 이 두 가지는 공통점이 없어 보일 수도 있지만, 어쨌든 종말론과 구원론에 관한 우리의 상상의 틀을 짤 때 표준적으로 서로를 보완하는 기능을 한다.

이렇게 기본적으로 지시되는 내용을 염두에 두고 다음 네 가지 질문을 생각해 보자. 구원받은 사람이 최종적으로 있게 되는 곳은 어디인가? 그곳에서 우리는 어떤 모습일까? 그곳에서 우리는 무엇을 할까? 우리는 하나님을 어떻게 보고, 하나님에게서 무엇을, 그리고 누구를 보게 될까? 이 질문들에 답변하는 동안, 우리가 그 상태에서 죄를 지을 수 있는지, 사랑하는 사람들을 여전히 알아볼 수 있을지, 이생에서 겪은 정신적 외상을 기억하게 될지 등과 같은 관련 문제들도 다룰 것이다.

1. **구원받은 사람이 최종적으로 있게 되는 곳은 어디인가?** "새 하늘과 새 땅"을 어떤 식으로 이해하는가? 우리는 하늘에서 영원히 살게 될까, 아니면 땅에서 영원히 살게 될까?

우리 소망의 지상성(地上性)에 관한 가르침을 재주장하는 것이 19세기 말과 20세기 초 아브라함 카이퍼와 헤르만 바빙크, 그리고 더 나아가 좀 더 광범위한 신칼뱅주의 운동의 경향이었다. 세대주의가 자꾸 유심론의 외피를 쓴 것으로 분류되거나 특징지어지는 것을 우려한 카이퍼 신학은 영적·사회적·문화적 번영에 대한 하나님의 관심을 되풀

이해서 강조해 왔다. 때로 카이퍼 신학 전통의 분석은 (휴거 신학과 더불어) 현대 세대주의를 어쨌든 지난 수 세기 동안 그리스도인의 고전적 소망을 대표하는 것으로 보는 오류를 저질렀다[예. 리처드 미들턴의 『새 하늘과 새 땅』 부록을 보면, 유심론적 소망의 전거를 세대주의에서 가져오는데, 이런 수사(修辭)는 명백히 현대적인 이 운동을 그 신학 진영 밖에서 오래전에 잘 전해진 주류 기독교인 것처럼 모호하게 만들어 버린다].

복음의 약속에는 늘 사람에 관한 말뿐만 아니라 장소에 관한 주장이 함께했다. 아브라함은 하늘의 별처럼 무수한 후손뿐만 아니라 젖과 꿀이 흐르는 땅까지 약속받았다(창 12:1-3). 출애굽이라는 해방의 역사(役事)는 파라오의 압제에서 자유롭게 해 줄 뿐만 아니라 하나님의 산(출 3:12) 또는 하나님의 광야(5:1)에서 그분을 만나게 해 준다. 물론 이 공간 내역은 다양하게 바뀌지만, 언제나 하나님의 지시에 따라 달라진다. 신명기는 어디든 여호와가 부르시는 곳으로 예배하며 가라고 이스라엘 백성에게 명하지만(신 12:5-7), 나중에는 예루살렘과 성전으로 이들을 거듭거듭 부르는 것을 보게 된다. 유대인 신학자 고(故) 마이클 위쇼그로드(Michael Wyschogrod)는 이렇게 말했다. "이스라엘의 하나님에게는 주소가 있다. 예루살렘길 1번지."[4]

신약은 공간에 관한 그 약속에 시치미를 떼지 않는다. 다만 약속을 변형하기도 하고 약속의 범위를 확대하기는 한다. 예수는 행복을 이렇게 정의한다. "온유한 자는 복이 있나니 그들이 땅을 기업으로 받을 것임이요"(마 5:5). 이는 예루살렘 또는 약속된 가나안 땅이 이제는

---

[4] Michael Wyschogrod, "Incarnation", *Pro Ecclesia* 2.2 (1993): p. 210.

중요하지 않다는 말이 아니다. 그보다는, 예루살렘이 하나님이 거하시는 우주적 도성으로서 온 땅을 포괄한다는 뜻이다(계 21:22). 예수는 난데없이 예루살렘과 성전을 이렇게 보편화하시지 않는다. 이는 앞서의 계시로서 준비되어 왔다. 예를 들어, 성전의 각 건물은 마당을 넓힌다. 성전은 성막의 원래 구조에 여인의 뜰을 추가하고, 두 번째 성전은 첫 성전에 이방인의 뜰을 추가한다.[5] 그리하여 마침내 요한계시록 21-22장에서는 온 땅을 성전으로 그리면서 이 궤적을 완성한다.

그리스도인의 소망은 도시(도성)라는 단어 형식을 취한다. "우리가 여기에는 영구한 도성이 없으므로 장차 올 것을 찾나니"(히 13:14). 헤르만 바빙크는 여기서 변화를 간파했다. 비록 복음 소망의 공간적 특성이 훼손되거나 버려지지는 않지만 말이다.

> 신약에는 영적으로 해석된 구약의 예언이 다소 존재하는 게 확실하다.…하지만 이는 이 복된 상태를 하늘에 한정하지 않는다. 신약이 말씀의 성육신과 그리스도의 육체적 부활을 가르친다는 사실에서 기본적으로 알 수 있듯이 이는 사실일 수 없다. 더 나아가 이는 종말에 그리스도의 육체적 재림을 기대하며, 그 직후 모든 인간, 특히 신자들의 육체적 부활을 염두에 둔다.[6]

한 장소가 하나님과 피조물이 만나는 곳으로 확장될 수 있다는 사

---

5 Jon D. Levenson, *Sinai and Zion: An Entry into the Jewish Bible* (New York: Harper & Row, 1987), p. 166.
6 Herman Bavinck, *Holy Spirit, Church, and New Creation*, vol. 4 of Reformed Dogmatics, ed. John Bolt, trans. John Vriend (Grand Rapids: Baker Academic, 2008), p. 718.

실은 놀라움을 금치 못하게 한다. 솔로몬은 이렇게 감탄했다.

> 하나님이 참으로 땅에 거하시리이까. 하늘과 하늘들의 하늘이라도 주를 용납하지 못하겠거든 하물며 내가 건축한 이 성전이오리이까. 그러나 내 하나님 여호와여 주의 종의 기도와 간구를 돌아보시며 이 종이 오늘 주 앞에서 부르짖음과 비는 기도를 들으시옵소서. 주께서 전에 말씀하시기를 내 이름이 거기 있으리라 하신 곳 이 성전을 향하여 주의 눈이 주야로 보시오며 주의 종이 이곳을 향하여 비는 기도를 들으시옵소서.
>
> (왕상 8:27-29)

성경의 일신론으로 훈련된 우리는 하나님이 어떻게 한 장소에 존재하실 수 있는지 의아해한다. "하늘과 하늘들의 하늘이라도 주를 용납하지 못하겠거든." 하지만 하나님의 언약적 약속은 그런 한계를 능가한다. "주께서 전에 말씀하시기를 내 이름이 거기 있으리라."

성경은 약속의 땅, 한 도성, 한 산, 새 창조를 묘사한다. 이 이미지들은 여러 형태로 다양하게 변하고 중첩되면서 우리의 주의를 환기시킨다. 이 초상의 범위를 보면 어느 한 가지를 배제하고 다른 한 가지에 아둔하게, 혹은 문자주의적으로 집착하기를 반대하는 게 확실하다. 완전한 초상은 요한계시록 21-22장에 등장한다. 새 예루살렘은 여기서 한 도성으로 그려지며, 확실히 그 만듦새는 물론 그 땅의 환경에 대한 장엄한 묘사가 특징이다. 새 예루살렘은 규모도 압도적이고, 그 아름다움은 하나하나 열거할 수 없을 정도다. 가장 주목할 만한 점은, 무엇보다도 하나님의 임재가 특징이라는 것이다. 마지막 설명은 "내가 속히 오리니"라는 그분의 외침으로 마무리된다(22:7, 12, 20). 손으로 지은 성전은 그곳에 존재하지 않는다. 그곳에 없는 것 중 하나가 바로 손으로 지은 성전이다. 왜냐하면 "주 하나님 곧 전능하신 이와 및 어린 양이 그 성전"이시기 때문이다(21:22). 사실 이곳의 조화로운 비율 자체가 지성소 같은 정육면체를 만들어 낸다. 이 모든 것이 하나님의 은혜로 성전의 가장 내밀한 영역이 되었다(16절). 그리고 우리가 그 이후의 특징들을 놓치는 일이 없도록, 다음과 같은 말로 설명이 시작된다. "내가 들으니 보좌에서 큰 음성이 나서 이르되 보라 하나님의 장막이 사람들과 함께 있으매 하나님이 그들과 함께 계시리니 그들은 하나님의 백성이 되고 하나님은 친히 그들과 함께 계셔서"(3절).

2. **그곳에서 우리는 '어떤' 모습일까?** 현재 우리는 몸과 영혼의 통합적 결합체, 별개의 두 부분이 하나의 신비한 전체로 얽힌 존재다. 영화롭게 된 최종 상태에서 우리는 어떤 모습일까? 우리는 어떻게 변화될 것이며, 어떤 면에서 여전히 동일한 모습일까? 바울이 말하는 "신령한 몸"(고전 15:42-50)을 어떻게 이해하는가?

우리는 몸의 부활과 영속하는 삶을 기대한다. 예수는 하늘에 계신 아버지에게서 받은 그 복을, 믿음으로 자신과 연합한 이들에게 나눠 주시거나 공유하게 하신다. 그것이 복음 메시지다(예. 눅 24:47; 행 5:31). 성경은 가장 고귀하고 가장 근본적인 복인 하나님과의 교제와 더불어 그런 여러 복을 가리킨다. 하지만 신조(信條)는 그리스도가 이루신 일의 여러 탁월한 혜택에는 다른 중요한 측면이 있음을 상기시킨다. 성육신하시고 부활하신 우리 주님이 지금 누리고 있는 바로 그 영화롭게 된 몸이 우리 소유가 된다는 것인데, 이는 그분이 그 부활의 첫 열매이기 때문이다(예. 롬 6:5; 고전 15:49).

신조는 그리스도의 구속 사역이 몸에 끼치는 유익에 관심을 불러일으키고자, 좀 더 폭넓은 현실, 즉 예수 그리스도의 화해와 회복 사역의 보편성 혹은 총체성을 알려 준다. 성경은 모든 사람이 다 하나님과 화해한다는 보편구원론을 제시하지는 않지만(이에 대해서는 요 5:29 등에 기록된 예수의 말씀을 보라), 그런 한편 만물이 하나님과 화해하며 구속받은 사람의 모든 측면이 하나님 안에서 회복되고 새로워진다는 보편주의를 묘사한다(특히 골 1:15-20에서 "만물"이라는 말이 반복되는 것을 보라). 달리 말해, 하나님의 백성은 지성이든 영혼이든 어떤 궁극적인 부분이나 가장 영적인 부분만 유지하도록 여과기를 통해 빨아들이는 방식으로 구원받지 않는다. 이와 반대로 성경이 그리는 그림에는 그리스도 예수가 만물을 화해시키고 인간 실존의 모든 면을 새롭게 하려고 오셨다는 주목할 만한 주장이 담겨 있다. "보라 내가 만물을 새롭게 하노라"(계 21:5).

이 고백은 새 생명을 기대할 뿐만 아니라 예수 안에서 부활해 몸으로 구현된 생명을 내다본다. 그래서 육체를 지닌 삶과 실존을 생각할 때 우리는 다른 무엇보다도 부활해 영화롭게 된 예수 자신의 존재를 의미 있게 바라본다. 이때 우리에게는 겸손이 요구되는데, 몸의 영광을 묘사하는 장면에는 일상적이거나 평범한 현실뿐만 아니라 불가해하거나 기이한 발광(發光) 현상도 담겨 있기 때문이다. 확실히, 영화롭게 된 예수는 전에 상처 입은 흔적을 지니고 있으며(그래서 도마에게 그 상처를 만져 보라고 하실 수 있다; 요 20:27을 보라; 참조. 눅 24:38-40), 심지어 생선을 드시기도 한다(눅 24:41-43). 하지만 영화롭게 된 그리스도가 갑자기 방에 나타나실 때가 있는데, 이때 그분은 출입구를 통과하지 않는 것으로 보인다. 사라지는 행동도 (앞서 눅 24:36-37과 요 20:19에서 분명히 알 수 있다시피) 나타나실 때와 똑같이 신속하고 불가사의하다. 그분의 상처는 눈으로 알아볼 수 있을 정도지만, 제자 두 사람은 그분과 함께 장거리를 걷는 동안에도 그분을 알아보지 못하다가 떡을 떼어 주실 때에야 비로소 그분의 정체를 알아차린다(눅 24:13-31). 몸의 사실주의와 영광스러운 신비가 이렇게 혼합되는 것은 변화산 사건 기사에서 어느 정도 예견되었다(마 17:1-8). 그곳에서 예수는 몸의 형상을 통해 예수로 확인될 수 있었고, 그렇게 해서 모세나 엘리야와 구별되었다. 하지만 예수와 예수의 의복이 얼마나 밝게 하나님의 빛을 발하는지 말로 표현할 수 있는 한계를 넘었기에, 이 광경을 바라보는 이들은 무릎에 힘이 풀린 나머지 예수가 "두려워하지 말라"고 말해 주어야 할 정도였다(마 17:7). 평범하고 일상적인 것이 기이하고 영광스러운 것과 이렇게 짝을 이루는 광경 앞에서는 지나친 추측을 자제하고 종말론적 육체의 영광이 지금 우리가 설명할 수 있는 한도를 넘어선다는 것을 인정하는 겸손함을 보여야 할 것이다.

이와 관련해 **우리는 최종 상태에서도 죄를 지을 수 있는가** 라는 질문이 존재해 왔다. 죄를 지을 수 없다면, 어떤 의미에서 우리는 자유의지를 소유하는가?

하나님 나라는 거룩함이 특징일 텐데, 정확히 이는 하나님이 거룩한 백성 및 거룩한 장소와 교제하시고 다스리시기 때문이다. 마태복음은 "인자가 그 천사들을 보내리니 그들이 그 나라에서 모든 넘어지게 하는 것과 또 불법을 행하는 자들을 거두어" 낸 후에야 "의인들은 자기 아버지 나라에서 해와 같이 빛나리라"고 기록한다(마 13:41, 43). 실로 "가라지를 거두어 불에 사르는 것같이 세상 끝에도 그러[할]" 것이다(마 13:40). 복음서에 그려진 이 약속들은 옛 예언의 말에 뿌리를 두고 있다. "그들이 그 우상들과 가증한 물건과 그 모든 죄악으로 더 이상 자신들을 더럽히지 아니하리라. 내가 그들을 그 범죄한 모든 처소에서 구원하여 정결하게 한즉 그들은 내 백성이 되고 나는 그들의 하나님이 되리라"(겔 37:23).

예레미야 31:31-34의 위대한 새 언약의 약속은 언약에 충실하기를 요구하며, 여기서 자기 백성에 대한 하나님의 성실함은 하나님께 대한 백성의 충성과 마침내 짝을 이룬다. (예레미야의 말에 따르면) 옛 언약 시대에는 그 일이 실패했고, 현재 우리의 은혜 시대에는 간헐적으로 이뤄지지만, 영광이 임할 때 그 약속은 마침내 온전히 지켜질 것이다. 우리는 그분을 보고 변화될 것이다(요일 3:2). 그분의 임재가 우리를 변화시키며, 그래서 우리는 은혜를 입은 자에서 참으로 영화롭게 된 자로 달라질 것이다. 실로 그곳에는 애통할 일이나 병이 없고, 슬픔이나 사망이 없을 것이다(계 21:4).

그 경우 죄는 어떤 종류의 불가능한 일인가? 이는 행위자가 없기 때문에 불가능한 일이 아니다. 우리는 여전히 도덕적인 행위자이고, 피조물인 인간에게는 책임과 의지가 주어져 있다. 또한 이는 우리가 더는 어떤 결정을 하지 않는다거나 직관적이고 의식적인 판단력을 발휘하지 않기라도 하는 양, 판단이 부재하기 때문에 불가능한 일도 아니다. 그렇다, 여기서 묘사되는 그런 유형의 무죄 상태는 내면의 변화라는 결과를 낳는 외부의 선물로서 임한다. 이 선물은 변화시키는 능력이 있는 영광의 삼위 하나님의 임재에 푹 잠기게 함으로써 외부로부터 우리를 변화시킨다. 이는 외부에서 주입된 내적 선물이라고 설명되는 게 좋겠지만, 근원이 외부에 있는 선물이다. 영화로운 하나님을 믿고 우리를 강하게 해 주시는 은혜를 받으면, 우리는 더는 죄를 지을 수 없다(이는 이론적이거나 논리적 가능성이 부재하기 때문이라기보다 이와 관련된 언약이 말이 안 될 정도로 엄청나기 때문이다).

3. **그곳에서 우리는 '무엇'을 할까?** 우리가 최종 상태에서 하나님을 예배하는 모습을 설명해 줄 수 있는가? 예배 외에 다른 일을 하기는 할까? 만약 한다면 어떤 일을 할까? 그런 활동들에 대해 설명해 줄 수 있는가?

우리는 무엇을 할까? 우리의 행위는 부차적으로 정의될 것이 틀림없는데, 이는 낯선 일이 아니다. 창조 자체에서 인간의 행동은 하나님 혼자만의 행위에 종속된다. '이마고 데이'로서 인간은 무엇보다 먼저 자기 자신 밖의 어떤 것, 즉 하나님에 의해 정의된다. 이런 면에서 우리는 창조주와 피조물이 구별된다는 사실에 함축된 소명적 다스림(vocational rule)에 대해 말할 수 있을 것이다. 마찬가지로, 새 창조에서 인간 행위자는 하나님이 무엇을 하실 것이며 무엇을 하고 계실지 멈춰서 묻는 것이 특징일 것이다.

"일곱째 천사가 나팔을 불매 하늘에 큰 음성들이 나서 이르되 세상 나라가 우리 주와 그의 그리스도의 나라가 되어 그가 세세토록 왕 노릇 하시리로다 하니"(계 11:15). 인간의 행위에 대해 다른 무슨 말을 하든, 우리는 하나님이 통치하신다고, 그리고 우리는 하나님의 나라일 것이라고 말해야 한다. 로마서 14:17 같은 본문은 그런 나라에서의 삶은 "성령 안에 있는 의와 평강과 희락"이라고 말하는데, 그런 평강과 희락은 동료 인간들에게 카리스마적으로 거리를 두는 데서 오는 것이 아니라 한 몸으로 사는 삶 가운데서 온다는 것을 기억하는 것이 좋다. 사도 바울은 곧이어 "서로 덕을 세우는 일"에 힘쓰라고 권한다(롬 14:18-19).

여러 면에서 우리는 우리 모두가 어떤 일을 하게 될지 알지 못한다. 그렇다고 해서 우리가 어떤 제한된 일만 하게 되리라는 뜻은 아니며, 다만 우리가 어떤 일을 하게 될지 성경에 별 언급이 없다는 뜻이다. 지나친 단순화를 피하려다가 말도 안 되는 결론에 이르지 않도록 조심해야 하는 것은 확실하다(안타깝게도 요즘 설교에서 이런 경우를 자주 접한다). 다시 말해, 우리가 그곳에서 언제까지나 하나님만 찬양하리라는 개념에 대해 변명을 하거나 심지어 이를 조롱까지 하는 일이 없도록 해야 한다. 사실 장차 천국에서의 우리 삶에 대해 실제적으로 단언할 수 있는 구체적인 현실은, 우리가 하나님과 함께할 것이고 그러므로 우리가 하나님을 찬양하리라는 것뿐이다. 거문고(harp)를 연주하면서 하나님을 찬양하기가 어떤 사람들에게는 단조롭고 고된 일로 여겨질 수도 있지만, 요한계시록을 읽으며 상상력을 형성해 온 사람들에게는 활력을 주는 것임에 틀림없다.

그 두루마리를 취하시매 네 생물과 이십사 장로들이 그 어린 양 앞에 엎드려 각각 거문고와 향이 가득한 금 대접을 가졌으니 이 향은 성도의 기도들이라. (계 5:8)

내가 하늘에서 나는 소리를 들으니 많은 물소리와도 같고 큰 우렛소리와도 같은데 내가 들은 소리는 거문고 타는 자들이 그 거문고를 타는 것 같더라. (계 14:2)

또 내가 보니 불이 섞인 유리 바다 같은 것이 있고 짐승과 그의 우상과 그의 이름의 수를 이기고 벗어난 자들이 유리 바다 가에 서서 하나님의 거문고를 가지고. (계 15:2)

새 하늘과 새 땅에서 예배는 성경이 묘사하는 행위의 뚜렷한 중심을 이룬다. 다시 말하지만 이는 예전 행위가 그 시공간의 배타적 활동이리라는 말이 아니라, 예배 외의 다른 행동들은 길게 묘사되지 않는다는 뜻이다.

이와 관련해 이렇게 묻는 이들이 있다. **배우자 및 그 외 가족과는 어떤 관계가 될까?** 최종 상태에도 결혼, 성, 가족 단위가 있을까? 여전히 성별이 있을까? 있다면 우리는 의복을 입을까?

이 질문을 더 폭넓은 원리에 대한 가르침의 기회로 삼아, 다른 경우에서 생각을 시작해 보는 게 도움이 될 수 있다. 다시스의 배들이 시온의 창고로 보화를 싣고 온다고 언급하는 이사야 60:5, 9만큼 종말론적 사색을 유발하는 본문도 없을 것이다. 사회의 미학적 혹은 생산적 업적이 종말 이후에도 지속되리라고 확신할 수 있는 근거가 여기 있다고 많은 사람이 주장한다. 땅의 일에 노동을 투자하는 것은 오늘날을 위해서 가치 있을 뿐만 아니라 내일을 위한 밝은 소망이기도 하다.

아마도 그럴 것이다. 하지만 현재의 삶과 그 축복이 종말까지 지속된다는 것이 무슨 의미인지에 대해 우리가 어떤 구체적 인식을 갖고 있다는 확신은 억제되어야 한다. 종말까지 지속될 인간 삶의 가장 기본 요소는 우리 인간의 실존을 구성하는, 사람과 사람 사이의 일련의 관계다(형제자매 관계, 부모 자식 관계 등). 하지만 이것만은 이생에서 내생으로 확실히 옮겨지리라는 우리의 인식에 성경이 구멍을 내는 지점이 바로 여기다.

이 땅에서 우리 삶을 세워 가는 가장 근본적인 인간관계상 요소는 결혼임이 분명하다. 결혼을 통해 동반자 관계와 자녀를 늘리는 일이 제자리를 찾는다. 하지만 종말에는 결혼이 없을 것이다(마 22:30). 마태복음 22:30 상반절은 단순히 새로운 결혼을 제한하는 말로 읽힐 수 있지만("부활 때에는 장가도 아니 가고 시집도 아니 가고"), 거꾸로 읽자면 이제 더는 성적으로 자신을 표현하지 않는 비(非)성애적인 삶에 대해 이야기하기를 역설한다("하늘에 있는 천사들과 같으니라"). 결혼은 폐지된다기보다 완성된다. 어린양의 성대한 혼인 잔치가 벌어지고 그리스도와 그분의 신부의 종말론적 연합이 이뤄진다는 점에서 말이다.

마태복음 22장의 그 구절 및 결혼과 관련해 그 구절에 함축된 의미를 어떻게 이해해야 할까? 이 가차 없는 진술[사두개파를 상대로 한 예수의 논쟁(마 22:23-33)에 등장하는]을 표준적으로 해석하자면, 우리는 결혼이 영원 세상에서 종식된다고 보지 않는다. 그보다, 그때 거기서 어린양과 그 신부의 성대한 결혼이 거행되는 만큼, 결혼은 완성된다(계 21:9). 이 땅에서 한 남자와 여자의 결혼으로 그토록 강력하게 상징되는 교제와 하나됨(엡 5:25-33, 특히 32절을 보라)이 더는 존재할 필요가 없다. 그것의 예표적 성취가 그리스도와 그분의 교회가 결정적으로 동일시되고 연합하고 교통하며 언약적 교제를 이룸에 따라 완전하고도 최종적으로 실현되었기 때문이다.

결혼의 완성이라는 개념은 우리의 종말론적 소망의 사회적 국면을 좀 더 폭넓게 생각해 보기 위한 지적 자극 역할을 한다. 우리는 결혼의 가장 심오한 목적이, 하나님과 인간의 언약적 교제와 친밀한 함께함으로 옮겨 가는 것을 보게 된다. 따라서 우리가 (직접적으로든 간접적으로든) 현재의 결혼에 성실하게 전념하고 이 결혼에 마땅히 관심을 보이고 헌신해야 하는 이유는 바로 이 결혼이 다가올 영원을 준비시킬 뿐만 아니라 그때에 완전해지기 때문이다. 다른 한편으로, 결혼은 현재와 같은 사회 형식으로는 더 존재하지 않을 것이다. 성적 활동이나 이 활동의 목적인 생육(生育)이 결혼을 특징짓지 않을 것이다. 결혼이 완성된다는 것이 그런 급진적 변화가 현실이 된다는 의미이기도 하다면, 새롭게 창조된 내세의 사회 현실이 어떠할 것인가에 관해 우리는 무언가를 잘 아는 척 거드름을 피우지 말아야 하는 것은 물론 겸손한 자세로 섣부른 추측도 하지 말아야 하지 않겠는가?

인간 영광의 유형적 성질(예수에게서 볼 수 있다시피) 혹은 인간 영광의 사회적 성질(결혼과 관련해 예수가 예언하셨다시피)을 보여 주는 이런 예에 비추어 볼 때, 우리는 좀 더 폭넓은 신학 원리에 시선을 고정하는 게 좋다. 가장 중요한 일을 중요하게 여기려는 것도 좋지만, 그 때문에 표준적 가르침의 다른 국면에 대해서도 동시에 관심을 가지려는 마음이 약화되어서는 안 되며 약화될 이유도 없다. 우선순위를 따져 집중하려는 자세는 성경의 가르침이 얼마나 폭넓은지에 대한 인식을 배제하지 않는다. 이 경우, 그리스도 안에서 이뤄지는 하나님과의 교제를 우리 소망의 중심으로 이해하는 것(지복직관 교리가 강력히 보여 주다시피)이 몸의 부활과 새 창조를 총체적으로 포함하는 우리 소망의 지상적 측면을 무시하거나 폄하하는 것으로 이어져서는 안 된다. 그렇기는 해도, 이 광범위한 종말론적 이상의 다른 측면이 중심이 아니라 가장자리에 있다는 사실은 그 이상의 본질에 대한 우리 이해의 인식론적 한계를 더 깊이 깨닫기를 촉구한다. 몸, 사회, 장소 및 인간 외 피조물의 완전성을 훼손하는 일 없이, 이런 것들의 궁극적 형태를 파악하는 데는 한계가 있음을 우리는 기억해야 한다. 종말론은 다른 교리들과 마찬가지로, 그러나 특히 호소력 있게 믿음으로, 오직 믿음으로만 추구해야 한다.

4. **우리는 하나님을 어떻게 보고, 하나님에게서 무엇을, 그리고 누구를 보게 될까?** 예수만을 보게 될까, 아니면 성령과 성부도 보게 될까? 성령과 성부도 본다면, 우리의 시각에는 모종의 중개(仲介)가 필요할까, 아니면 직접 볼 수 있을까?

"마음이 청결한 자는 복이 있나니 그들이 하나님을 볼 것임이요"(마 5:8). 복된 삶을 설명하실 때 예수는 사람들의 오랜 갈망에 귀 기울이

신다. "내가 어느 때에 나아가서 하나님의 얼굴을 뵈올까"(시 42:2). 성경이 고전적으로 묘사하는 그리스도인의 소망 그 중심에는 하나님을 직접 보는 지고의 복, 즉 지복직관 교리가 말하는 약속이 자리 잡고 있다. 그런데 여기서 "본다"는 것은 무슨 의미인가? 이에 대해서는 수 세기 동안 논쟁이 들끓었다.

마태가 기록한 변화산 사건이 어떤 말로 마무리되는지 생각해 보라. "제자들이 눈을 들고 보매 오직 예수 외에는 아무도 보이지 아니하더라"(마 17:8). 이보다 후에 바울은 "예수 그리스도의 얼굴에 있는 하나님의 영광을 아는 빛을 우리 마음에 비추[신]"(고후 4:6) 하나님에 대해 말하며, 이어서 성자에게 "보이지 아니하는 하나님의 형상"(골 1:15)이라고 이름 붙인다. 바로 이런 이유로 개혁파 전통에서는 그리스도의 유일한 중보로 죄인에게 지복직관이 가능해진다는 점을 강조할 뿐만 아니라, 존 오웬(John Owen)과 베르카우어(G. C. Berkouwer)가 다양한 방식으로 말한 것처럼, 그리스도가 바로 그 보는 것(vision) 자체를 유일하게 정의한다고 꾸준히 주장한다.[7] 예수는 단순히 우리에게 구원을 주는, 그 장면의 배경이 아니다. 반가운 소식은, 예수가 그 장면의 알맹이이기도 하다는 것이다.

베르카우어는 지복직관이 어떤 식으로든 하나님의 불가시성을 부

---

[7] 존 오웬의 "그리스도의 위격, 직분, 은혜에 나타난 그의 영광에 관한 묵상과 강론"이 지나치게 어려워서 읽기 힘들다고 생각하는 이들은(이해할 만하다), Suzanne McDonald, "Beholding the Glory of God in the Face of Jesus Christ: John Owen and the 'Reforming' of the Beatific Vision", in *The Ashgate Research Companion to John Owen's Theology*, ed. Kelly Kapic and Mark Jones (Burlington, VT: Ashgate, 2012), pp. 141-158를 읽고 오웬의 풍성한 논의에 동참할 수 있다.

인하기를 요구한다고까지 말한다.[8] 물론 베르카우어가 성경에 주어진 복음의 약속을 엄격히 칭찬하려는 동기는 고귀하다. 하지만 그렇게 함으로써 그는 복음의 약속을 그보다 폭넓은 규범적 모형(matrix)에서 뽑아내 버렸다. 그 모형 안에서 우리는 "하나님은 영이시[라]"(요 4:24)는 말씀, "그의 보이지 아니하는 것들 곧 그의 영원하신 능력과 신성"이 자연에서 감지된다는 말씀을 듣는데 말이다(롬 1:20). 실제로 하나님의 불가시성에 대한 베르카우어의 비판은 성경의 가르침의 폭넓음을 배제할 뿐만 아니라 (하나님의 불가시성에 대해 거듭되는 증언을 희생시키고 하나님을 보게 된다는 약속을 높임으로써) 하나님을 보는 일의 기독론적 성격을 불안정하게 만들기도 한다. 하나님이 본질적으로 보이지 않는 분이 아니라면, "보이지 아니하는 하나님의 형상"으로서의 그리스도의 사역이 어떻게 해서 단순히 일시적인 신현(神顯)의 최신 삽화가 아니라 결정적이고 주목할 만한 일이 된다는 것인가?

종말론적 소망에 관해 생각할 때 한 가지 근본 수칙은, 이 교리 및 여기 연관된 여러 부차적 논제가 선지자들과 사도들의 좀 더 폭넓은 가르침과 따로 작용하게 해서는 안 된다는 것이다. 예를 들어, 지복직관은 성경의 가르침의 독특하고도 필연적인 국면을 가리키며, 다른 가르침을 보완하고 늘리고 적합하게 하는 없어서는 안 되는 역할을 할 것이다. 그렇기는 해도, 지복직관 교리의 성격을 이해하는 데는 성경이 스케치한 그리스도인의 실존의 형이상학적이고 언약적이고 윤리적 기본 특질들을 잊지 않는 정황적 수용(受容)이 요구된다. 그래서 일관

---

[8] G. C. Berkouwer, "Visio Dei", in *The Return of Christ*, trans. James Van Oosterom, Studies in Dogmatics (Grand Rapids: Eerdmans, 1972), pp. 359-386.

성과 상호 관계 문제는 그리스도인이 종말론을 성실히 고찰할 때 반드시 필요한 훈련이다. 개혁파 전통이 되풀이해서 강조해 온 한 가지는, 종말론과 기독론을 다시 연결하는 것이었다. 중세 후기 신앙의 일부 해석이 하나님의 백성이 천국에서 누리는 행복의 특정 성격과 그리스도와의 연결 고리를 끊어 놓기도 했지만, 초기 종교개혁자들은 믿음으로 그리스도와 연합한 사람들이 그 복에 참여할 수 있는 길을 그리스도가 유일하게 제공하시는 방식에 관해, 심지어 그분이 그 복 자체를 어떻게 결정적이고도 비범하게 규정하셨는지를 명쾌하고도 일관성 있게 숙고하고자 했다.

   그리스도를 봄으로써 우리가 어떤 식으로든 성부와 성령의 위격 형태로 하나님을 보는 전망이 열릴 수도 있지 않겠는가? 어쩌면 그럴 것이다. 우리는 그런 전망을 보여 주는 분으로서 그리스도에게 시각적 초점을 맞출 수 있다고 분명 말할 수 있다. 더 나아가, 신적 불가시성과 관련해 그런 신적 존재를 보기는 불가능하다고 말하는 듯한 성경의 원리도 있다고 말할 수 있다. "본래 하나님을 본 사람이 없으되"(요 1:18). 물론 신적 존재인 성자가 구체적인 모습으로 우리 눈에 보일 수 있게 된 것은 그분이 육체를 입으신 덕분, 혹은 우리 가운데 거하시는 덕분이다. "말씀이 육신이 되어 우리 가운데 거하시매 우리가 그의 영광을 보니 아버지의 독생자의 영광이요 은혜와 진리가 충만하더라"(요 1:14). 교의적 금기는 성경이 일러 주는 내용 그 너머를 추측하는 행위를 피하라고 말한다. 바로 이 지점에서 개혁파 전통─특히 오웬의 분석이 전형적으로 보여 주는 것처럼─은 하나님의 형상 혹은 하나님을 보여 주는 분으로서의 그리스도에게 제한적으로 초점을 맞춘다. 하지만 그런 제한은 단순히 (하나님을 보여 주는 다른 광경에 관해) 성경이 침묵하기 때문만이 아닙니다. 추측을 자제하는 관행은 이 교리를 다른 연관 교리(예. 신적 불가시성)와 묶어서 생각하려고 하는 데서 비롯되기도 한다. 그래서 투레티누스(Turretin)와 더불어 우리는 "성경이 우리에게 밝혀 주지 않기에 우리도 무엇이든 이와 관련해 성급히 규정하지 말아야 한다"고 말해야 한다.[9]

우리는 그리스도를 앞서의 어떤 상황에서보다 더 온전히 보게 될 것이라고 분명히 말할 수 있다(요일 3:2). 또한 영광 중에서는 신성 전체에 대한 우리의 지식이 이 은혜의 시대에서보다 더 커지리라고 증언할 수 있다(고전 13:12). 하나님을 본다는 이 관용구가 복음에서 말하는 하나님과의 친밀감 상승을 증명하는 데 얼마나 도움이 되는지, 또한 두 번째 종류의 상승, 즉 성부·성자·성령으로서의 온전한 복됨 안에서 삼위일체 하나님을 알고 사랑함으로써 영광에 이르는 지식과 의지의 완전성을 증명하는 데 어느 정도 도움이 되는지는 세밀한 판단이 필요한 문제이며 지금의 이 간략한 스케치의 범위를 훌쩍 벗어나는 작업이다.[10] 신학 전통이 정신적 눈의 영적 지각을 뜻하는 말로 지복직관이라는 용어를 사용했다는 점은 주목할 만한 가치가 있다. 신학적·개인적 지식과 사랑이 그렇게 커 나가는 것이 우리 소망의 일면인 것은 분명하다. 본다는 용어가 적절치 않다고 생각될 경우, 그 복음의 약속을 증명하기 위해 다른 성경 관용구를 써야 할 것이다. 언제

---

[9] *Institutes of Elenctic Theology*, ed. James T. Dennison Jr., trans. G. M. Giger, 3 vols. (Phillipsburg, NJ: Presbyterian & Reformed, 1997), 3:611 (20.8.14).
[10] 이에 대한 선명한 사례로는, Turretin(*Institutes* 20.8)을 보라.

나처럼 여기서도, 서로 연결된 방식으로 생각해 볼 필요성이 크다.

이와 관련해 다음과 같은 질문이 있다. **이생에서 정신적 외상을 남긴 사건이나 지금 우리 곁에 없는 사랑하는 사람들을 기억하게 될까?** 만약 기억한다면, 어떻게 그 기억이 우리의 기쁨을 앗아 가지 못할까? 기억하지 못한다면, 우리의 정체성을 구성하는 중요한 부분을 잃은 것 아닌가?

이 문제에서도 기독론을 떠올리면 생각의 방향을 정하는 데 도움이 될 수 있다. 우리가 종말론적 실존으로 들어가는 유일한 통로는 부활하신 그리스도로서, 그분은 확신컨대 영광 가운데 불멸 상태로 존재하시지만, 고난받은 상처도 지니고 있다. 그리스도는 피를 흘리고 계시지 않는다. 실제로 그 어떤 질병이나 곤고함도 언급되지 않는다. 죽음이 격퇴되었고, 그리스도는 "불멸의 생명"(히 7:16)을 받으셨다. 그럴지라도 상처는 거기 있으며, 그래서 도마는 손을 내밀어 그 상처를 만져 보라는 권유를 받을 수 있고, 그 사이 모든 제자들은 그 상처를 볼 수 있다(눅 24:39-40).

우리는 그런 기억을 어떤 식으로 특징지어야 할까? 이는 단순한 개념적 기억 그 이상이다. 그분의 상처는 거기 있고, 다른 이들이 볼 수 있고 심지어 만져 볼 수도 있다. 정신적 외상의 징후는 트라우마로 알려져 있다. 이 경우, 그분의 상처가 바로 징후다. 이 상처는 단순히 할퀴거나 찔린 자국이 아니다. 하지만 이 상처가 트라우마를 일으킨다고 알려져 있지는 않다. 이 상처를 언급할 때 예수에게서 어떤 반응이 유발된다는 징후는 없다. 그보다 그분은 감정적 반응을 유연하게 조절하면서 이 상처를 언급하신다.

땅의 천국에 있지 않을 사람들은 어떻게 될까? 요한계시록 19장은 구속받은 사람이 심판받은 자의 죽음을 인식하고 축하하는 모습을 묘사하고 있기에, 이 질문과 관련해 가장 예리하고도 타당한 목소리를 낸다. 성도, 곧 "하늘에 허다한 무리의 큰 음성"은 큰 음녀에 대한 심판과 복수를 기뻐한다(계 19:1-2). 곧이어 이 본문은 "어린양의 혼인"을 환호로 맞이하는 장면으로 바뀐다(7절, 좀 더 자세한 내용은 6-10절을 보라). 근접성에 근거해서 대충 읽어 나갈 위험이 있기는 하지만, 혼인 잔치에 환호하는 찬양 소리가 음녀에 대한 심판을 기뻐하는 찬양 소리보다 더 크다고 암시하는 단서는 없다. 달리 말해, 구속받은 모든 이들은 하나님의 심판을 기뻐하는 동시에 하나님과의 연합을 축하한다. 명백히 심판은 하나님을 대적하는 개별 신자 한 사람 한 사람이 아니라(적어도 반드시 그렇지는 않다), 큰 음녀이자 땅을 더럽게 한 자를 대상으로 한다고 구체적으로 명시된다. 그렇기는 해도, 최종적인 신적 심판 앞에서 분명히 기뻐하는 모습을 주목하지 않기란 여전히 어렵다. 그래서, 그런 종류의 기쁨이 왜 그보다 규모가 작은 신적 심판(이를테면, 구속받은 사람이 개인적으로 알고 있는 이들을 대상으로 하는)에서도 발생하지 않는지는 분명하지 않다. 우리는 그런 상세한 부분에 대해까지 감히 추측할 수는 없지만, 이렇게 명시적으로 진술된 광경과 충돌하는 이의는 제기하지 않는 게 좋다.

이러한 의문들에 관심을 기울이는 태도는 이 의문들이 어떤 식으로 종말론적 가르침의 전체 범위에 기여하는지를 시사할 뿐만 아니라 어떤 잠재적 순서를 고려해야 하는지를 제안한다. 이제 구속받은 사람의 잠정적 소망 문제로 넘어가 보자. 아니 정확히 말해 약간 뒤로가 보자. 이른바 중간 상태를 향해서 말이다.

중간 상태

우리의 천국 소망은 성경에서 전개되는 이야기의 정점 또는 대미(大尾)를 장식한다. 천국 소망은 우리 욕망의 수준이나 상태를 알 수 있는 기준일뿐만 아니라 지금까지 우리의 진척 정도를 판단할 수 있는 표준 역할을 한다. 이 점과 관련해, 천국 소망은 그리스도 안에서 죽었으나 아직 부활해 이 땅의 천국에서 사는 상태가 아닌 성도들이 경험하는 행복의 성격을 부각한다. 그것은 바로 중간 상태(interim/intermediate state)다.

어떤 이들은 중간 상태라는 개념을 인정하지 않으려 한다. 이 개념의 중요성을 단언하고 이를 상세히 설명하기 위해 먼저 이 개념에 대한 가장 의미 있는 반론을 고찰해 보겠다.

5. 종말에 대한 당신의 견해는 중간 상태와 어떻게 연관되는가? 이 둘은 어떻게 유사하고 어떻게 다른가?

많은 이들이 중간 상태라는 개념을 반박한다. 물질이 필수적이라고 판단하는 게 아닌 한 그런 둘러대기를 유발하는 충동이 무엇인지 파악하기 어렵다. 이는 단순히 물질이 최선 혹은 근원이라거나 심지어 표준이라는 주장이 아니라 물질이 필수적이라는, 좀 더 콕 집어 말하자면 물질이 매 순간 반드시 필요하다는 주장이라는 점에 유의하라.

따라서 몸의 생명이 다했으나 아직 육체적으로 죽음에서 부활하지 못한 인간은 그 어떤 중간 상태로도 존재할 수 없다는 것이다. 이런 주장을 옹호하는 이들은 이것을 비환원적 물리주의라고 말할 수도 있지만, 이는 물리주의의 한 변형임이 확실하다. 이 주장은 인간의 실존이 물질적이며 따라서 물질 외에는 그 무엇일 수도 없다는 개념을 전제로 한다. 동시에, 성경은 결코 육체가 없는 인간 실존에 대해 말하지 않는다는 주장도 있다.[11]

비환원적 물리주의는 여기서 한 걸음 더 나아가 영혼으로 존재하는 중간 상태를 부인할 뿐만 아니라 영혼이 명백히 인간을 구성한다는 바로 그 개념까지 부인한다![12] 비환원적 물리주의자들은 몸, 혼, 영 같은 다양한 용어를 인간을 구성하는 부분을 가리키는 말이 아니라 인간의 **측면들을 가리키는** 말로 읽는다. 제임스 던(James D. G. Dunn)은 그 차이를 다음과 같이 설명한다.

단순화해서 말하자면, 그리스 사상은 인간을 별개의 부분으로 이뤄진 존재로 여기는 경향이 있는 반면, 히브리 사상은 인간을 상이한 차원에 존재하는 전인(全人)으로 보았다. 인간을 여러 '부분으로 이뤄진' 존재로 생각하는 것은 좀 더 그리스적 특성인 반면, 인간에게 여러 '측면이 있다'고

---

11 Joel B. Green, "Eschatology and the Nature of Humans: A Reconsideration of Pertinent Biblical Evidence", *Science and Christian Belief* 14.1 (2002): pp. 33-50. 그리고 특히 Nancey Murphy, *Bodies and Souls, or Spirited Bodies?*, Current Issues in Theology (Cambridge: Cambridge University Press, 2006).

12 비환원적 물리주의와, 마음(mind)을 두뇌로 환원시켜 버리는 철학적 접근 사이에는 유사성이 있다. 이 철학적 접근법을 여기서 탐구하지는 않겠지만, Marilynne Robinson, *Absence of Mind* (New Haven: Yale University Press, 2011)를 참고해 볼 만하다.

생각하는 것은 좀 더 '히브리적' 특성이었다고 말할 수 있다. 말하자면, 우리는 학교에 체육관이 있다고 말한다(체육관은 학교의 일부분이다). 그리고 또 한편으로 우리는 '나는 스코틀랜드 사람'이라고 말한다(내가 스코틀랜드 사람이라는 사실은 나의 전 존재의 한 측면이다).[13]

비환원적 물리주의는 이 땅의 인간이 전적으로 물질적이라고 주장하며, 그래서 몸을 가지고 사는 삶과 별개로 죽음의 경험을 뛰어넘어 미래의 신적 낙원을 누릴 수 있는 것은 아무것도 없다고 한다.

하지만 성경의 증거는 다른 신호를 보낸다. 여기서 몸-영혼 이원론이라는 더 광범위한 문제는 한편으로 접어 두고 중간 상태 문제에 좀 더 구체적으로 초점을 맞추겠다.[14] 신약은 중간 상태의 본질에 관해 반복해서 말하거나 상세히 다루지 않지만, 그런 상태가 어떤 형식으로든 적어도 어떤 정의(定義)를 가지고 존재한다고 확언하기를 촉구한다. 그리스도가 골고다에서 자신과 함께 처형된 죄수 중 한 사람에게 어떻게 대답하셨는지를 보라(눅 23:39-43에 기록된 대로). 한 행악자는 자신들을 구원해 달라고 조롱조로 예수에게 졸랐다. 또 한 행악자는 그 사람을 꾸짖고는 예수의 무죄를 단언했다. 그는 예수를 돌아보며 간청했다. "예수여 당신의 나라에 임하실 때에 나를 기억하소서." 그러자 예수는 "내가 진실로 네게 이르노니 오늘 네가 나와 함께 낙원에 있으리라"고 대답하셨다(눅 23:42-43).

---

[13] James D. G. Dunn, *The Theology of the Apostle Paul* (Grand Rapids: Eerdmans, 1998), p. 54.
[14] 이 두 가지 문제는 함께 얽혀 있다. 육체가 없는 중간 상태의 존재는 혼이나 영 개념을 요구하는 반면, 혼이나 영을 부인하면 육체가 없는 중간 상태도 부인할 수밖에 없다. 이 두 가지 문제는 서로 별개이긴 하지만, 함께 서거나 함께 넘어진다.

중간 상태는 최종 상태가 아니다. 중간 상태는 선한 선물로서 '낙원'이라고 불릴 수 있지만, 그래도 완전 상태는 아니다. 왜 불완전하다고 할까? 무죄하고 선한 상태이기는 하지만 아직 만물이 완전하게 혹은 총체적으로 절정에 이른 상태가 아니기 때문이다. 여기서 완전이라는 말은 충실하고 합당한 세상의 목적이 온전히 성취되거나 최종적으로 달성된다는 의미일 것이다. 중간 상태는 그 어떤 더러움도 없지만, 원래 예정된 최종 현실에는 아직 이르지 못한 상태다. 히브리서 11장 결론 부분은 구약 시대 신자들의 운명을 다루는데, 이들은 모두 이 서신이 기록되기 전에 죽었다. "이 사람들은 다 자기 믿음에 대해 칭찬을 받았으나 약속된 것은 아무도 받지 못했다. 하나님이 우리를 위해 좋은 것을 예비하셨으니 우리와 함께여야만 이들은 온전해질 것이다"(히 11:39-40 — 옮긴이 사역). 이 성도들은 칭찬받기는 하지만, 아직 약속을 받거나 '온전해지지'는 못했다(온전해진다는 것은 무죄 상태를 뜻하는 말이 아니라 성숙함이나 완성 상태를 가리키는 말이다; 히 5:14도 보라). 완성 또는 온전함은 구속받은 모든 이들이 함께 이를 경험할 때에야 도래한다. '우리와 함께여야만'(only together with us)이라는 말이 이런 점에서 중요하다. 이렇게 중간 상태는 선하고, 심지어 낙원이지만, 최고이자 최종 상태는 아니다.[15]

성경은 모종의 중간 상태 개념을 시사하는데, 이 개념에는 우리의 최종 운명과 관련해 불연속성과 연속성이 포함된다. 전능자 하나님의 영적 임재, 그리고 성도의 교제를 누릴 수 있다는 점에서는 기본적 연속성이 있다. 하지만 성도와 성도 간의 교제는 아직 부활하지 않았거나 새 하늘과 새 땅이라는 환경에 있지 않은, 전적으로 영적인 상태에 존재한다. 중간 상태는 매우 광범위하게만 정의될 수 있다. 중간 상태에서는 하나님의 임재를 향유할 수 있고, 이 상태는 일시적으로 육체가 없는 상황에서 발생하며, (연옥과 반대되는 분위기의) 낙원의 성격을 지닌다. 그렇지만 구속 역사가 절정에 이르는 피날레는 아니다.

비환원적 물리주의 문제로 다시 돌아가, 이것이 인간 정체성에 정신심리적으로 접근하는 방식을 살펴보자. 사도들이 그리는 중간 상태를 보면, 정신심리적 온전함이 인간 정체성의 완성이나 완전함의 특징이라고 단언하는 것을 절대 제한하지 않음을 알 수 있다. 히브리서 11장은 (그리스도의 재림 때 부활 상태에서) 구속받은 사람들 모두 함께할 때가 아닌 한 어떤 성도도 약속이나 완전함을 받지 못한다고 시사한다. 새 하늘과 새 땅에서 부활해 영화롭게 된 몸은 여전히 우리 그리스도인들의 소망의 완성이지만, 육체를 갖는 것이나 환경적 위치가 그 영광의 가장 중요한 표식은 아니다. 하나님의 임재야말로 인간 행복의 근본이자 중심 맥락이며, 이 행복은 몸을 가지고 불멸의 삶을 살 때, 그리고 회복된 땅이라는 정황에서 가장 충만하게 누리게 된다.

---

15 완전한 종말론적 영광이라는 높은 기준을 우리네 소망의 유일한 척도로 삼아서는 안 된다. 그리스도인 남녀는 주님과 함께 있기를 소망하는 것이 적절하다. 심지어 이 머지않은 중간 상태에서도 말이다. 이는 여기 이 땅의 천국에서 주님 및 그분의 모든 성도와 함께하는 부활 생명이라는 최종적이고 완전한 소망은 아니지만, 그래도 여전히 더 큰 선이요 적절한 열망이다. N. T. 라이트와 리처드 미들턴이 이런 소망을 가리켜 플라톤적이라거나 현실도피주의라고 비방하는 것은 유감스러운 일이다. 성경적 종말론을 교리로 확언하는 일이, 중간 상태에서 주님의 임재를 기대하는 것과 장기적으로 부활 생명의 더 큰 영광 사이에서 선택하기를 강요당하는 것이어서는 안 된다. 라이트와 미들턴 안(案)을 각각 더 깊이 검토하려면, Matthew Levering, *Jesus and the Demise of Death: Resurrection, Afterlife, and the Fate of the Christian* (Waco, TX: Baylor University Press, 2012), pp. 7-10 and passim, Michael Allen, *Grounded in Heaven: Recentering Hope and Life in God* (Grand Rapids: Eerdmans, 2018), pp. 1-58를 보라.

6. 종말에 대한 당신의 견해는 우리의 현재 삶과 어떻게 연관되는가? 이 둘은 어떻게 유사하고 어떻게 다른가? 우리의 종말은 현재 우리의 삶에 어떻게 영향을 끼쳐야 하는가?

"우리 주 예수 그리스도의 아버지 하나님을 찬송하리로다. 그의 많으신 긍휼대로 예수 그리스도를 죽은 자 가운데서 부활하게 하심으로 말미암아 우리를 거듭나게 하사 산 소망이 있게 하시며"(벧전 1:3). 하늘의 영광에 대한 그리스도인의 기대는 "산 소망" 역할을 하며, 이는 우리의 생기를 북돋아 주고 적극적 섬김과 사랑에 박차를 가한다. 실제로 베드로는 "이제 여러 가지 시험으로 말미암아 잠깐 근심하게 되지 않을 수 없으나", "너희를 위하여 하늘에 간직하신" 그 "썩지 않고 더럽지 않고 쇠하지 아니하는 유업"이 어떻게 "너희 믿음의 확실함"을 지탱해 주는지에 대해 계속 이야기한다(벧전 1:4-7). 영광을 기대할 수 있으면 이를 토대로 담력을 얻게 된다.

천국 소망의 웅대함은 우리를 고무시켜 삶 전체를 하나님께 대한 사랑의 헌신으로 바치게 한다. 하나님은 만물을 새롭게 하고 계신다. 천국에 대한 우리의 관심이 하나님의 신적 열심보다 폭이 좁아서는 안 된다. 우리는 마음과 뜻과 생각과 힘 등 우리의 모든 것으로 하나님을 사랑하라는 부름을 받았다(신 6:5; 그리고 마 22:37-38; 막 12:28-31; 눅 10:25-28도 보라). 우리는 그저 지적 혹은 이성적 성장만 도모하는 게 아니라 환경과 생태 문제에도 관심을 기울인다. 영적 활력을 추구하면서 이와 나란히 관계 면에서의 일치와 화평도 추구한다. 피조물의 실존에는 이렇게 다채롭고 다양하되 서로 연결되어 있거나 겹치는 국면들이 있으며, 이 모든 것은 하나님이 선하게 예비해 주신 데서 오는 것이자 이 새롭게 된 땅에 천국이 임하게 하는 영광을 위한 하나님의 궁극적 계획으로 귀결된다는 점에서 우리가 성실할 수 있는 계기가 된다.

천국 소망의 확실성은 우리가 두려워하며 위험을 무릅쓰거나 염려로 머뭇거릴 필요가 없다는 점을 일깨워 준다. 사랑과 경건은 늘 대가를 치러야 온다. 베풀지 않고는, 좀 더 구체적으로 우리 자신을 주지 않고는 이웃을 사랑할 수 없다. 사랑과 경건을 위해 치르는 그 대가는 우리의 이타심이 어느 정도 수준인지 알려 주는 역할을 하지만, 한숨 돌리면서 다시 판단해 보라고, 타인을 사랑하고 섬기는 것도 정도껏 하라고 우리를 유혹하기도 한다. 미래에 대한 기대가 불확실하면, 그 나라의 일에 투자하고자 하는 마음이 예외 없이 고갈된다. 비즈니스 세계에서는 미래가 불분명하고 막연할 때 투자 심리가 말라붙는다. 마찬가지로, 종말론적 기대가 모호하거나 불안정한 정도에 따라 그리스도인다운 혹은 신앙적 희생은 예외 없이 시들해진다. 그래서 예수 그리스도와 함께 만물의 종말이 임박했다는 복음의 말씀은 사소한 문제가 아니다. 그 나라의 임재, 하늘 보좌 높은 곳에 계신 그리스도의 다스림, 그리고 약속된 그분의 재림, 이 각각의 현실은 안정된 혹은 확실한 소망을 제시한다. 종말론은 언제나 윤리를 촉발시킨다. 그리고 소망은 언제나 삶의 길을 가는 독특한 방식을 발생시킨다.

성경적 종말론에는 막연하기만 한 우리의 모든 꿈이 실현되리라는 약속뿐만 아니라 하나님이 모든 선하고 완전한 선물을 주시리라는 보증도 담겨 있다(대개는 필요한지도 몰랐던 선물일 수도 있지만). 우리가 훗날 누릴 최고의 삶에는, 지금 우리의 욕망을 재조정하는 끈덕지고 때로는 고통스러운 과정이 수반된다. 전도서는 이 땅의 모든 선한 것이 다 헛되고 쓸데없다고 (즉, 잠시 행복하지만 덧없이 사라지는 현실이라고) 일깨워 주며, 마찬가지로 아가도 궁극적으로 기쁨은 오직 주님의 임재에서만 찾을 수 있음을 깨달으라고 말한다. 결국 우리의 외침은 신부의 외침과 같을 것이다. "사랑하는 이여, 어서 오소서"(아 8:14, NIV). 알렉산드리아의 오리게네스는 이 표준적 순서가 이 땅의 선에서 찾은 거짓 행복의 길에서 우리를 이끌어 내 하나님의 임재만 사랑하기를 배우는 제자 됨의 과정으로 인도한다고 보았다.[16] 신약에서 바울은 "위의 것에 마음을 두는"(골 3:1, NIV) 법을 배우기에 대해 말하며, "우리가 주목하는 것은 보이는 것이 아니요 보이지 않는 것이니 보이는 것은 잠깐이요 보이지 않는 것은 영원함이라"(고후 4:18)고 말한다. 이 시대가 주는 즐거움과 해 아래 있는 삶의 원리를 본성적으로 사랑하는 사람들은 천국에 마음을 두는 법을 배워야 한다.

천국 소망의 변화는 우리에게 지속적 회개를 요구한다. 우리의 욕망이 제대로 성숙했다고 함부로 짐작하면 안 되기 때문이다. 하나님 나라가 임하고 하나님의 뜻이 하늘에서처럼 이 땅에서도 이뤄지기를 기도한다는 것은 우리의 갈망을 변화시켜 주시기를 하나님께 청하는 것이다. 우리에게는 우리의 문제에 대한 하나님의 해법이 필요하다. 그

---

[16] Origen, "The Prologue to the Commentary on the Song of Songs", in *Origen: An Exhortation to Martyrdom, Prayer, and Selected Works*, trans. Rowan Greer (New York: Paulist, 1979), p. 232.

뿐 아니라 우리의 궁극적 문제가 무엇인지에 대한 인식이 없다는 것이야말로 우리의 가장 뿌리 깊은 문제임을 우리는 알고 있다. 우리에게는 우리가 알고 판단하는 것보다 훨씬 더 많이 그분이 필요하다.

우리 천국 소망의 핵심은 우리가 무엇보다 먼저 하나님을 위해 창조되었다는 점을 기억하라고 거듭거듭 촉구한다.[17] 성경은 특정 질문에 답변하면서 가르치는 내용으로만 우리에게 교훈을 주는 게 아니라, 어떤 질문을 희생하는 대신 다른 질문을 가리키면서 우리의 호기심을 제한하고 방향을 안내하는 식으로도 교훈을 준다. 성경이 새 하늘과 새 땅에서의 하나님의 임재에 초점을 맞춘다는 것 자체가 그곳에 뷔페 식단이나 골프나 그 외 여흥거리가 존재하는지를 논박하지는 않지만, 이는 아무래도 신경 써야 할 것에 더 많이 신경 쓰기를 우리에게 요구한다. 확신컨대 종말론에 관한 많은 의문이 지금은 해결 불가능한 상태지만, 더 중요한 것은 큰 틀에서 볼 때 이 의문들이 다소 요점을 벗어나 있으며 매우 지루하다는 것이다. 이 의문들은 집요하고 (나 자신을 포함해서) 우리는 모두 이에 대해 질문하지만, 역점을 두어 다뤄 볼 가치가 있다고 성경이 방향을 다시 정해 주는 바로 그 질문들은, 우리 모두가 신학적 제자 훈련이나 지적 극기 훈련 과정을 거쳐야 하며 그 과정에서 우리의 사유가 도전받고 의문의 방향이 재조정되고 우리의 욕망이 성화되어 성경이 가르치는 종말론을 통해 하나님이 제시하시는 질서 잡힌 사랑과 좀 더 밀접히 부합될 필요가 있음을 시사한다. 우리는 반드시 알아야 할 것을 기초로 삼는 사람들이다.

---

[17] Allen, *Grounded in Heaven*, 특히 서문과 3-4장; Hans Boersma, *Seeing God: The Beatific Vision in Christian Tradition* (Grand Rapids: Eerdmans, 2018)을 보라.

더 중요한 것은, 우리는 반드시 알아야 할 것이 무엇인지 믿음으로써 식별하도록 복음의 가르침에 따라 빚어져 가고 있다는 것이다.

마이클 앨런에 대한 답변 존 파인버그

마이클 앨런 교수는 천국이 오로지는 아니더라도 주로 이 땅에 생겨나는 것으로 보는 흥미로운 소론을 썼다. 그와 나는 여러 면에서 의견이 아주 다르지만, 몇 가지에서는 일치한다. 이어지는 글에서 나는 비교적 사소한 것 몇 가지를 먼저 다루고, 그다음으로 좀 더 실질적인 문제를 이야기해 보겠다.

먼저, 앨런은 우리가 죽어서 어떻게 되는지를 설명한다. 죽자마자 부활해서 영화롭게 된 몸을 갖게 되는 게 아니라는 점만 제외하면 그의 기본적인 주장에 동의할 수 있다. 앨런은 우리가 죽자마자 그렇게 된다고 말하지는 않지만, 그런 일이 언제 일어나는지, 그리고 그런 일로 귀결되는 사건이나 사건의 단계가 있는지도 말하지 않는다. 그런 일이 언제 일어나는지에 대해 좀 더 자세히 말해 주었더라면 하는 마음이다.

다음으로, 영화롭게 되었을 때 우리가 죄를 지을 수 있는지, 그리고 죄를 지을 것인지에 관해서는 기본적으로 앨런의 답변에 동의한다. 하지만 나는 앨런이 제시하는 것과는 다른 이유에서 우리가 죄를 지을 수 없을 것이라고 믿는다. 더 나아가, 앨런은 무죄한 성도로서 우리의 행동이 자유로울 것인지에 답변하지 않는다. 물론 여기서 핵심은 자유의지를 어떻게 정의할 것인가인데, 신학자들과 철학자들이 활용하는 두 가지 주된 정의가 있다. 우선, **자유의지론자(libertarian)들이 말하는 자유의지**가 있다. 이 견해에 따르면, 행동은 인과관계로 결정되지 않을 때만 자유롭다. 이는 행동이 무작위적이고 원인과 전혀 무관하다는 뜻이 아니다. 그보다 이는 한 사람이 어떤 선택을 할 때 얼마나 많은 원인이 (그리고 그 원인의 본질이) 그 사람의 의지에 작용하는지에 상관없이, 그리고 어떤 선택을 하는지에 상관없이, 그 사람은 언제나 그 선택과는 다른 선택을 하고 행동할 수 있었다는 의미다. 앨런이 만약 자유의지론자들이 말하는 자유의지를 옹호한다면, 그는 영화롭게 된 사람이 자유의지론자들이 말하는 의미에서 자유롭다고 일관성 있게 믿을 수 없을 것이다. 영화롭게 된 본성이 죄짓는 것을 불가능하게 만들기 때문이다.

이와 대조적으로, **양립가능한 자유의지**가 있다. 양립가능주의(compatibilism)는 어떤 행동이 설령 인과관계에 따라 결정된다 해도 원인들이 그 사람이 무언가 자신이 원하지 않는 행동을 하는 것을 제한하지 않는 한 그 행위는 자유롭다고 말한다. 그러므로, 원인들이 행위자로 하여금 그가 원하는 행동을 하게 만드는 데 성공한다면, 그 사람의 행위는 인과관계에 따라 결정되되 (양립가능주의적으로) 자유롭다. 왜냐하면 그 사람은 자기가 원하는 행동을 했기 때문이다. 반대로, 원인들이 행위자를 밀어붙여서 하고 싶지 않은 행동을 하게 만든다면, 그 사람은 자유롭지 않게 행동하는 것이다(양립가능주의적 의미에서). 하고 싶은 것이 무엇인지에 관해 원인들이 행위자의 마음을 바꾸는 데 성공한다면, 그리고 이어서 그 사람이 자기가 하고 싶은 행동을 한다면, 비록 이 역시 인과관계에 따라 결정된 것이기는 해도 이 사람의 선택은 양립가능론적으로 자유롭다.

양립가능한 자유는 영화롭게 된 사람의 자유와 어떻게 연관되는가? 영화롭게 된 사람의 새로운 본성이 이 사람을 설득해 선은 행하고 악은 행하지 않게 만드는가? 선은 행하고 악은 행하지 않기를 원한다고 판단했으므로, 이 사람은 선을 행할 것이되 자유롭게 행할 것이다(양립가능주의적인 자유의 의미상).

바라기는, 자유의지론자와 양립가능주의적 자유의지는 서로 충돌한다는 것을 독자들이 알았으면 한다. 그러므로, 둘 다 참일 수 없다. 자유의지론자의 자유의지를 전제로 하면, 영화롭게 된 신자는 자유롭지 않다. 인과관계 상황이 (이 사람 자신의 영화롭게 된 본성을 포함해서) 이 사람이 죄짓는 것을 가로막겠지만, 자유의지론적 자유의 두드러진 특징은 사람이 무엇을 행하든 관계없이 항상 달리 행할 수도 있었다는 것이기 때문이다. 영화롭게 된 본성은 죄를 짓지 못하고 짓지도 않을 테지만, 사람은 자유의지론적 자유로써 자신의 현재 행동 아닌 다른 행동을 할 수 있기에, 이는 곧 영화롭게 된 사람은 자유의지론적 의미에서 자유로울 수 없다는 뜻이다.

나는 양립가능주의를 지지한다. 앨런은 자신이 무엇을 지지하는지 말해 주지 않는다. 자유에 대해 어떤 개념을 지녔는지 논하지 않는 것이 그의 입장에 치명적 영향을 끼치지는 않지만, 영화롭게 된 신자들이 자유롭다고 생각하는지에 대해서는 불분명하다.

또한 앨런은 성경에서 의인이 하나님을 보리라고 한 말이 무슨 의미인지를 다룬다. 우리가 보게 될 물리적인 것 혹은 물리적 존재는 그리스도라고 생각하는 그의 견해가 아마 맞을 것이라고 생각한다. 그리스도는 우리가 하나님을 볼 때 보게 될 **주된** 물리적 존재임이 확실하다. 하지만 앨런은 하나님을 보라는 그 구절에 그 이상의 어떤 의미가 담겨 있을 수 있다고 생각하지 않는 것 같다. 성부 하나님과 성령 하나님은 순전한 영이시고, 그래서 눈에 보이지 않지만, 이분들은 물리적인 방식으로 자신의 존재를 알리실 수 있다. 예수가 세례받을 때, 그 자리에 있던 이들은 예수는 하나님이 사랑하시는 아들이요 하나님이 그를 기뻐하신다는 진짜 목소리를 들었다. 성부에게는 실제 후두가 없고 그밖에 육체적인 것을 신적 본질의 일부로서 가지고 있지 않지만, 세례식 현장에 있던 이들은 물리적 음파(音波)를 들었다.

이집트에서 빠져나온 후 광야를 지날 때 이스라엘을 인도하던 밤의 불기둥과 낮의 구름기둥에 관해서도 비슷하게 말할 수 있다. 내 말의 요점이 무엇인가? 앨런은 영화롭게 된 신자들이 그리스도만을 보게 될 것이라고 제한한다. 그 말이 맞을지도 모른다. 하지만 마음이 청결한 사람은 성부 하나님과 성령을 보게 되리라는 말도 맞을 수 있다. 어떻게? 하나님이 자신의 임재를 **물질적**으로 나타내심으로써, 영화롭게 된 신자들은 하나님을 '볼' 수 있게 될 것이다. 물론 그분의 비물질적인 신적 본질은 '볼' 수 없을 테지만 말이다.

다시 말하지만 내 주장은 앨런이 자신의 소론에서 하는 말을 망쳐 놓지 않는다. 다만, 어떤 식으로 하나님을 보게 되느냐는 문제에서 앨런의 대답은 그가 제시하는 것 이상의 미묘한 뉘앙스를 풍긴다는 뜻일 뿐이다.

좀 더 중요한 쟁점으로 돌아가서, 나의 큰 관심사 한 가지는 앨런이 어떤 근거에서 천국이 이 땅에서만 있을 수 있다고 보느냐는 것이다. 앨런이 성경을 많이 인용하지는 않지만, 그의 글은 대부분 요한계시록 21-22장에 의지하고 있는 게 분명하다. 나는 요한계시록 21-22장이 상당 부분 하나님이 새 하늘과 새 땅을 만드실 때 어떤 일이 일어날 것인지에 초점을 맞추고 있음을 인정한다. 그러나 내가 생각하기에 요한계시록 21-22장이 새 땅과 관련된 듯한 표현으로 말한다는 이유만으로 천국이 땅에서만 발생할 것이라 생각하는 것은 착각이다. 그 이유를 설명해 보겠다.

첫째, 요한계시록 21-22장이 새 하늘과 새 땅에 대해 별말을 하지 않는 것은 사실이지만, 요한은 옛 하늘과 옛 땅은 없어졌고 하나님이 새 하늘과 새 땅 모두를 창조하시리라고 말한다(1절). 더 나아가, 새 예루살렘은 "하나님께로부터 하늘에서"(2절) 임한다. 3절에서 요한은 하나님의 보좌에서 큰 목소리가 "하나님의 장막이 사람들과 함께 있으매 하나님이 그들과 함께 계시리니"라고 말하는 소리를 들었다고 말한다. 그 목소리는 새 땅과 새 예루살렘에서 들려오는 소리일 수도 있고, 혹은 하늘 보좌에 앉아 계신 하나님에게서 오는 소리일 수도 있다. 그 목소리가 새 하늘에서 들리는 소리인지 새 땅에서 들리는 소리인지 확실히 말할 수 있는 증거는 충분하지 않지만, 그 목소리가 새 하늘에서 들리는 소리일 가능성을 배제할 이유는 전혀 없다.

요한계시록 21-22장에 관해 방금 내가 한 말을 감안할 때, 내 말의 요점은 무엇인가? 요한계시록 21-22장은 주로 새 땅에서 어떤 일이 일어나는지에 관해, 그리고 새 예루살렘에 관해 말하지만, 요한계시록

21장의 처음 몇 절은 새 하늘의 존재에 관해 말한다. 이 두 장은 새 땅에서 삶이 계속되는 동안 새 하늘에서 일어나는 일에 관해 많은 말이 없지만, 이 두 장 어디를 봐도 신자들이 새 하늘에 들어가기가 불가능하다고 할 만한 내용은 전혀 없다. 즉, 요한계시록 21장과 22장에서 볼 때, 경건한 사람들의 최종 상태에 새 하늘은 없을 거라는 말도 성경의 침묵을 바탕으로 한 논증이고, 이 두 장만을 근거로 경건한 사람들의 최종 상태에 새 하늘에 들어가는 것이 포함되리라는 말도 침묵을 바탕으로 한 논증이다.

요한계시록 21-22장만을 근거로 신자들이 영원 세상에서 새 하늘에 들어가게 될 거라는 개념을 지지하는 사람들에게는 이것이 정말 골치 아픈 문제일 것이다. 하지만 내 말은 요한계시록 21-22장이 하늘(새 하늘을 포함해서)에서 경건한 사람들을 보게 되리라는 유일한 근거 구절이라는 말이 아니다. 이 장들은 새 하늘과 새 땅을 창조하시는 하나님에 대해 언급한다. 신자들이 새 하늘에 들어갈 수 없다면 요한이 이 말을 하는 타당한 이유가 무엇인가? 따지고 보면, 누가 새 하늘에 거하게 되는가? 만대의 성도가 아니라면, 천사들이 아니라면(새 하늘과 새 땅이 만들어지면 천사들이 어디에 있을지 성경은 아무 말이 없다), 그리고 **하나님이 새 땅에만 거하신다면**(계 21-22장은 하나님이 새 땅에 거하신다고 분명히 말하지만, 하나님이 새 하늘에 들어가지 않으시리라고 말하는 내용은 전혀 없다), 도대체 누가 새 하늘에 거한다는 말인가? 누가 새 하늘에 다가가기는 할까? 아무도 새 하늘에 살거나 다가가지 않는다면, 새 하늘을 창조할 이유가 무엇이며, 그렇게 간략하게나마 새 하늘은 왜 언급하는가?(계 21:1-3) 요한계시록 21장과 22장이 새 하늘에 대해 좀 더 많이 말해 주었더라면 하는 것이 우리 모두의 마음일 테지만, 내 소론에서 말했다시피 요한계시록의 이 두 장만이 신자들이 하늘에 들어가 거하게 되며 동시에 새 땅에도 들어가 거하게 될 것을 지지하는 유일한 말씀이 아니다.

그래서, 경건한 사람들에게 천국이란 새 땅에서 사는 것이라고 어떻게 (앨런처럼 그렇게) 확신 있게 말할 수 있는지, 요한계시록 21-22장을 읽어 보아도 나는 잘 모르겠다. 그리고 이와 같은 견해에는 또 다른 문제점도 있다. 요한계시록 21-22장은 20장의 사건들 후 어떤 일이 일어날지를 알려 준다. 20:11-15은 크고 흰 보좌의 심판을 우리에게 보여 준다. 20:1-10은 몇 가지 일들을 드러내 보여 준다. 1-3절은 사탄이 천 년 동안 결박되리라고 가르친다. 4절은 만대의 경건한 이들이 그리스도와 함께 나라를 다스리는 광경을 보여 준다. 하지만 4절은 이 절에서 하나하나 거명되는 경건한 죽은 자들이 "살아서 그리스도와 더불어 천 년 동안 왕 노릇" 하리라고 분명히 말한다. 나머지 죽은 자들(불경건한 죽은 자들)은 천 년이 찰 때까지 살아나지 못한다(5절). 11-15절은 이들이 살아났을 때 크고 흰 보좌 심판대 앞에 서게 된다고 가르친다.

내가 요한계시록 20:1-4을 언급하는 이유가 무엇인가? 앨런이 만대의 경건한 죽은 자들이 새 땅에서 산다고 제시하기 때문이다(계 21-22장). 그리고 요한계시록 21:1-3은 천 년이 **지나고 나서야** 하나님이 새 하늘과 땅을 창조하신다고 분명히 알려 준다. 그런데 천국을 **새 땅에 있는 것만으로** 이해한다면 어떻게 신자들이 부활해서 그리스도와 함께 **옛** 땅을 천 년 동안 다스릴 수 있는가?(계 20:4) 이때는 하나님이 옛 하늘과 땅을 멸하시고 새 하늘과 땅을 만드시기도 전인데 말이다. 그리고 천국을 천년왕국 및 옛 하늘과 땅의 멸망 후 새 땅을 가리키는 **것으로만** 보는 앨런의 견해가 옳다면, 경건한 죽은 자들은 그리스도와 함께 다스리는 천년왕국 전에는 어디에 있는가?

이렇게 해서, 신자들의 궁극적 운명이 새 땅에만 있다는 앨런의 견해가 옳다고 해도, 이는 영원 상태 전 만대의 죽은 신자들에게 무슨 일이 일어나느냐에 대한 설명으로는 여전히 불충분하다. 내 소론에서 나는 중간 상태 동안에 죽은 신자들의 비물질적 부분은 현재의 하늘에 있고 휴거 후 천년왕국 전에는 영화롭게 된 몸으로 현재의 하늘에서 하나님과 함께 있으면서 현재의 땅에서 천 년 동안 그리스도와 함께 다스리게 될 때를 기다리고 있다는 것을 보여 주는 여러 성경 구절을 인용했다. 천년왕국 전과 천년왕국 동안 죽은 신자들에 관해 내가 하는 말이 맞다면, 인간 역사 상당 기간에 걸쳐 신자들(즉, 신자들의 비물질적 부분)은 틀림없이 현재의 하늘에 들어가 거기서 주님과 함께 살고 있을 것이다.

죽은 신자들이 영원 상태 전에 현재의 하늘에서 주님과 함께 살 수 있다면, 하나님이 새 하늘을 창조하시자마자 거기 들어가 하나님과 함께 살지 못할 이유가 무엇인가? 요한계시록 21-22장이 이 일에 관해 별말이 없기는 하지만, 앞에서 말했다시피 이 두 장은 신자들이 새 하늘에 들어가지 않거나 들어갈 수 없다고 말하지 않는다. 이는 이 장들이 만대의 경건한 자들이 새 땅에**만** 들어가 살 것이라고 말하지 않는 것과 마찬가지다. 그래서 나는 신자들의 궁극적 상태에 관해 앨런이 그리는 그림에는 일리가 있지만, 이 그림이 그 전체 이야기를 성경이 그리는 대로 말해 주지 않는다고 생각한다.

다음으로, 앨런이 영원 상태에서의 결혼을 다룬 것에 대해 한마디 해야겠다. 앨런은 결혼이 폐지되는 게 아니라 교회가 어린양과 결혼함으로써 완성되며, 그리하여 그리스도와 그 신부의 종말론적 연합이 일어날 것이라고 말한다. 설득력 있게 들리기는 하지만, 이 같은 주장은 결혼을 완전히 영적인 것으로 만들어 버리는 경향이 있다. 본래 몸을 가지고 이 땅에서 하는 결혼에 대해 말할 때, 우리는 결혼을 이렇게 영적으로 해석하는 식으로 이해하지는 않는다(결혼에 대한 이런 이해는 불신자들이 납득하지 못할 것이다).

그런데 영원 세상에서의 결혼에 대해 말할 때 앨런은 왜 결혼에 그렇게 영적 의미를 부여해야 했을까?(그리고 문자적 의미는 전혀 취하지 않았을까) 영화롭게 된 몸은 자녀를 생산할 수 없다고만 말하고 예표론에 의지해서 결혼에 어떤 일이 발생할지 설명하는 방식은 깨끗이 무시했다면 어땠을까? 내세에서 사람들이 결혼을 하지 않는 것은 예표론 때문이 아닐 것이다. 그보다, 우리가 지금 알고 있는 그런 결혼이 불가능한 것은, 우리가 영화롭게 되어 우리의 상태가 존재론적으로 달라졌기 때문이다.

이어서 앨런은 성경과 정말 일치하지 않는 몇 가지 주장을 한다. 예를 들어, 앨런은 "성경은 결코 육체가 없는 인간 실존에 대해 말하지 않는다"(p. 205)고 말한다.

정말로 그런가? 그렇다면 이생을 떠나서 그리스도와 함께 있고 싶다는 바울의 소원은 어떻게 이해해야 하는가? 바울은 장차 있을 몸의 부활을 누구보다도 확신 있게 가르치는 사람이다(예. 살전 4:13-18).

또한 자신과 함께 낙원에 있게 되리라고 그리스도가 회개한 죄수에게 하신 약속은 어떻게 되는가? 이들의 몸은 낙원이 아니라 무덤에 있게 될 텐데 말이다! 육체적 죽음 때 몸이 여전히 비물질적 부분과 함께 있다면, 이러한 표현은 말이 되지 않는다. 우리 몸이 부활하기 전 육체가 없는 상태의 인간 실존의 증거에 대해서는 내 소론을 참고하라.

앨런 교수는 내가 이야기한 성경의 이런 상세한 내용을 분명 알고 있을 텐데 왜 이를 무시하는 것일까? 자신의 내세관에 대해 성경의 지지를 받으려는 기대였다면 그렇게 할 수밖에 없을 듯하다. 하지만 신학자나 석의학자의 입장이 성경의 세부 내용과 일치하지 않아서 어떤 지점에서 아주 중대한 변칙이 너무 많이 발생할 경우, 올바른 행동 경로는 그 이론을 버리는 것이지 성경의 세부 내용을 그 사상가의 견해에 맞게 재해석하는 게 아니다.

마이클 앨런에 대한 답변 리처드 미들턴

기독교 종말론에 관해 우리의 주의를 환기시키는 명료하고 아름다운 글을 써 준 마이크 앨런에게 감사를 표한다. 하나님의 영광, 그리스도인의 삶의 본질적 목표인 하나님과의 교제, 그리고 우리 궁극적 운명의 육체적이고 지상적 본질을 강조하는 자신의 종말론을 하나하나 또렷이 그려 보여 주는 앨런의 소론에는 유용한 내용이 많다. 현재에서 미래를 살아 냄으로써 우리의 종말론이 성실한 제자의 길로 향하게 하는 자극이 되어야 할 필요성을 잘 밝혀 준 것에 대해서도 박수를 보낸다. 우리 구속의 궁극적 상태에 관해 너무 많이 안다고 주장하지 말아야 할 인식론적 겸손과 절제의 필요성을 여러 번 일깨워 준 것도 인상적이었다. 앨런의 글에서 볼 수 있는 이 모든 강조점을 전적으로 지지한다.

그래서 나는 마이크 앨런을 성경을 올바로 이해하기 위한 신학적 여정의 성실한 길동무이자 그리스도 안에서의 훌륭한 형제로 받아들이며, 비록 몇 가지 쟁점에서는 의견이 갈리더라도 그의 관점을 존중한다.

내 소론과 앨런의 소론 사이에는 좀 더 탐구해 보고 싶은 두 주요 불일치점이 있는 것 같다. 이 쟁점들을 탐구하는 목적은 앨런의 견해를 '바로잡아' 주려는 것이 아니라 내 관점(앨런이 본서 및 전작에서 비판했던)을 좀 더 명확히 하고 앨런도 자신이 분명히 의견을 밝힌 부분에 질문을 던져 보기를 촉구하기 위해서다.[1]

내가 보기에 두 주요 불일치점은 (죽음과 부활 사이에 있는 그리스도인의 소망으로서의) 중간 상태의 중요성과 그에 대한 성경의 증거 및 종말의 평범한 문화 활동의 한 대안으로 여겨지는 '지복직관'의 수위성(首位性)에 대한 것이다(그가 이 주제를 다루는 항목이 상당히 길기 때문에 '중요성'과 '수위성'이라는 말을 썼다). 두 가지 불일치점 모두의 근간이 되는 것은, 우리의 현재 삶(하나님에게 성실하게 살 경우 종말을 기대하게 되는)과 미래의 소망[현재 삶의 완성이자 **목적인**(*telos*)] 사이의 연속성과 불연속성 문제다.[2]

---

[1] 앨런은 자신의 책 *Grounded in Heaven*에서 내 입장을 (N. T. 라이트의 견해와 더불어) 상당히 자세하게 비판했다. 여기서 그 비판에 답할 때 나는 앨런의 이 기고문에 초점을 맞출 것이며 그 전 책에서 비판한 내용은 접어 두겠다. 그 책에 관해서는, 앨런이 말하는 내 입장의 특징을 나는 잘 모르겠다고 말하는 것으로 충분하다(N. T. 라이트도 내게 똑같은 말을 했다). 그 문제에 대해서는 나중에 달리 논의할 수 있을 것이다.

[2] 여기서 언급해 둘 만한 또 한 가지 사항은, 내 책 『새 하늘과 새 땅』의 부록에서 종말론의 역사를 다루었는데, 여기에 나타난 내 입장을 앨런이 잘못 이해하고 있다는 것이다. 앨런의 말에 따르면, 내가 "(휴거 신학과 더불어) 현대 세대주의를 어쨌든 지난 수 세기 동안 그리스도인의 고전적 소망을 대표하는 것"으로 잘못 다룬다고 하면서, 이 부록을 가리켜 내가 "유심론적 소망의 전거를 세대주의에서 가져오는" 증거 자료라고 언급한다. 여기서 나는, 세대주의를 역사상 교회의 종말론의 전형으로, 혹은 교회의 종말론에서 천국을 강조하게 된 원인으로 보는 것은 불합리하다는 앨런의 의견에 동의한다. 나는 세대주의를 역사상 교회의 종말론의 전형으로 보아야 한다고 한 적도, 혹은 세대주의를 교회의 종말론에서 천국을 강조하게 된 원인으로 보아야 한다고 한 적도 없다. 실제로, 30쪽에 이르는 부록에서 세대주의에 할애된 것은 겨우 3쪽뿐이며, 그에 앞서 17쪽에 걸쳐 세대주의가 등장하기 전 교회사 전체의 종말론을 분석했다(나머지 부분에서는 종말론의 새로운 전개를 중점적으로 다루었다). 여기서는, 현대 저자가 바로 몇 년 전에 영어로 쓴 글을 그렇게 쉽게 오독할 수 있다면, 다른 문화 환경에서 히브리어와 그리스어로 쓴 고대 문서를 전근대(前近代)의 신학 전제를 가지고 해석하기는 얼마나 더 어렵겠느냐고만 말해 두겠다. 이는 성경 해석자들이 대안적 해석에 이의를 제기할 필요성이 있다 해도 너그러운 마음으로 그렇게 해야 한다는 것을 시사한다.

중간 상태

먼저 중간 상태를 생각해 보자. 앨런은 최근 중간 상태 같은 것은 존재하지 않는다고 하는 사람들(나도 그런 사람 중 하나다)에게 불편함을 드러내는 말로 중간 상태를 변론하는 글을 시작한다. "물질[즉, 몸]이 필수적이라고 판단하는 게 아닌 한 그런 둘러대기를 유발하는 충동이 무엇인지 파악하기 어렵다"(p. 204)라고 앨런은 말한다. 그의 말에도 일리는 있다. 하지만 물질에 대해 이런 식으로 말하는 것은 다소 아둔한, 심지어 환원주의적인 방식이다. 우리가 중요하다고 생각하는 것은 인간 생명의 ('물질적인' 본질이 아니라) 전체론적인, 아주 원만한 본질이기 때문이다. 나는 실체 이원론자(substance dualist)는 아니지만, 인간은 한낱 물질이나 육체가 아니라 그 이상이라고 확신한다. 하지만 인간을 물질적 부분과 비물질적 부분으로 나누는 것은 너무 인위적이라고도 생각한다. 인간은 복잡하고 다차원적인 피조물로서, 이 여러 차원은 몸에 근거를 두고 있지만 몸으로 환원되지는 않는다. 나는 육체 없는 '혼'이나 '마음'은, 설령 그런 상태로 존재할 수 있다 해도 완전한 인격체라고는 전혀 생각하지 않는다.[3]

앨런은 계속해서 사람을 그리스식으로 보는 방식과 히브리식으로 보는 방식에 대해 제임스 던이 한 말을 인용한다. 하지만 나는 영혼이 인격체의 한 측면이라고 명확하게 말하는 던의 방식이 성경 특유

---

3   내가 추측하기에 이 문제에 관해 모호한 태도를 보이는 것은 정작 앨런 자신이다. 중간 상태에 관해 논의하기에 앞서 앨런은 구원이란 지성이나 '영혼'을 본질적 인격으로 추출하기 위해 사람을 "여과기를 통해 빨아들"이는 것이 아니라고 단언한다(p. 189). 그런데 앨런은 중간 상태가 바로 그렇게 구성된다고 생각하는 것으로 보인다.

의 방식이라고 생각하지 않는다. 나는 '영혼'을 인격체에서 분리할 수 있는 부분(명시적으로 말하지는 않지만 앨런의 입장이 바로 이 경우인 듯하다)으로 보지도, 인격체의 한 '측면'이나 '차원'으로 보지도 않는다(던은 그렇게 말하는 것 같지만). 이 책의 내 소론 부분에서 설명했다시피, 구약이나 바울서신에서 '영혼'은 육체를 지닌 완전한 유기체다.⁴ 이 점에 관해 석의학자들 사이에는 사실상 어떤 의미 있는 의견 불일치가 없다. 물론 인격체를 구성하는 분리 가능한 부분 개념이 필요하며 이 부분을 '영혼'이라 불러야 한다고(전통 기독교 사상에서 그러하듯) 이의를 제기하는 이들이 있을지도 모르지만, 이는 성경 해석의 문제라기보다 형이상학적 필요에 관한 논의다.

어느 지점에서 앨런은 몸-영혼 이원론 문제는 접어 두고 중간 상태 자체에만 초점을 맞추겠다고 말한다. 앨런은 "신약은 중간 상태의 본질에 관해 반복해서 말하거나 상세히 다루지 않는다"(p. 206)라고 인정하는데, 확실히 이는 사실이다. 하지만 신약이 "그런 상태가 어떤 형식으로든…존재한다고 확언하기를 촉구한다"(p. 206)라고 앨런이 계속해서 하는 말에는 이의를 제기해야겠다. 사실 내가 중간 상태에 관해 불가지론적 태도를 취하는 주된 이유는, 바로 성경이 이를 주해적으로 지지하지 않기 때문이다.⁵

---

4 다른 신약학자들에게는 이것이 다소 특이하게 여겨질 수도 있다. 나는 이들 모두가 '프쉬케'(*psyche*, "영혼")의 의미를 바울식으로 이해하고 활용한다고는 생각하지 않는다.
5 주해적으로 지지하는 구절이 없을 뿐만 아니라, 교회의 보편적 신조에도 중간 상태의 부재가 두드러진다. 따라서 앨런이 각주에서 이렇게 말하는 것은 기이하다. "성경적 종말론을 교리로 확언하는 일이, 중간 상태에서 주님의 임재를 기대하는 것과 장기적으로 부활 생명의 더 큰 영광 사이에서 선택하기를 강요당하는 것이어서는 안 된다"(p. 208). 하지만 사도신경에도, 니케아 신조에도, 아타나시우스 신조에도 중간 상태에 대한 언급은 전혀 없다.

『새 하늘과 새 땅』에서 나는 중간 상태를 가리킨다고 일반적으로 인용되는 여섯 성경 본문을 분석한 뒤 이 중 어느 구절도 중간 상태를 명확히 가르치지 않음을 증명했다.[6] 나는 존 파인버그에게 주는 답변에서 이 본문 몇 군데(파인버그 본인이 자신의 소론에서 언급한)를 다루었다. 지면 관계상 그 주해 내용을 여기서 반복하지는 않겠다. 나는 중간 상태에 대한 믿음을 존중하기는 하지만(그리고 그런 믿음을 가진 사람들을 굳이 바로잡아 주려 애쓰지도 않겠지만), 파인버그에게 주는 대답에서 내가 말한 내용을 (그리고 내 저서에서 좀 더 길게 분석한 내용을) 점검해 보기를 독자들에게 권한다. 하지만 앨런이 누가복음 23장에서 예수가 십자가에서 행악자와 나눈 대화를 언급하므로, 나도 여기서 파인버그에게 준 답변의 요지를 간단히 이야기해 보겠다. 신약에서 '낙원'은 비물질적 '하늘'과 같은 뜻이 아니다.

지복직관

앨런과 나 사이의 두 번째 주요 불일치점은 종말론에 적용되는 '지복직관'의 탁월성, 그리고 특히 그 신학적 의미 문제다.

나는 하나님의 영광을 보는 것이 성경(특히 구약)의 두드러진 주제임은 인정하지만, 마치 이 주제가 명확하게 규정된 핵심 개념이기라도 한 양 '지복직관' 교리로 구체화되는 것은 반대한다. 구약학자로서 나는 이 주제의 복잡성을 잘 알고 있다. 하나님은 인간의 눈에 보이

---

[6] Middleton, *New Heaven and a New Earth*, pp. 227-237.

지 않고 보이실 수도 없으며 하나님을 보고는 누구도 살아남을 수 없다고 말하는 성경 본문들이 있다. 반면에 사람들이 하나님을 볼 뿐만 아니라 하나님을 보고도 죽지 않았다고 사람들이 놀라워했다고 말하는 구절들도 있다. 그러므로 하나님의 불가시성에 대한 제2성전 후기와 신약의 주장으로 건너뛰어, 이 주장들로 그 전의 모든 성경 계시를 무색하게 만드는 것은 적절치 않다. 나는 성경의 진리를 온전한 규범으로 보는 시각에 관심 있다.

더 중요한 것은, 나는 지복직관을 하나님에게 드리는 예배 및 하나님과의 교제로 해석하면 우리의 사회문화적 활동을 포함해 인간으로서의 평범한 삶이 배제된다는 생각에 동의하지 않는다. 그래서 나는 "마음이 청결한 자는 복이 있나니 그들이 하나님을 볼 것"(마 5:8)이라는 예수의 말을 수긍하는 한편, 그보다 앞서 "온유한 자는 복이 있나니 그들이 땅을 기업으로 받을 것"(마 5:5)이라고 하신 말씀을 소홀히 할 수 없다.[7] 앨런은 첫 번째 복은 인용하면서 두 번째 복은 생략한다. 물론 앨런은 땅에서 이뤄지는 종말의 현실을 인정하고, 그렇게 해서 두 번째 복을 암시적으로 시인한다. 하지만 "땅을 기업으로 받는다"는 말에 담긴 깊은 의미(창 1장의 문화 명령을 기반으로 해서 구약 시대와 제2성전기 유대교 전체에 걸쳐 축적된)를 무시한 채 이를 지상에서 이뤄질 미래를 단순히 긍정하는 말로 받아들인다면 이는 예수의 의도를 무력하게 만드는 것이다.

---

[7] 이 두 가지 복 사이의 필연적 상관관계에 관해서는, David A. Miller, "A Holistic Eschatology? Negotiating the Beatific Vision and the New Earth in Recent Theology", *Canadian-American Theological Review* 8.1 (2019): pp. 35-54를 보라.

물론, 종말론적 미래는 현재 우리의 삶과는 상당히 다를 것이다. 그리고 우리는 이 차이에 대해 명확한 그림을 가지고 있지 않기에 미래에 관해 지나친 확실성을 주장하기를 삼가야 한다. 하지만 이는 쌍방적이어야 한다. 문화생활이 지속되리라는(부활이라는 정황에 맞게 적절히 변형되어서) 내 생각에 이런 자세가 적용된다면, 우리의 문화생활이 두드러지지 않으리라는(어쩌면 빛을 잃으리라는) 앨런의 생각에도 적용되어야 할 것이다.

종말을 이렇게 이해해야 한다고 앨런이 제시하는 주된 이유 한 가지는, 요한계시록에서 예배가 두드러지기 때문이라는 것이다. 구속받은 성도들이 하나님을 찬양하는 모습으로 그려진다는 점, 그리고 거문고(harp)가 예배의 요소로 언급된다는 점에는 나도 동의한다(앨런은 두 번째 사항의 근거로 계 5:8; 14:2; 15:2을 인용한다). 하지만 요한계시록이 묘사하는 대부분 예배는 명확히 인간이 아니라 다양한 비인간 존재들이 드린다는 점을 주목하는 게 중요하다. 요한계시록에 묘사된 예배를 간략한 일람표로 만든다면 나는 네 생물(4:8), 24장로(11:16-19), 장로들과 함께 있는 네 생물(4:9-11; 5:8-10, 14; 19:4), 천사들(5:11-12), 네 생물과 장로들과 천사들(7:11-12), 하늘과 땅의 모든 피조물(5:13), 구속받은 인간(7:9; 15:2-4)이 예배자들에 포함된다는 점에 주목할 것이다. 예배자들의 정체가 구체적으로 명시되지 않을 때도 있다(19:1-3, 6-8).

더 나아가, 요한계시록 5장에서 네 생물(인간이 아닌)과 24장로(해석하기에 따라 인간일 수도 있는)가 하나님과 어린양을 찬양한다는 언급은 문화 명령을 이행하는 이들의 모습을 그리고 있으며, 출애굽기 19:6의 표현을 사용해 제사장으로 땅을 다스리는 섬김의 일을 하도록 그리스도가 신자들을 구속하셨다고 주장한다(계 5:10). 그리고 구속받은 이들은 문화적·언어적 다양성의 관점에서 묘사된다. "각 족속과 방언과 백성과 나라 가운데에서"(계 5:9).

 요한계시록에서 인간의 예배를 지나치게 읽어 내는 문제 외에도, 성경의 특정 책(특히 비유적이고 상징적인 표현이 지배적인 책)의 가르침으로 종말에 대한 우리의 시각을 그렇게 융통성 없이 결정하는 것도 적절치 못하다. 나는 종말에 대한 앨런의 "한 가지 근본 수칙", 즉 특정 책의 가르침이 "선지자들과 사도들의 좀 더 폭넓은 가르침과 따로 작용하게 해서는 안 된다"(p. 199)는 것에 전적으로 동의한다. 그렇다면 요한계시록을 접하지 않았다고 가정하면 종말을 보는 우리의 관점이 달라질까? 나는 (좁은 의미의) 예배와 순종하는 전인적 삶과의 관계를 성경 이야기의 전체 흐름과 맥락을 통해 보여 주고자 했다. 즉, 앨런의 요한계시록 이해는 종말에서 '문화'의 역할에 관해 말을 삼가게 만든 반면, 나는 이 땅에서의 활동에 초점을 맞추고 우리의 평범한 피조성(被造性)을 수긍하는 그 외 성경을 바탕으로 미지의 일들을 추정하는 편을 더 좋아한다.

 앨런도 나도 오로지 성경 해석에만 의존하지 않는 것은 틀림없다. 우리의 주해 작업은 각자의 신학 전제에 영향을 받는다. 앨런의 주해 작업은 하나님과의 교제를 신학적으로 가치 있게 여기는 태도(다소 맥락을 벗어난 방식으로 해석된)가 바탕이 되고, 나의 주해 작업은 땅에서의 평범한 삶을 매개로 하나님의 임재를 이해하는 방식(따라서 본질적으로 영적인)으로 이뤄진다.

하나님의 영광스러운 다스림과 인간 행위자

앨런의 글에서 감지되는 어떤 신학적 가정에 관해 이쯤에서 한마디 해도 될 듯하다. 특히 그 가정들이 이원체(binary)에 대해 불필요한 반대 의견을 구체적으로 표현하고 있으니 말이다. 나는 모든 이원체를 다 쓸모없다고 생각하지는 않는다. 창조주와 피조물, 선과 악, 하늘과 땅 등을 구별하는 것은 전적으로 타당하다. 하지만 그런 구별을 비성경적 유의(valences)로 확대 해석하지 않도록 주의할 필요가 있다.

그래서 앨런이 인간의 '소명적 다스림'(vocational rule)은 하나님의 (그리고 그리스도의) 다스림에 종속된다고 주장하면서 종말에 있을 인간의 문화 활동을 수긍하기를 주저할 때, 나는 단순히 주해적 결정뿐만 아니라 하나님의 주권에 대한 개념적 헌신을 감지한다. 훌륭하고 바람직하다. 나도 하나님의 주권을 수긍하고 지지한다. 하지만 웨슬리 교파로서(개혁주의 진영의 영향을 받기는 했지만) 나는 하나님의 행위와 (의롭고 순종적인) 인간의 행위 사이에 그 어떤 본원적인 경쟁이 있다고 보지 않는다. 그래서 **그리스도**가 "세세토록 왕 노릇 하시리로다"라고 말하는 요한계시록 11:15을 앨런이 인용할 때 내가 주목하는 것은, 요한계시록 기자는 이 구절이 뒤에 나오는 자신의 말, 즉 **구속받은 사람**들이 "세세토록 왕 노릇 하리로다"(계 22:5)라는 구절을 무효화한다고 생각하지 않았다는 것이다. 구속은 '이마고 데이'를 회복시킨다.[8]

마찬가지로, 우리가 하나님에게 영광 돌리는 일을 강조하기 위해

---

8 하나님의 형상이란 단순히 예수를 주님으로 예배하는 것이 아니라 그 이상에 이른다. 여기에는 땅에서 우리가 다스리고 우리 주님을 대표한다는 함축적 의미가 담겨 있다.

왜 인간의 문화적 성취의 중요성을 깎아내려야 하는지 나는 잘 모르겠다. 물론 하나님은 우리가 말로 드리는 찬양을 통해 영광을 받으신다. 그러나 좀 더 근본적인 의미에서, 하나님은 우리가 육체를 가지고 충만한 삶을 삶으로써 하나님의 표준적 목적을 구현하는 것으로 영광 받으신다. 후자를 인정하고 지지하는 것이 전자와 모순되거나 전자의 의미를 깎아내리는 행동은 아니다. 그런 목적을 위해 우리가 어떤 선험적 가정을 가지고 출발하지 않는 한 말이다.

물론 이 가정(또는 이와 비슷한 어떤 것)이 앨런의 종말론적 이상의 근간을 이룬다고 하는 내 생각이 틀렸을 수도 있다. 그래서 나는 지금까지 내가 한 말을 그저 묵상과 성찰을 위한 하나의 제언으로만 제시한다. 그리하여 우리 두 사람 모두 하나님의 백성이 지금 여기에서도 장래의 나라를 삶으로 살아 낼 수 있도록 힘을 북돋아 줄 충실하고도 성경적인 종말의 이상을 향해 나아가기를 힘쓸 수 있기를 바란다.

마이클 앨런에 대한 답변 피터 크리프트

앨런 박사의 소론에 전체적으로 감명을 받았다. 기고자들에게 주어진 질문 하나하나에 가장 완벽히 답변했을 뿐만 아니라 세부 내용까지 많이 다룬 점도 인상적이었다. 예를 들어, 내 생각에 앨런 박사는 하나님 및 복된 자들이 저주라는 신적 공의를 기뻐하는 광경을 묘사하는 다양한 성경 구절들을 감탄할 만큼 조심스럽게 다루었다. 앨런은 우리가 그런 문제들을 다룰 때 가장 잊기 쉬운 것을 일깨워 주었다. 즉, 우리가 무엇보다 먼저 물어야 할 것은 우리 자신의 의문(하나님이 욥에게 말씀하셨을 때 욥이 깨달은 교훈이 바로 이것이다)이라는 것이다. 그리고 그는 질문하는 쪽은 우리이고 하나님은 그 질문에 답변해야 하는 분이라고 하는, 자연스럽지만 잘못된 전제 또한 깨우쳐 주었다(하나님이 욥에게 답변보다는 질문으로 대답하셨을 때 욥도 이를 깨달았다).

그래서, 먼저 "우리의 갈망을 변화시켜 주시기를 하나님께 청"해야 하고 성경이 "역점을 두어 다뤄 볼 가치가 있다고…방향을 다시 정해 주는"(pp. 211-212) 것을 따라야 한다고 앨런 박사가 일깨워 주어서 정말 고맙다. 예수가 요한복음에서 가장 먼저 하신 말씀도 바로 질문이었는데, 이는 사실상 모든 질문 중에서 가장 중요하고 치명적인 질문이다. "무엇을 구하느냐"(요 1:38). 이는 근원적인 아우구스티누스식 질문이다. 무엇을 사랑하느냐? 우리가 지금 살고 있고 천국과 지옥에서 완성될 두 '도성'은 두 가지 사랑으로 만들어지고, 그래서 우리 안에서 무엇보다 '변화'되어야 할 것은 우리의 사랑이며, 따라서 우리의 마음이다.

나는 앨런 박사가 '둘 다'(both-and) 해석학 취향을 가진 것을 감지했는데, 내가 보기에 이는 매우 아우구스티누스적이다(나는 아우구스티누스가 가톨릭과 개신교를 이어 주는 가장 튼튼한 다리라고 생각한다). 예를 들어, 하나님을 **보고자** 하는 소망과 신적 **불가시성** 둘 다, 몸의 사실주의와 영광스러운 신비가 혼합되는 것 둘 다(p. 190), "새 창조"라는 용어와 "회복이나 갱신"이라는 용어 둘 다(p. 183, 마 13:52과 마찬가지로 이는 교회에 왜 진보주의자와 보수주의자가 모두 필요한지를 보여 준다)를 생각해 볼 수 있다. 아우구스티누스처럼 앨런 박사도 역설의 반쪽 두 가지를 다 탐구하기를 한껏 즐긴다(예. 신적 은혜의 주권과 인간 자유의지의 현실). 내가 생각하기에 이는 요한계시록 기자와 마찬가지로 앨런 박사도 예술가의 마음을 가졌기 때문이다. 앨런은 성경이 그리는 "초상의 범위 [가]…어느 한 가지를 배제하고 다른 한 가지에 아둔하게, 혹은 문자주의적으로 집착하기를 반대하는"(p. 187; 그래서 하나님은 자신을 계시하실 때, 특정하고 구체적인 "아브라함, 이삭, 야곱의 하나님"과 우주적이고 무한한 "스스로 있는 자"(I am) 두 가지 모두로 계시하신다) 것을 본다.

앨런 박사의 '둘 다' 해석학의 핵심 특징은 "지상의 천국"(heaven on earth)이라는 그의 소론 제목에서 볼 수 있다. 현재와 미래, 존재와 부재, 내재와 초월 사이에 있는 '이미와 아직'의 긴장이 바로 그것이다.

근대주의자들에 대한 반작용으로 전통주의자들은 앨런 박사가 자신의 소론 첫 문장에서 "땅에…[있는] 하늘[들]"(the heavens *in the earth*, p. 181)이라고 일컫는 것을 무시하거나 경시하는 경우가 너무 많다. 나는 땅의 중요성에 대해 내가 전에 속했던 칼뱅주의(카이퍼와 바빙크) 전통과 현재 가톨릭의 '성육신적'이고 '성례전적'인 전통 사이에 철학적 공명이 있다는 사실에 놀랐다. 우리의 신학 전통은 일치하지 않을지라도 우리의 철학 토대는 매우 유사하다. 특히 은혜가 본성(그리고 문화, 이성, 욕망, 시간, 장소, 물질, 자유)을 대체한다기보다 완성하며, 그리하여 아리우스주의와 펠라기우스주의라는 자연주의 및 가현설과 영지주의라는 정신주의(spiritualism)에서 똑같이 벗어나는 동시적이고 논리적으로 당연한 전제 면에서 그렇다.

앨런 박사는 **장소**의 신성함과 중요성을 회복시키는 일을 하는데, 나에게는 이것이 랍비 에이브러햄 조슈아 헤셸(Rabbi Abraham Joshua Heschel)이 자신의 고전적 저서 『안식일』(*The Sabbath*)에서 **시간**의 신성함과 중요성을 회복시키는 것과 유사하게 다가왔다. 물리학의 차원으로만 보이는 일에 대한 단순하고 구체적인 질문이 우리 생각보다 더 복잡하고 더 영적이며 더 심오한 일임이 드러난다.

나 자신을 포함해 네 기고자 중에 우리가 부활체를 갖게 되면 어떤 모습일까 라는 질문에 대한 매혹적이고 전통적인 답변을 언급한 이가 하나도 없다는 게 조금 실망스러웠다. 즉, 모든 부활체의 세 가지 상태인 (1) '우량성'(quality; 성별 정체성과 완전하고 성숙한 나이를 포함해서), (2) '동일성'(identity; 속량된 기억을 포함해서), (3) '온전성'(integrity; 순교자의 상처는 여기 포함되지만 신체장애는 포함되지 않는다), 그리고 구속받은 사람의 네 가지 상태인 (1) '고통불가성'(impassibility; 통증, 질병, 노화, 죽음, 상해가 없다), (2) '신묘함'(subtlety; 근엄하기보다는 가볍고 민첩하며, 그 무엇의 방해도 받지 않고 의사소통을 할 수 있다), (3) '기민성'(agility; 모든 욕망과 명령 앞에서 성화된 뜻에 순종한다), (4) '투명함'(clarity; 변화되었을 때의 그리스도처럼 빛나고 아름다움)에 대한 언급이 없었다. 이런 이론이, 배타적으로는 아니지만 주로 내가 속한 가톨릭 전통에서 비롯된 것이기 때문에 이 부분을 생략한 것이 좀 부끄럽다. 앨런 박사는 이 여백을 채우는 데 가장 근접해 있다.

결론

내가 생각하기에 이 네 편의 소론은 적극적으로는 하나님의 말씀에 절대 헌신하고 충실하며, 소극적으로는 고린도전서 2:9로 거듭 자주 돌아간다는 점에서 우리 네 사람이 분열된 부분보다는 훨씬 많은 면에서 깊이 연합되어 있음을 보여 준다. 하나님이 최초의 말씀을 하신 만큼, 틀림없이 마지막 말씀도 하실 것이다. 그리고 이는 C. S. 루이스의 나니아 연대기 마지막 편 『최후의 전투』(The Last Battle) 마지막 장에서처럼, 단순한 끝이 아니라 시작으로 드러날 것이다. 그 책을 아직 안 읽었다면 부디 읽기 바란다. 그 책이 우리가 지금 이 책에서 다루는 신학적 질문들에 직접 답변해 주지는 않지만, 종말론에 대한 우리의 사랑을 회복시키고 "마라나타"를 입에 올리게 해 줄 것이다.

루이스의 저작 중 특히 교파를 초월하는 걸작인 『순전한 기독교』(Mere Christianity)는 내가 경험한 가장 생산적인 지적 토론 주간에 모든 발표자가 성경을 제외하고 가장 많이 인용한 책이었다. 이는 수십 년 전, 지금은 없어진 사우스캐롤라이나주 에이큰 소재 동방 정교 로즈힐 칼리지(Rose Hill College)에서 열린 초교회 콘퍼런스에서 있었던 일이다. 이 콘퍼런스에는 다양한 기독교 전통 출신의 유명 신학자들이 참석해서 닷새 동안 하루 종일 서로 논문을 발표하고 질의에 답변했다. 마지막 모임에서는 우리가 비록 예로부터 서로 싸우고 상호 배타적인 전통 출신이기는 하지만 우리 모두가 성경이라는 완전한 정경과 세계 교회 회의와 신조, 그리고 C. S. 루이스의 전 작품을 믿고 사랑하고 옹호하기에 분열보다는 연합의 요소가 훨씬 더 많음을 알게 되었다고 선언하는 성명서를 발표하자는 제안이 있었다. 모두가 박수로 호응했다.

응답 마이클 앨런

파인버그 박사, 미들턴 박사, 크리프트 박사에게 감사를 표하고 싶다. 이들은 저마다 공통 관심사와 다양한 수준의 관심 영역을 밝힌다. 두 가지 모두에 감사를 드린다. 이런 대화는 우리가 거리낌 없이 솔직하게 이견을 표하지 않는 한 크게 도움이 되지 않을 것이다. 하지만 다른 종교의 목소리와 세속주의와 물질주의의 침묵에 맞서 믿음을 고백하며 우리의 최종 소망에 대해 다양한 신학 전통이 함께 선포하는 거대한 보편적 공통점을 잊어버릴 때가 너무 많다는 크리프트 박사의 말에 동의할 수밖에 없다.

대담 상대자들에게 조목조목 답변하고 싶지만 나는 이 충동을 버텨 낼 것이다. 대체적으로 이들은 그리스도인들이 정당히 논쟁을 벌일 수 있는 불일치 영역들을 다뤘는데, 독자들이 참을성 있고 세심하게 이들의 말을 들어 주면 좋겠다. 흥미롭게도 미들턴 박사는 중간 상태를 긍정하는 내 의견에 동의하지 않고, 반면 파인버그 박사는 내가 중간 상태의 존재를 부인한다고 생각하는 것 같다. 그러므로 각 사항에 대한 구체적 반박은 그다지 바람직하지 않을 것 같다. 어떤 경우, 파인버그 박사와 미들턴 박사는 내 말의 의미에 관해 가설을 세우면서 이를 반박하는 데 시간을 보낸다. 이들이 비판하는 입장이 내 입장이 아닐 수도 있다는 것은 논외로 하고, 내게 주어진 이 마지막 시간에 나를 변호하는 데 몰두한다면 이는 그 시간을 가장 생산적으로 사용하는 게 아닐 것이다.

그보다 나는 한 걸음 뒤로 물러나서, 기독교 종말론의 과제 및 그 과제를 충실하고 지혜롭게 이행하는 데 필요한 방법론적 헌신에는 어떤 종류가 있는지 잠깐, 아주 잠깐 생각해 보고자 한다. 그리고 기독교 종말론을 추구하는 일곱 측면과 어떤 의미에서 이 측면들이 내 소론을 구성했는지로 결론을 내려 보겠다(이는 바로 내 소론의 제목 "지상의 천국"에 예시되어 있다). 아래 일곱 의견은 이와 같은 논제를 추구하는 방법에 관해 모든 것을 말해 주지는 않지만, 그래도 균형 잡힌 진행 방식을 제공해 주었으면 하는 바람이다.

첫째, 종말론은 전체를 포괄한다. 그래서 우리는 쓸데없이 종말론을 가닥가닥 풀어서 잇거나 두 부분으로 나누기를 피하고 싶어 한다. 내 소론의 제목은 원래 이 개념을 빗대고자 한 것으로, "지상의 천국"은 위에 있는 것과 새롭게 된 아래의 것이 결합한다는 의미다. 하나님의 집과 이 자연 세계는 하나님의 은혜로써 결합될 것이다. "지상의 천국"은 땅을 빈번히 골짜기로 경험하는 사람들에게 주목할 만한 소식으로, 주님의 큰 산이 종말론적이고 최종적인 약속을 쥐고 있음을 일깨워 준다.

둘째, 종말론에는 우선순위가 관련되어 있어서, 올바른 방식으로 일이 정렬되었는지 확인해야 한다. 이번에도 역시 내 소론 제목은 이 방향을 신호하려는 의도가 있으며, "천국"이 이런 의미의 주도적 용어다.

그리스도인이 "땅"을 어떤 식으로든 적절히 묘사하려면 하나님의 집의 존재가 선행되어서 이 묘사를 구체화해야 한다. 우리는 종말론을 우리가 지금 고생스럽게 버텨 내거나 포기하는 것에 대해 어렴풋이 보상이 다가오는 것으로 간주하는 경향이 있는데, 우리의 이런 부단한 경향에 대해 "땅 위의 천국"은 우리가 단순히 지상의 좋은 것들을 누릴 존재가 아니라 그 이상의 것을 위해 만들어졌다는 사실을 상기시켜 준다. 크리프트 박사는 영광스럽게도 내가 이런 점을 강조하는 것을 아우구스티누스식이라고 존중해 준다(루이스도 확실히 이를 강조했다).

셋째, 우리는 힘닿는 대로 다양한 신학적 주장의 통합과 일관성을 탐구해야 할 의무가 있기 때문에, 종말론은 재구성된 일련의 전후 관계를 요구한다. 내 소론 제목은 "위의"(on)라는 그 단일한 전치사의 존재를 통해 이 전후 관계를 우리 앞에 둘 것을 역설한다. 천국은 땅에 한정되지 않는다. 하나님은 창조 세계나 우리에게 의존하는 분이 아니기 때문이다. 그럼에도 천국은 "땅에"(on earth) 임하여 머문다. "땅 위의 천국"은 필연적이지는 않지만 그럼에도 복음의 하나님의 뜻이요 은혜롭고 선한 기쁨이라는 점에서 특히 **좋은** 소식(*euangelion*)이다.

넷째, 종말론은 우리의 어휘—그리고 그 무게 있는 단어들이 의미하는 갈망—가 심판을 받을 수 있도록 주님의 치열한 말씀으로 거듭거듭 돌아가고자 하는 우리의 의지에 달려 있다. 우리는 어떻게 하면 기독교 용어를 기독교적이지 않은 방식으로 사람들에게 들려줄 수 있을지 늘 새롭게 물어야 할 의무가 있으며, 그래서 지적 회개를 해야 한다. 우리가 "천국"이나 심지어 "땅"이 무슨 의미인지 안다고 감히 가정해서는 안 된다. 천국이나 땅에 대해서는 다양한 배경에서 의미를 취해 서술할 수 있다. 그러나 그 용어들을 기독교적으로 (즉, 신학적으로 성실하게) 사용하려면 성경의 복잡한 문학적 맥락이 어떻게 그 용어의 용법을 규율하는지를 물어야 한다.

다섯째, 무엇보다도 우리에게는 "하나님을 경외함"이 필요하며, 이것이 "지혜의 근본"(시 111:10; 잠 1:7)이다. 그러므로 우리는 기대에 부푼, 그러나 경외하는 마음과 겸손한 보폭으로 발걸음을 옮겨야 한다. 경외는, 정신이 산만해지는 일이 없도록 우상을 피하면서 주의를 집중하고 가장 중요한 일을 가장 우선으로 삼기를 요구한다. 시작 때와 마찬가지로 끝날 때에도 무엇보다 먼저 하나님께 늘 집중함으로써 우리는 실제로 몸과 문화를, 땅과 생산 활동을 더 잘 돌볼 수 있다. "너희는 먼저 그의 나라와 그의 의를 구하라. 그리하면 이 모든 것을 너희에게 더하시리라"(마 6:33).

여섯째, 어쩌면 별로 놀랍지 않은 일이겠지만, 나는 성경이 그 주요 관심사는 훨씬 더 많이 다루고 다른 세부 사항은 덜 다루고 있음을 알게 되었다(그리스도의 재림의 역학에서든, 내세에서 인간의 문화적 성취 역학에서든). 우리는 반드시 알아야 할 어떤 내용의 기반 위에 있으며, 우리의 생각을 하나님의 생각에 순응시킬 뿐만 아니라 우리의 질문도 점점 하나님의 계시와 조화시키는 것이 좋다.

일곱째, 예수의 재림 사건과 내세의 일상사가 성경에서 다소 모호하고 불확정적으로 보인다면, 그 신비로운 최소주의는 하나님의 임재의 엄위 그 자체(훨씬 더 생생한 형태로 빈번하게 계시되는)에 온전히 우리의 관심이 향하도록 하기 위해서일 것이다. 그 찬란한 위엄은 성육신하신 우리 주님이 성경에서 우리에게 주신 마지막 약속과 조화된다.

"내가 진실로 속히 오리라"(계 22:20). 행복한 시절이 여기 다시 오는 것도 아니고, 세계 평화가 임하는 것도 아니고, 심리적 안정이 곧 찾아오리라는 것도 아니며, 깨끗한 양심이 곧 전해지리라는 것도, 문화 생산이 만개하리라는 것도, 심지어 저기 모퉁이만 돌면 몸의 부활이 있으리라는 것도 아니다. 그렇다, 그분은 말씀하신다. "내가 진실로 속히 오리라." 우리 눈이 항상 그분과 그 영광스러운 재림을 주시할 수 있기를.

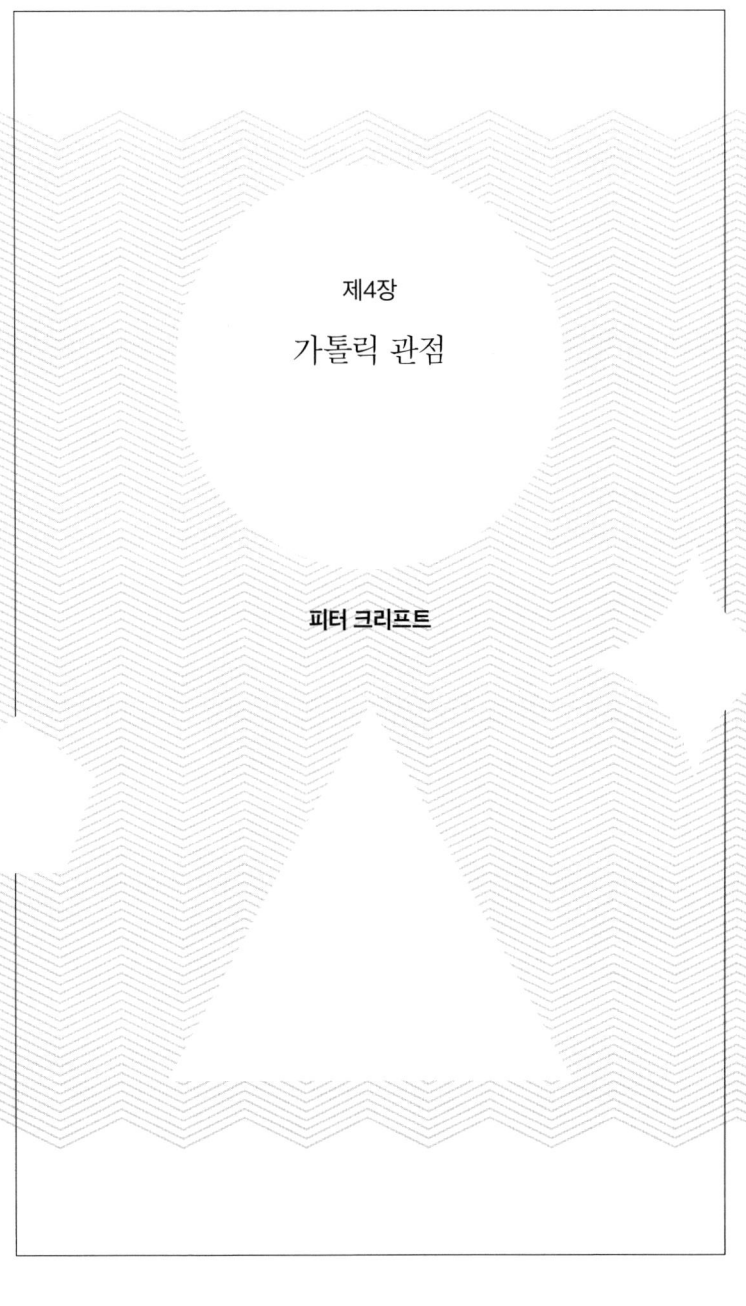

제4장

가톨릭 관점

피터 크리프트

이 책을 집필하고 있는 우리 네 사람은 천국에 대한 열 가지 동일한 질문에 저마다 답변해야 했다.[1] 이런 과제가 주어진 것이 감사하다. 나는 게으른 사람이라, 질문의 방식으로 다른 사람이 내 일을 절반으로 줄여 주는 것이 좋기 때문이다. 질문을 만들어 내기는 대개 생각보다 어렵다. 질문만 만들어 내도 일의 절반은 한 것이고, 답변을 작성하는 것은 나머지 절반의 일일 뿐이다. 질문을 만들어 내는 것은 아기 낳기와 비슷하다. 출산과 마찬가지로, 질문을 만들어 내는 것은 우리(남자들) 생각보다 더 많은 노력이 필요한 일이다. 우리가 하는 일이란 은행에 돈을 넣어 두는 것뿐이고, 그러면 우리가 더 애쓰지 않아도 돈은 불어나고 아기도 자란다. 한편, 답변을 찾아내는 일은 생각보다 쉽다. 진실은 존재하며 빗방울만큼이나 쉽게 손에 넣을 수 있다. 다만 그 빗방울이 우리의 갈증을 해소하기에 너무 작을 뿐이다.

천국에 대한 질문은 다른 어떤 것에 대한 질문보다 최소한 열 배는 더 좋다. 왜냐하면 천국은 다른 어떤 것보다 천 배는 더 좋기 때문이다. 그리고 철학자는 질문을 가지고 놀기를 다른 사람에 비해 두 배는 더 재미있어 한다. 그것이 바로 철학자가 되는 잠재의식 속 동기 중 하

---

[1] 달리 언급하지 않는 한 이후 성경을 인용할 때는 RSV를 사용한다.

나다. 그러니 계산을 해 보자. 나에게 이 과제는 다른 어떤 과제보다 2×10×2=40배나 더 재미있다. 감사해요, 이 프로젝트의 책임자 마이클 위트머. 원고를 써 줘서 고맙다고 내게 말하는데, 나는 그보다 적어도 40배는 더 고맙답니다.

***

그리스도인 철학자는 언제나 기독교와 철학 두 가지 모두에, 그리스도와 소크라테스 두 분 모두에게 진실해야 한다. 그러므로 나의 데이터베이스는 주로 기록된 하나님의 말씀일 텐데, 이는 대부분 육신을 입은 하나님의 말씀에 관한 것이고, 또한 내가 쓰는 방식은 주로 참된 정의를 구하는 방식일 것이며, 소크라테스도 늘 이 방식으로 시작했다.

그래서 우리의 주제를 정의하려면 우리의 데이터베이스인 성경에서 **하늘**의 두 가지 의미를 식별하는 일부터 시작해야 한다. (1) 복수로 쓰일 때 ['천지'(the heavens and the earth)에서처럼 '하늘들'] **하늘들**이라는 단어는 한 **장소**를 가리킨다. 즉, (현재의) 이 우주(universe)에서 (현재의) 땅과 구별되는 나머지 부분을 말한다. 달리 말해, '저 위와 저 밖에 있는 것'을 가리킨다. 그래서 하나님이 "새 하늘과 새 땅"(new heavens and a new earth; 사 65:17)을 창조하실 것이라고 말씀하실 때, 이는 완전히 새로운 우주를 뜻한다.

(2) 단수로 쓰일 때 **하늘**은 두 가지 중 하나를 뜻할 수 있다. 첫째 (2a)는 하나님의 영원한 '거처'다. 물론 이는 이 우주 어디에라도 있는 문자 그대로의 물질적이고 공간적인 장소가 아니다(로켓을 타고 거기에 이를 수는 없다). 왜냐하면 하나님은 우주에 상대적이지 않지만 우주는

하나님에게 상대적이기 때문이다. 그것이 바로 그리스도인들이 전형적으로 우주를 '코스모스'(cosmos)라는 말로 일컫지 않는 이유인데, 그리스 사람들에게 코스모스는 절대적인 것이어서 신들조차 이에 대해서는 상대적일 정도였기 때문이다. 대신 그리스도인들은 우주를 뜻하는 말로 유대인들이 쓰는 **창조 세상**(creation)이라는 말을 썼다. 천국은 문자 그대로 '하늘들'에 있지 않다. 물론 하늘들이 천국을 상징할 수는 있다. 천국은 하나님 자신의 생명 혹은 존재 양식을 가리킨다.

천국은 또한 (2b) 우리가 장차 그 '거처'에, 더 정확히 말해 하나님의 그 초자연적 생명에 참여하는 것을 뜻한다. 이 놀라운 운명, 무한하신 하나님의 참 생명과 본질을 우리가 유한한 방식으로 나눠 받는다고 베드로후서 1:4에 약속되어 있다. 이런 약속들은 실로 "보배롭고 심히 엄청나서" 많은 개신교도가 '테오시스'[*theosis*, 신화(神化)]에 저항하는데, 정교회는 자신의 운명을 일컫는 말로 이 단어를 좋아한다.

창조주와 피조물은 아주 명쾌하게 구별해야 하기에, 천국에 대해 말할 때는 2a를 말하려는 것인지 2b를 말하려는 것인지를 물어야 한다. 이때 우리는 햄릿처럼 묻는다. 2b냐 2b가 아니냐(햄릿의 대사 "to be or not to be"를 패러디한 것—옮긴이).

2b에는 두 가지 의미가 있다. 이는 믿음과 세례로서 **이생에서 시작하는** '영생' 또는 초자연적 생명을 의미할 수 있다(2b1; **거듭남, 초자연적 생명, 중생, 구원, 성화의 은혜, 성화, 칭의, 영화** 등 이를 일컫는 많은 단어가 있다). 각 기독교 전통마다 다른 어휘를 쓰면서 다르게 구별하지만, 이는 종종 서로 모순되어 보이기도 하는데, 특히 그 전통과 같은 입장에서 보지 않고 외부의 시선으로 보면 더욱 그렇다. 또한 이는 **내생에서 완전**

케 되는 영생을 뜻할 수 있다(2b2). 이 소론에서 답변해야 할 질문들은 바로 이 미래의 영생(2b2)에 관한 질문이다.

어떤 질문도 이보다 더 중요할 수는 없다. (양식 있는 옛 아리스토텔레스의 말처럼) 어떤 것의 '최종 원인', 즉 결말·선·목적·완전성이야말로 그것에 관한 가장 중요한 단일 질문이기 때문이다. 우리의 질문은 우리 고유의 최고 선(summum bonum), 즉 '가장 좋은 것' 또는 '삶의 의미'에 관한 것이다.

나는 네 가지 자료에 근거해서 답변할 것이다. 첫째는, 성경이다. 둘째는, 성경의 의미가 다른 유력한 해석에 열려 있는 경우, 2천 년 역사를 지닌 보편적(catholic) 교의로 해석된 성경으로, 이는 가톨릭교도는 물론 개신교도들에게도 없어서는 안 되는 신성한 전통의 또 한 부분이다. 셋째는, 성경으로도 보편적 교리로도 질문이 해결되지 않을 때, 지혜롭되 그저 인간 차원일 뿐인 주류 신학 의견의 전통('theologoumena')에 의해 비교적 확신이 덜한 형태로 해석되는 성경이다. 마지막으로, 나 자신의 견해를 아주 조금 덧붙일 것이다. 이렇게 이 소론의 내용은 네 단계 피라미드와 비슷하다. 아니, 이 이미지의 수직성을 뒤집는다면, 나는 코끼리 등에 업힌 사자의 등에 올라탄 개의 등에 달라붙은 벼룩 한 마리다.

천국에 대한 열 가지 질문을 받은 우리 네 사람은 상이한 기독교 공동체 사이의 유사성과 차이점을 탐구할 사람들로 선정되었는데, 나는 로마가톨릭의 답변만 내놓으면 된다. 하지만 연옥과 중간 상태에 관한 질문을 제외하면 내 답변과 전통 복음주의 개신교도의 답변 사이에 첨예한 차이는 많지 않을 것이라고 생각한다. 왜냐하면 내가 대다수 답변을 지난 2천 년 동안 정통 그리스도인들이 합의한 주요 내용에서 취했기 때문이다. 내 답변은 대부분 독창적인 답변이 아니라 아우구스티누스, 아퀴나스, 정통 신비주의자, 성인들, C. S. 루이스에게서 가져왔다.

[수십 년 전, 지금은 없어진 사우스캐롤라이나주 에이큰 소재 동방 정교의 한 칼리지(로즈힐)에서 일주일간 열린 놀랄 만큼 평화로운 초교회 콘퍼런스에 참석한 적이 있다. 가톨릭, 정교회, 성공회, 복음주의, 주류 개신교 전통을 대표하는 열 명의 신학자, 철학자, 변증가 들이 모여서 논문을 읽고 토론했다. 논문을 보니 우리는 다들 루이스의 글을 거듭 인용하고 있었다. 마지막 토론회에서 예수회의 조지프 페시오 신부(Joseph Fessio)는 우리가 신약, 처음 여섯 차례의 세계 교회 회의, C. S. 루이스의 전집을 공히 수용하는 것을 바탕으로 우리들 사이에 중요한 실질적 의견 일치가 있음을 발견했다는 보고서를 발표할 것을 제안했다.]

여러분도 그렇기를 바라지만, 이 문제에 대한 나의 관심은 학자로서의 관심일 뿐만 아니라 개인적 관심이기도 하다. 단순히 여러 의견을 정의하고 비교하는 게 아니라 어떤 진리, 어떤 현실을 보고자 한다. 죽어서 하나님을 만났을 때, 천국에 갈 것인지 아니면 천국에 관한 신학 강의를 들으러 갈 것인지 선택하라는 말씀을 듣고 강의실을 택하는 신학자의 실수를 저지르지는 않겠다.

다음은 열 가지 질문에 대한 나의 답변이다.

1. 구원받은 사람이 최종적으로 있게 되는 곳은 어디인가?

인생은 게임, 체리가 가득 든 바구니, 예술 작품, 전쟁, 춤, 신비, 그 밖의 많은 것이지만, 무엇보다도 인생은 이야기다. 그것이 바로 성경이 본질적으로 신학·도덕·영성·예전의 간섭을 받아 해석되는 이야기인 이유다. 이야기에는 인물·줄거리·배경·양식·주제라는 다섯 차원이 있다. 이 첫 번째 질문은 우리 이야기에서 사후 부분의 배경에 관해 묻는다. 나는 이 질문뿐만 아니라 다른 네 가지에도 답변해 보고자 한다. 우리의 이야기가 천국에서 절정에 이른다면, 이는 이야기의 다섯 차원 전체에 어떤 차이를 만드는가? 천국은 우리 이야기에 관해 뭐라고 말하는가?

이야기의 등장인물(우리)은 천국의 인물들이라고, 즉 우리는 천국에 의해, 그리고 천국을 위해서 구상(構想)된 사람들이라고 한다. (천국을 향해 가는) 여정이 이야기의 줄거리이며, 이 땅은 우리의 목적지가 아니라 목적지까지 가는 길이라고 한다. (여정과 길은 어떤 이야기에나 등장하는 가장 공통적인 단일 요소의 집합이다.) 이생에서 우리 이야기의 배경은 마치 태(胎)처럼 그저 준비 단계일 뿐이며, 그 작은 태를 우리는 우주라고 부른다고 한다. 이야기의 양식은 그 진술 방식과 마찬가지로 아름답고 흥미로운 미스터리라고 한다. 그리고 이야기의 주제는 영화 〈ET〉에서 ET가 가슴 아플 만큼 아름답고 기억에 남는 단어 '집'(Home)으로 요약한 바로 그 주제라고 한다. 태양으로부터 세 번째에 있는 이 행성 주민인 우리는 모두 집 없는 이방인, 난민, 낯선 땅의 길손, 고아, 사별자, 유배자다. 그리스도처럼 말이다. 그것이 바로 우리가 동료 이방인들을 사랑해야 하는 한 가지 이유다. 우리가 주님을 사랑하고, 주님이 동료 이방인이 되셨기 때문이다. 노래 가사에도 있다시피 "이 세상은 내 집 아니라네, 나는 그저 지나가고 있을 뿐"이다. 지금 그 사실을 잊고 있다면, 우리 이야기 전체의 본질적 주제를 잊은 것이다.

질문1은 "구원받은 사람이 최종적으로 있게 되는 곳은 어디인가?"라고 묻는다. 이 질문에서 "어디인가"라는 말이 단순히 우리의 천국이 이 행성에 있을지, 아니면 이 우주의 다른 어딘가에 있을지를 묻는 것이라면, 성경의 대답은 (그리고 그렇게 대답하는 이유도) 명확하다. 천국은 엔트로피와 사망에 매여 있는 이 행성에도, 역시 엔트로피의 영향을 받는 이 우주의 다른 어떤 행성에도 있지 않다. 하나님이 기적적으로 태양의 노쇠를 치유하실 것이라고, 또는 열역학 제2법칙을 뒤집으실 것이라고 믿어야 할 이유는 없다. 성경은 아주 다른 그림을 보여 준다. 성경은 "새 하늘과 새 땅"을 약속하며(계 21:1), 이 새 하늘과 새 땅은 "보라 내가 만물을 새롭게 하노라"(5절)라고 말씀하신 분이 만드실 것이다[옛 하늘과 땅을 가지고 만드시든, 옛 하늘과 땅을 만드실 때처럼 무에서 (*ex nihilo*) 만드시든].

대안들이 있지만 하나같이 열린 마음과 상상력이 부족하다. 상상력의 결핍은 다른 때에 다른 몸으로 지금과 동일한 낡은 세상에 환생한다는 심히 이 세상적인 개념을 낳았는데, 이 상상력 부재는 천국에 관해서도 이 세상적인 개념의 근원이 된다. 예를 들어, 즐거운 사냥터가 있고, 40명 처녀가 반기는 후궁(後宮)이 있다거나, 강 건너편에서 가족과 다정하게 재회하는 그런 천국 말이다. 하나님 자체와 마찬가지로, 천국을 가장 적절히 정의하는 말은 '[무엇을 상상하든] 그 이상'이라는 것이다. 성경은 이를 다음과 같이 표현한다. "하나님이 자기를 사랑하는 자들을 위하여 예비하신 모든 것은 눈으로 보지 못하고 귀로 듣지 못하고 사람의 마음으로 생각하지도 못하였다"(고전 2:9). 어떤 철학자나 신학자도, 어떤 시인이나 신비주의자도, 어떤 몽상가나 영화 제작자도 이를 상상한 적이 없고, 상상할 수도 없다. 천국에 관해 이러쿵저러쿵해 봤자 천국이 아닌 것을 말할 수 있을 뿐이다. 천국에 관해 우리가 무언가 긍정적으로 말할 수 있다면 그것은 오직 비유일 뿐이지 실제 천국의 모습은 아니다. 천국은 사막보다는 동산에 가깝고, 교도소 독방보다는 한 도시에 가깝고, 불 못보다는 한 가정(family)에 가깝다.

2. 그곳에서 우리는 '어떤' 모습일까?

그곳에서 우리는 가장 중요한 존재가 아닐 것이다. 또한 아무것도 아닌 존재이지도 않을 것이다. 우리는 하나님이나, 천사들이나, 두뇌 용량이 좀 더 큰 유인원이지도 않을 것이다(나는 유인원이 사람으로 점점 진화해 가는 그림에 "내 조상은 인간이었는데, 당신 조상은 유감이로군요"라고 씌어 있는 자동차 범퍼 스티커를 좋아한다). 우리는 인간, 완전히 인간일 것이다. 니체라면 이를 싫어할 것이다. 니체는 심지어 지상의 인류를 가리켜 "인간적, 너무나 인간적"이라고 했다. 그곳에 슈퍼맨은 없을 것이다.

하지만 우리는 "다 변화[될]" 것이되(고전 15:51), 반인(半人)이나 슈퍼맨이나 비인간이 아니라 완벽히 인간적인 무언가로 변화될 것이다. 오히려 지금의 우리야말로 반인이나 비인간일 때가 너무 많다. 아! 게다가 우리가 슈퍼맨이 되려고 하는 경우는 또 얼마나 많은지.

완벽히 인간적인 무언가로 변화한다는 것은 우리가 그리스도의 부활체처럼 완전해진 인간의 몸을 갖게 되리라는 뜻이고, 그분의 영혼처럼 완전해진 인간 영혼을 갖게 되리라는 뜻이다. 따지고 보면, 그리스도는 하나님이 어떤 분이신지를 우리에게 계시하실 뿐만 아니라 우리가 어떤 존재인지도 보여 주신다. 이 두 가지는 우리가 반드시 알 필요가 있다. 우리와 하나님만이 시간 속에서든 영원 속에서든 단 한 순간도 서로에게서 절대 벗어날 수 없는 두 존재이기 때문이다.

그리고 몸과 영혼은 종종 반대 방향으로 움직이는 두 가지가 아니라 완벽한 연합을 이룬 한 가지의 두 차원일 것이다. 몸과 영혼은 유령과 유령이 출몰하는 집이 아니라 완벽한 시 한 편을 구성하는 의미와 언어 같을 것이며, 선장과 배, 더 나아가 영화 〈스타 트렉〉(*Star Trek*)의 반은 외계인이고 반은 지구인인 스팍 씨 같은 이종 결합과 같을 것이다.

영화롭게 된 몸은 영화롭게 된 영혼에 전적으로 순종할 것이다. 왜냐하면 그 영혼은 완벽하게 하나님에게 순종할 것이기 때문이다. 그러므로, 영화롭게 된 몸에는 우리가 지금 희미하게 꿈만 꿀 뿐인 능력, 만약 지금의 우리에게 주어진다면 원자력보다 훨씬 더 위험할 능력이 주어질 것이다.

우리는 성령에게도 순종하고 우리 자신의 영에도 완벽히 순종하리라는 이중 의미의 "신령한 몸"을 갖게 될 것이다(고전 15:44). 어떤 갈등도 일어날 수 없을 것이다. 그것이 바로 그곳에 죽음이나 고통이나 좌절이 없는 이유다. **죄**의 한 가지 의미는 '분리'[separation; 독일어로 쥔데(Sünde)]다. 일단 우리 영혼과 하나님 사이에 죄가 들어서는 최초의 분리가 완전히 극복되면, 거기서 파생되는 다른 분리의 원인이 더는 없을 것이다. 예를 들어, 몸과 영혼을 분리시키는 질병과 죽음, 이성과 열정을 분리시키는 무지와 비(非)자유, 심지어 몸과 세상을 분리시키는 고통과 위해(危害)도 없을 것이다.

천국에서 우리에게 무엇이 **없을지** 우리는 알 수 있는데(죽음, 질병, 고통, 육욕, 죄), 이는 이런 것들이 무엇인지 우리가 알고 있을 뿐만 아니라 우리에게 유익하지도 않다는 것을 알고 있기 때문이다. 하지만 천국에서 무엇을 갖게 **될지는** 자세히 알 수 없다. 우리에게는 비례의 비유만 있을 뿐이다. 그때의 우리 존재와 지금 우리 존재의 관계는 신비주의자와 맹인의 관계, 정결한 사람과 나병 환자의 관계, 현자와 바보의 관계, 그리고 무엇보다도 성도와 죄인의 관계와 비슷하다. 우리가 알 수 있는 것은, 이를테면, 변화의 방향이다. 즉, 우리는 모든 면에서 그리스도를 더욱 닮을 것이다.

이 변화는 온 우주 창조보다 더 큰 하나님의 일일 것이다. 하나님은 무(無)에서 온 우주를 창조하셨는데, 우리 죄인들과 달리 이 무(無)는 "빛이 있으라"고 하나님이 명하셨을 때 그 말씀에 항의하거나 그 말씀에서 도망치지 않았다.

3. 그곳에서 우리는 '무엇'을 할까?

이 질문은 십대 시절 내가 겪은 신앙의 위기를 떠올리게 한다. 그때 나는 천국에 가면 언제까지나 회중석에 묶인 채 아주 훌륭한, 그러므로 아주 지루한 설교자의 설교를 들으며 끝나지 않는 예배를 드려야 할 것이라고 생각했다. 그런 나를 구원한 것은 요한계시록 21:22이었다. 거룩한 물건, 장소, 시간(예를 들어, 교회 예배 같은)으로 상징되고 암시되는 하나님이 그곳에 계시기에 성전은 이제 거기 없을 것이다. 그리고 그 하나님은 지루할 리 없다! 표적이 암시하는 일들은 그 모든 표적보다 덜 훌륭하지 않고 더 훌륭하다. 유대인 결혼식의 샴페인 잔처럼 온 땅, 심지어 그 땅의 거룩한 일들까지 다 흩어질 것인데, 이는 이것들이 그 기능을 다 완수할 것이고, 새 포도주를 담을 수 없기 때문이다. 온 세상이 하나의 태반(胎盤)이다.

천국에서 우리가 무엇을 하게 될 것이냐는 질문은 아마 하나님을 예배하기 같은 '거룩한' 일들뿐만 아니라 정원 가꾸기, 과학, 시, 파도타기 같은 '세속적인' 일들을 하게 될 것이냐는 뜻일 것이다. 내 대답은 '그렇다'이지만, "뿐만 아니라"라는 표현은 좀 불만이다. 이 문제는 내가 매사추세츠주도(州都)뿐만 아니라 보스턴에 살고 있느냐, 혹은 4는 2×2냐 아니면 8의 절반이냐 하는 질문과 똑같다. 이 두 가지는 구별이 없고 완전히 하나다. '세속적'과 '거룩한'을 나누는 일은 끝날 것이다. 예를 들어, 나는 천국에서도 파도타기를 할 수 있다고 생각하며, 거기서 나는 유명 서퍼 레어드 해밀턴(Laird Hamilton) 같을 것이며, 내 몸이 곧 롱보드가 될 것이고, 나는 10미터 높이의 파도 위에서 보드 없이 파도를 탈 뿐만 아니라 영혼으로도 탈 것이고, **그것 또한 하나님의 뜻일 것이다.** 여기서 "뿐만 아니라" 문제는 "배우자와 사랑을 나눌 때 당신의 영혼뿐만 아니라 몸도 그 행위를 합니까?"라는 질문과 똑같다. 또는 "찬송가를 부를 때 기도뿐만 아니라 노래도 합니까?"라는 질문하고도 똑같다.

인간이 하는 모든 일이, 완전케 되고 영화로워진 상태로 그곳에 있을 것이다. 그러므로 이는 우리의 성(性)에도 적용이 될 것이며, 그곳에서 성은 우리 존재의 매우 중요한 차원일 것이 분명하다. 우리는 거세되지 않을 것이다. 성 정체성과 성적 아름다움은 완전케 되고, 영화롭게 되며, 올바로 향유될 것이다. 여자는 더 여자다워질 것이고, 남자는 더 남자다워질 것이다. 하지만 생물학적 번식은 더 필요하지 않을 것이며, 그래서 "장가도 아니 가고 시집도 아니" 갈 것이다(마 22:30). 우리의 부활체가 천국에서 물리적인 성행위를 할 것이냐는 질문은 다섯 살짜리 아이가 아빠와 성에 관한 이야기를 나누다가 '그거 하면서' 비디오 게임 해도 되느냐고 묻는 것과 같다. 아빠는 웃음을 터뜨리면서 "해도 되지, 하지만 하고 싶지 않을 걸"이라고 대답하지만 아이는 아빠의 대답을 이해하지 못할 것이다.

내가 생각하기에 "우리는 천국에서 무엇을 하게 될까?"라는 질문에 대한 최고의 대답은, 이 땅에서 해야 했던 여섯 가지 일, 여기서 아주 불완전하고 불충분하게 했고 따라서 기쁨과 고통이 뒤섞인 채 해야 했던 일들을 기쁘고 완벽하게 하게 되리라는 것이다. 그런 일이 여섯 가지인 이유는, 인간이 하나님의 형상으로 창조된 데서 비롯되어 인간을 다른 모든 동물보다 우위에 있게 해 주는 인간 특유의 능력 두 가지가 있기 때문이다. 즉, 알고 사랑하는 것이다. 그리고 우리가 그 자체로 알 수 있고 사랑할 만한 대상은 세 가지, 바로 우리 자신, 우리들 서로 간, 하나님뿐이다. 그러므로 천국에서 우리가 하게 될 여섯 일은 하나님을 알고 사랑하기, 이웃을 알고 사랑하기, 자기 자신을 알고 사랑하기다.

경건서의 고전 『하나님 사랑하기에 관하여』(On Loving God)에서 성

클레르보의 베르나르는 사랑의 진보는 자기를 위해 자기 자신을 사랑하는 것으로 시작한다고 말한다. 그리고 나서 우리는 자기 자신을 위해 하나님 사랑하기를 배운다(결국 하나님이 우리의 기쁨이자 구원 아니신가). 다음으로 우리는 하나님을 위해 하나님을 사랑하는 단계로 성숙한다(하나님은 하나님 자체로 무한히 사랑받으실 만하며, 자기를 잊는 사랑은 자기를 의식하는 사랑보다 고상하다). 마지막으로, 우리는 자기 자신의 유익을 위해서가 아니라 하나님을 위해서 자기 자신조차도 사랑해야 한다는 것을 깨닫는다. 이웃 사랑을 이 복합적 사랑에 더하면, 거기서 천국이라는 의제가 나온다. 이 여정은 여기 이 땅에서 시작된다. 이 땅에서 시작되지 않으면 그곳에 가서 활짝 피어날 수 없다. 씨앗이 여기 땅의 화분에 심기지 않으면 천국의 꽃밭에서 꽃을 피울 수 없다.

연옥(Purgatory; 이에 대해서는 나중에 좀 더 이야기하겠다), 성도의 교통(Communion of Saints), 지복직관(Beatific Vision)이라는 세 가지 전통 개념은 사랑과 앎의 세 가지 대상, 즉 우리 자신, 우리 이웃, 하나님과 상응한다(위계를 지키고, 평등주의적 평준화를 주장하는 현대의 표기법 관습에 저항하는 의미로 세 가지 활동 모두 대문자로 표시할 가치가 있다). 연옥에서 우리는 자신의 모든 죄된 추함 가운데 있는 우리 자신에 대해 완전히 알게 될 것이며, 우리의 모든 죄된 욕망이 제거된 후에는 우리의 모든 초자연적 아름다움 가운데 있는 우리 자신을 알게 되고 그에 따라 하나님이 우리를 사랑하시듯 우리 자신을 사랑하게 될 것이다. 성도의 교통에서 우리는 연옥에서 정화된 눈과 마음으로 더욱 더 많은 사람을 더욱 더 온전히 알고 사랑하게 될 것이다. 지복직관에서 우리(여기서 '우리'는 개인 단위가 아니라 성도의 교통 가운데 있는 공동체 단위다)는 유한하되 늘 상승 방향이고 절대 끝나지 않는 나선 구조 속에서, 늘 전진할 뿐 절대 완료되지 않고 언제나 즐거운 새로움과 경이로써 무한하신 하나님을 알고 사랑하게 될 것이다.

성도의 교통에는 산 자들끼리나 죽은 자들끼리만이 아니라 산 자들과 죽은 자들 사이에도 교통이 있고, 있어야 한다는 개념이 포함된다. 직관적으로도 이게 옳다고 여겨진다. C. S. 루이스는 이렇게 말한다. "물론 나는 죽은 사람을 위해서 기도합니다. 이는 아주 자발적이고 거의 불가피한 행동이어서, 이를 논박하는 가장 설득력 있는 신학 주장만이 나의 그 행동을 저지할 수 있을 것입니다."[2]

성도의 교통에는 세 가지 차원이 있다. 땅의 지평, 천국의 지평, 땅과 천국 사이의 수직적 차원이 바로 그것이다. 천국에서 이뤄지는 성도의 교통은 언제까지나 영원하다. 루이스는 이렇게 설명한다. "자기가 보는 독특한 (하나님의) 모습을 다른 모든 이들에게 전달하고자 하는 각 영혼의 시도는 지속적으로 성공해 왔지만 절대 완전하지는 않으며, 이런 시도를 수단으로 하는 이 땅의 예술과 철학은 하나님 모습의 서투른 모방에 불과하지만, 틀림없이 이는 개인이 창조된 목적 중 하나이기도 하다."[3]

---

[2] C. S. Lewis, *Letters to Malcolm: Chiefly on Prayer* (London: Collins, 1969), ch. 20, para. 3. 『개인기도』(홍성사).

[3] C. S. Lewis, *The Problem of Pain*, in The Complete C. S. Lewis Signature Classics (San Francisco: HarperOne, 2002), p. 642. 『고통의 문제』(홍성사).

4. 우리는 하나님에게서 무엇을 볼까?

우리는 하나님의 여러 측면, 차원, 관점을 보게 될 것이다. 하나님의 부분들을 보게 되지는 않을 것이다. 왜냐하면 하나님은 부분들로 이뤄진 분이 아니기 때문이다. 우리는 무한하신 분을 보되, 유한한 방식으로 보게 될 것이다. C. S. 루이스는 이렇게 말한다. "각 영혼마다 신적 아름다움의 어느 한 측면을 다른 어떤 사람보다도 영원히 알고 찬양할 것이다. 각 사람을 무한히 사랑하시는 하나님이 각 사람을 서로 다르게 사랑하실 수 있다는 것 말고 우리가 창조된 이유가 무엇이겠는가?" 그래서 천국에서는 우리가 창조된 목적대로 하나님의 그 독특한 측면을 살펴 알아서 서로에게 영원히 이야기할 것이며, "이를 수단으로 하는 이 땅의 예술과 철학은 하나님 모습의 서투른 모방에 불과하다."[4]

우리는 어떻게 하나님을 보게 될까? 우리의 타고난 능력은 근본적으로 부적당해서(이 사실을 모른다면 하나님을 모르는 것이다!), 지금 우리에게 없는 초자연적 능력으로 하나님을 보게 될 것인데, 성 토마스는 이를 "영광의 빛"이라고 부른다. 믿음이라는 선물은 우리가 준비되어 있고 거리낌 없이 동의할 때 하나님에게서 받는데, 이 초자연적 능력도 그런 식으로 하나님에게서 받을 것이다. "우리가 지금은 거울로 보는 것같이 희미하나 그때에는 얼굴과 얼굴을 대하여 볼 것이요, 지금은 내가 부분적으로 아나 그때에는 주께서 나를 아신 것같이 내가 온

---

[4] Lewis, *Problem of Pain*, as quoted in Peter Kreeft, *Practical Theology: Spiritual Direction from Saint Thomas Aquinas* (San Francisco: Ignatius, 2014), p. 343.

전히 알리라"(고전 13:12).

 물론 우리는 세 신적 위격을 모두 알게 될 것이다. 그리고 이 세 위격은 따로따로가 아니라 항상 함께 존재하고 행동하기 때문에 우리는 이분들을 동시에 알게 될 것이다. 위격은 셋이지만, 신적 본성·본질·실체·존재는 하나이지 셋이 아니다. 한 하나님을 단일한 인격체 아니면 각각 다른 인격을 지닌 삼인조로 생각할 수밖에 없는 것은 현재 우리의 타락한 지각(知覺)속에서만 그렇다. 지금 우리가 유대인이나 무슬림에게 삼위일체에 관해 가르치는 것처럼, 아마 천국에서는 이들이 우리에게 단일체에 관해 일깨워 줄 것이다. 그 일은 어쩌면 이 땅에서도 시작될 수 있다.

 물론 우리가 하나님을 알기 위해서는 묵상이 필수적이다. 이를 모른다면 하나님의 초월성을 모르는 것이다. 그리스도는 지금처럼 그때도 우리의 중보자이실 것이다. 그리스도만이 인간이 되셨고, 천국에서도 여전히 인간이시기 때문이다(승천하셨다고 해서 성육신이 취소된 것은 아니다). 중보자는 하나님 자신이어야 하는데, 왜냐하면 오로지 무한하신 하나님만이 창조주와 피조물 사이의 무한한 간극을 이어 주실 수 있기 때문이다. 그리스도가 천국에서 영광스러운 방식으로 우리를 위해 그 일을 해 주심은, 땅에서 우리를 위해 피를 흘리며 혹독한 방식으로 그 일을 해 주셨기 때문이다. 오직 그리스도만이 만물에게 의존하지 않는 무한한 창조주이시자, 자신의 일시적 시작을 위해 유한한 한 피조물(자기 어머니)에게 의존하신 유한한 피조물이시다. 그리스도는 자기 영화에 등장인물로 출연하는 영화감독과 약간 비슷하다[알프레드 히치콕(Alfred Hitchcock)과 나이트 샤말란(M. Night Shyamalan) 감독이 그런 것처럼]. 그 단일한 인격체는 전체 영화의 초월적 창조자인 동시에 영화에 내재하는 피조물이자 인물 중 한 사람이다.

5. 중간 상태란 무엇인가?

아마 중간 상태는 없을 것이다. 즉, 이생과 내생 사이에 시간의 연장 같은 것은 없으리라는 것이다. 죽음에서 '깊은 데 있는 천국'으로의 이동은 아마 순간적으로 일어날 것이다. "몸을 떠나"자마자 우리는 "주와 함께"(at home with the Lord) 있게 된다(고후 5:8). 하지만 "주와 함께" 있는 상태는 그 자체에 적어도 세 가지 일시적 변화를 포함할 수 있다. 첫째, (적어도 이곳에서 우리의 일시적 관점에서 볼 때) 한 개인이 죽었을 때의 특정한 심판과 세상의 종말 때의 일반적 심판 사이에는 틈이 있다. 둘째, 옛 몸을 "벗고" 새 몸, 즉 부활체를 "덧입[는]" 것 사이에도 틈이 있다(고후 5:4). 셋째, 우리를 의롭다 하시는 하나님의 일이 십자가에서 완성되고 "다 이루어"진다 해도(요 19:30), 우리의 성화는 아직 다 이루어지지 않았으며, 그래서 우리들 대다수는 죽음과 '깊은 데 있는 천국' 사이에서 더 깨끗해질 필요가 있는데, 가톨릭에서는 이를 연옥이라고 한다. 이 용어가 마음에 들지 않는다면 그냥 넘어가라. 성화는 다른 어떤 이름으로 부르든 달콤한 향이 날 것이다. 저녁 먹기 전에 손을 씻는 곳은 **욕실**이라 불러도 되고, **변소**라 불러도 되고, **화장실**이라 불러도 되고, 아무 이름도 안 붙여도 된다. 어쨌든 연회에 참석하는 이들은 모두 손이 완전히 깨끗하다.

　가톨릭의 연옥 교의는 시간을 가리키는 표현을 문자 그대로 읽어야 한다고 고집하지 않는다. '연옥에서 300일'이나 '연옥에서 10년' 같은 표현은 이 땅에서 우리가 쓰는 시계가 측정하는 시간을 뜻할 수 없다. 연옥은 이 우주에 속하지 않기 때문이다. 여기서 300일이나 10년 같은 시간은 '크로노스'(kronos)가 아니라 '카이로스'(kairos), 즉 물리적 시간이 아닌 영적 시간이어야 한다. 숫자는 사실상 초기 교회에서 심각하고 공공연한 죄에 부과하는 참회 기간에서 온 것으로, 이를 연옥에 적용할 때 이 기간은 상대적이고 비유적인 비교의 의미로 쓰였다. 죄가 많고 중할수록 연옥이 그만큼 더 필요하다. 몸이 더러울수록 더 씻어야 하는 것과 마찬가지다. 연옥에서 영적인 시간을 얼마나 많이 보내느냐는 (그런 시간이 존재한다면) 전혀 다른 문제이며, 대답은 불확실하다.

성경의 다음 세 가지 분명한 가르침으로 볼 때, 연옥 같은 것이 반드시 존재해야 한다는 것은, C. S. 루이스에게 그랬듯 개신교도들에게 의심할 여지가 없어야 한다.

1. 우리의 죄된 옛 본성과 습관은, 쓸데없는 걱정거리가 어깨를 짓누르며 성가시게 하듯 끝까지 우리에게 남아 있다("만일 우리가 죄가 없다고 말하면 스스로 속이고 또 진리가 우리 속에 있지 아니할 것이요", 요일 1:8).
2. "무엇이든지 속된 것"은 천국에 "들어가지 못[할]" 것이다(계 21:27).
3. 죄와 거룩함, 부정함과 정결함, 빛과 어둠의 차이는 엄청나다.

어떤 사람을 성도로 만들기 위해 연옥에 미치지 못하는 어떤 것,

연옥보다 수월한 어떤 것이 필요하다고 생각한다면, 이는 인간이 어떤 존재인지 모르거나 성도가 어떤 사람인지 모르는 것이다. 우리 죄인들이 죽을 때 연옥에서처럼 정결케 되거나 성화되는 과정 없이 그냥 불쑥 천국으로 미끄러져 들어가 하나님과 친밀히 교제할 수 있다고 생각한다면, 인간의 죄성이나 천국의 거룩함, 혹은 이 두 가지의 차이점에 대해 끔찍할 정도로 피상적인 견해를 가진 것이 틀림없다.

우리들 중 '싸구려 은혜 그리스도인'은, 아마 말로 표현할 수 없는 하나님의 사랑 및 우리와 친밀히 교제하고 싶어 하시는 놀라운 바람에 관해 우리가 (그리고 그들 나름의 신비주의자들이) 하는 말에 귀 기울여야 하는 것 못지않게, 말로 다 할 수 없는 하나님의 초월적 거룩함에 관해 경건한 무슬림들이 하는 말도 경청할 필요가 있을 것이다.

개신교도인 C. S. 루이스는 아내가 죽은 뒤 이렇게 말했다. "아내의 고통이 다 지나갔는지 내가 어떻게 알겠는가? 세상에서 가장 신심 깊은 영혼이 죽음이 목에서 가르랑거리는 순간 곧장 완전함과 평화로 도약할 수 있을 것이라고는 생각해 본 적이 없다. 이는 도무지 있을 법하지 않은 일이라고 생각했다. 지금 그런 믿음을 갖는다는 것은 복수심 어린 희망사항일 것이다. H는 더할 나위 없는 사람이었다. 반듯하고, 밝고, 칼 같은 기질의 영혼이었다. 하지만 완전케 된 성도는 아니었다."[5]

루이스는 이렇게 말한다. "우리 영혼은 연옥을 **요구**하지 않는가? 하나님이 우리에게 '맞다, 내 아들아, 네 숨결에서는 냄새가 나고 네 누더기에서는 진흙과 오물이 뚝뚝 떨어지지만, 여기 있는 우리는 자비

---

[5] C. S. Lewis, *A Grief Observed* (San Francisco: HarperSanFrancisco, 1961), p. 59. 『헤아려 본 슬픔』 (홍성사).

로워서 아무도 그런 걸 가지고 너를 나무라지는 않고, 너를 멀리 끌어내지도 않는다. 기쁨으로 들어오려무나'라고 말씀하신다면 가슴이 뭉클하지 않겠는가? 이때 우리는 '말씀을 받들겠습니다, 주님, 그리고 이의가 없다면 먼저 깨끗이 씻고 오겠습니다'라고 대답해야 할 것이다. '마음 상할 수도 있을 것이다'-'그럴지라도요, 주님.'"6

성경은 불로 금을 정련하는 것에 대해 말한다(고전 3:12-13). 제노바의 성 카테리나(St. Catherine of Genoa)는 신비한 연옥 환상을 보고 이 비유를 이렇게 설명한다. "금을 보라. 금은 많이 녹이면 녹일수록 더 좋아진다. 금에 포함된 모든 결함을 다 소멸시킬 때까지 녹일 수 있다…영혼이 정련되면…더는 고통을 겪지 않아도 된다. 불타 없어질 것이 아무것도 남아 있지 않기 때문이다. 이렇게 불 속에서 정결케 될 때 이 영혼은 아무 고통도 느끼지 않을 것이다. 신적 사랑의 불길은 오히려 이 영혼에게 영원한 생명 같을 것이며, 절대 그 반대가 아니다."7

연옥에서 우리는 어떤 일을 겪을까? 성 카테리나는 연옥의 고통뿐만 아니라 연옥의 기쁨도 이생의 그 어떤 것보다 크다고 말한다. "하나님을 향한 사랑, 내가 볼 때 영혼을 가득 채우고 흘러넘치는 그 사랑이 말로 표현할 수 없을 만큼의 행복을 주기 때문이다. 하지만 이 행복은 연옥에 있는 영혼들의 고통에서 단 하나의 아픔도 덜어 주지 못한다. 이 영혼들의 사랑은 (하나님과의 완전한 연합이) 훼방받는 것을 깨닫고 오히려 이 영혼들에게 고통을 초래한다. 하나님은 이들이 사랑할

6　Lewis, *Letters to Malcolm*, pp. 108-109.
7　Catherine of Genoa, "Treatise on Purgatory", in *Late Medieval Mysticism*, ed. Ray C. Petry, Library of Christian Classics (Philadelphia: Westminster, 1957), p. 407.

수 있게 하시지만 이 사랑이 완전할수록 고통도 크다. 그래서 연옥에 있는 영혼들은 가장 큰 행복을 누리며 가장 큰 고통을 감내한다."[8]

이 만만찮은 지평에서 바라보면, 연옥에서 겪는 엄청난 고통과 수난을 무시한 채 가톨릭교도들이 아침 기도 때 "연옥에 있는 거룩한 영혼들"이라는 네 단어를 그렇게 경솔하고 무심하게 언급하고 지나가는 것은 부끄러운 일이다. 개신교도들은 연옥의 존재조차 무시하지만, 적어도 핑계는 있다. 연옥은 신화라고 배웠기 때문이다.

C. S. 루이스의 가장 훌륭한 저작 『우리가 얼굴을 찾을 때까지』(*Till We Have Faces*, 홍성사)라는 제목은 연옥이 존재해야 하는 본질적 이유다. 우리가 얼굴을 찾기 전에 어떻게 하나님을 대면해 만날 수 있겠는가? 루이스는 이 '재구성된 신화'(myth retell; 『우리가 얼굴을 찾을 때까지』의 부제—옮긴이)가 우리 모두를 위한 이야기가 되게 할 생각이었다. 여주인공의 이름 '프시케'는 그저 '영혼'이라는 뜻이기 때문이다.

성 카테리나의 설명처럼, 즐거움과 고통 문제조차도 어느새 사라진다. "하나님을 얼핏 볼 수 있을 때마다 이 광경은 인간이 느낄 수 있는 모든 고통이나 기쁨을 능가한다."[9] 루이스도 같은 말을 한다. "우리가 이것(지복직관, 위대한 춤)에 가까이 다가갈수록…고통과 즐거움은 거의 시야 밖으로 가라앉는다."[10]

연옥은 세 번째 최종 목적지, 천국이나 지옥의 대안이 아니다. 연옥은 천국의 시작이다. 연회장과 식당과 침실로 들어가기 전의 욕실이자

---

8   Catherine of Genoa, "Treatise on Purgatory", p. 408.
9   Catherine of Genoa, *Fire of Love!: Understanding Purgatory* (Manchester, NH: Sophia Institute, 1996), p. 84.
10 Lewis, *Problem of Pain*, p. 141.

온수 샤워장이다. [그렇다, 침실. 이 역시 성경에서 유추한 말이다. "너를 지으신 이가 네 남편이시라"(사 54:5). 또한 신비주의자들에게서 인용한 말이기도 하다.]

연옥에 대한 가장 강력한 논증은 그리스도 자신의 요구에서 찾아볼 수 있다. "그러므로 하늘에 계신 너희 아버지의 온전하심과 같이 너희도 온전하라"(마 5:48). 이는 과장이 아니다. 그리스도는 절대 과장하지 않으셨다. 조지 맥도널드(George MacDonald)가 가르쳤다시피, 하늘에 계신 우리 아버지는 "기쁘게 해 드리기는 쉽고 만족시키기는 어려운" 분이시다.[11] 우리에게 연옥이 필요한 것은 하나님이 어린이 물놀이터가 아니라 대양(大洋)이시고, 따뜻한 솜털이 아니라 "소멸하는 불"(히 12:29)이시기 때문이다.

자, 여러분이 이미 완전케 된 성도라면 누가 한 번 나서서 이 교리에 처음으로 돌을 던져 보겠는가?

이 대단한 연옥 교리를 요구하는 것은 대단한 성경적 천국 교리다. 천국은 에베레스트보다 높은데, 우리가 벼룩처럼 몇 센티미터 뛰어오르는 것을 천국의 본격적 현실과 연관시켜 보자면, 프리마 발레리나가 되는 과정에서 유아가 뒤뚱거리며 첫 두 발짝을 떼어 놓는 것과 같다.

무엇이든 이만큼 어마어마하지 않다면 그것은 개신교가 아니고 이교도, 세속적 인본주의, 대중 심리학이다.

---

11 C. S. Lewis, ed., *George MacDonald: An Anthology of 365 Readings* (New York: HarperCollins, 2001), p. 30. 『조지 맥도널드 선집』(홍성사).

6. 종말에 대한 이 견해는 현재의 삶과 어떻게 연관되는가?

세상에서 삶을 보는 이 견해와 같은 방식으로 태 속에서 삶을 보는 이 견해가 연결된다. 결혼이 구애(求愛)와 연결되듯, 음식 먹기가 요리와 연결되듯, 목적지가 여정과 연결되듯, 승리가 전쟁과 연결되듯, 집이 귀가와 연결되듯 말이다. 천국에서의 삶은 이 땅에서의 삶의 대안이나 이 땅에서의 삶에서 도피하는 것이 아니며, 이 땅에서의 삶에 대한 보상, 이 땅에서의 삶의 행위에 대한 보수, 심지어 이 땅에서의 우리 삶의 신증보판도 아니다(비록 그에 아주 가깝기는 하지만). 천국에서의 삶은 이 땅에서의 우리 삶, 지금 우리가 누리는 삶의 변화된 충만함이다. 만약 우리가 그리스도인이라면 말이다. 천국에서의 삶은 우리가 창조된 목적, 총체적으로 인간에 관한 일이다.

그러므로, 천국만큼 이 세상 및 지금의 삶과 연관된 것은 없다. 천국은 '그림의 떡'과 정반대다. 천국은 우리가 지금 쓰고 있는 이야기의 요점, 우리가 지금 그리고 있는 그림의 완성이다. 우리는 『해럴드와 보라색 크레용』(Harold and the Purple Crayon)과 같다.[12] 천국은 타향에 온 ET를 위한 '집'이다. 그것이 바로 우리가 이 영화를 보면서 '마음의 불을 켜고', 집이 있는 이 땅의 아이 엘리어트보다 집 없는 외계인 ET에게 공감하는 이유다.

천국에서는 땅의 것이 전혀 상실되지 않을 것이며, 선한 것은 전

---

12 Crockett Johnson, *Harold and the Purple Crayon* (New York: Harper & Row, 1955). 『해럴드와 보라색 크레용』(시공주니어). 이 어린이 책에서 해럴드는 네 살배기 남자아이로, 상상력과 크레용을 가지고 자기만의 모험 세계를 창조한다.

혀 줄어들거나 대체되지 않을 것이다. 하지만 그 어떤 것도 변하지 않은 채로 있지는 않을 것이다. "우리도 변화"(고전 15:52)될 때, 우리의 소유인 모든 것도 변화될 것이다. 모든 것이 변화되고 완전케 될 것이다. 시력이 안 좋은 두 눈이 치유되면 세상의 모든 것 하나하나가 갑자기 달라 보이는 것과 마찬가지다. "변화되고 완전케 된다." 이것이 이 땅의 이것 혹은 저것이 천국에도 있을지에 관한 모든 질문에 답변하는 (물론 구체적이고 상세히는 아니더라도) 보편 원리다. 천국에는 변화되고 완전케 된 야구, 갈색 곰, 나비가 있을 것이고, 무엇이든 우리가 올바로 좋아하는 것들이 있을 것이다. 성 브리지트(St. Bridget)는 천국에 우리가 수영을 할 수 있을 만큼 커다란 맥주 호수가 있을 것이라고 말한다. [나는 모든 사람이 적어도 부분적으로는 아일랜드인이 아닌가 한다. 아일랜드인 기질이 하나님의 형상의 한 부분이라는 증거는, 우리가 하나님에 관해서 말할 때보다 하나님께 말을 할 때, 그분의 아일랜드식 이름 "오 하나님"(O'God)을 쓴다는 사실이다.]* 이 땅의 것 중 천국에 확실하고도 절대적으로, 그리고 무조건적으로 부재할 것은 바로 죄다.

완전한 인간 삶, 특히 이 세상에서 일부 사람들이 비극적으로 상실한 삶이 천국에서 발견될 것이다. 톰 하워드(Tom Howard)는 『호랑이 그리스도』(Christ the Tiger)에서 이 점을 설득력 있게 표현한다.

• O'는 son of의 약어로, 아일랜드인의 성 앞에 붙는다. 성 브리지트는 아일랜드인이며 물을 맥주로 바꾸는 것으로 유명했다고 한다. 로저 매캔(Roger McCann)이라는 수학자는 「필로소피 나우」(Philosophy Now)에 기고한 "하나님은 아일랜드인인가?"(Is God Irish?)라는 아티클에서 말하기를, 하나님이 자기 형상으로 인간을 창조했다는데, 어느 집단이 가장 풍자를 잘 구사하며 따라서 하나님을 가장 많이 닮았는지를 생각해 보니 바로 아일랜드인이 떠올랐다고 한다. 크리프트가 이 아티클을 읽었는지는 알 수 없다—옮긴이.

보라 내가 만물을 새롭게 할 것이다. 보라 내가 이뤄질 수 없는 일을 행할 것이다. 메뚜기와 벌레들이 먹어 치운 세월을 되찾아 줄 것이다. 목발과 휠체어에 축 늘어져 보낸 세월을 되찾아 줄 것이다. 귀먹어 한 번도 들은 적 없는 교향악과 오페라를, 눈멀어 한 번도 본 적 없는 설경(雪景)을, 약탈당한 자유를, 비방과 불의 탓에 잃어버린 정체성을 되찾아 줄 것이다. 네 어리석은 착각으로 사기당한 이득을 되찾아 줄 것이다. 다른 모든 이들이 말하는 사랑을, 기쁨과 아름다움인 사랑을, 수많은 거리를 찾아 헤매었고 눈물 흘리며 베개를 쥐어뜯게 했던 사랑을 네게 안겨 줄 것이다.[13]

어린 나이에 비극적으로 죽은 자녀 때문에 슬퍼하던 부모가 천국에서 자녀를 만날 때, 나는 이 부모가 자녀를 어린아이로만 사랑하는 게 아니라 모든 성장 단계를 거쳐 인간적으로 성숙해서 성인이 될 때까지 사랑할 수 있도록 하나님이 그 길을 마련해 주실 가능성이 높다고 생각한다. 그 무엇도 부모만큼 실제적으로 자녀를 성숙시킬 수 없는 것처럼, 그 무엇도 자녀만큼 실제적으로 부모를 성숙시키지 못하기 때문이다. 이는 자녀와 부모 모두의 삶을 바르게 하고 온전하게 할 것이다. 부모와 자녀 관계는 남편과 아내 관계만큼 아름답게 상호 의존하는 관계인 까닭이다.

---

13 Thomas Howard, *Christ the Tiger* (San Francisco: Ignatius, 1990), p. 147.

7. 우리는 특별한 능력을 갖게 될까?

물론 그렇게 될 것이다. 보통의 성인이 보통의 아기에게 없는 특별한 힘을 갖는 것처럼, 천국의 영적 성인은 우리 영적 아기들에게 없는 특별한 능력을 소유한다. 성 토마스는 전통 의견을 요약해 이 능력 다섯 가지를 다음과 같이 열거한다(이외에도 여러 가지가 더 있을 것이 거의 확실하다).[14]

1. **고통불가성**(Impassibility)은 그 어떤 외부의 폭력도 우리를 짓밟거나 죽이거나 상처를 입히지 않으리라는 뜻이다. 코끼리 잡는 총이 코끼리를 죽일 수 있고 작은 바이러스도 코끼리를 죽일 수 있지만, 코끼리 총도 바이러스도 영적 몸은 죽일 수 없다. 마늘은 뱀파이어를 죽일 수 있고, 은 총알(silver bullet: 초자연적인 존재를 죽일 수 있는 무기를 뜻하는 관용어—옮긴이)은 늑대인간을 저지할 수 있지만, 이런 것도 영을 죽이지는 못한다. '영적인 몸'이 뜻하는 것 한 가지는 불멸성임이 분명하다. 지금 우리 영혼에 참인 사실은 천국의 몸에도 참일 것이다. 몸과 영혼은 하나이지 둘이 아니기 때문이다.

   이는 어렵지 않게 알 수 있다. 도끼로 부활체의 몸통에서 머리를 분리할 수 있다면 이는 현재의 몸이 아주 보잘것없게 개선된 것이라 할 수 있다. 그리고 이런 몸은 '영적 몸'이라고도 할 수 없다. 물론 우리는 무엇으로도 파괴할 수 없는 존재일 것이다. 이성

---

[14] St. Thomas Aquinas, *Summa Theologiae*, Supplement, Questions 82-85.

과 믿음이 우리에게 그 사실을 확신시킨다. 이성의 주장에 따르면, 우리가 파괴 불가능한 존재가 아니라면 파괴 가능한 존재일 것이고, 그러므로 결국 소멸할 것이다. 어떤 잠재 능력이 활성화되는 게 가능하지 않다면, 그런 능력은 전혀 잠재 능력이 아니다. 마찬가지로, 믿음은 우리에게 "그리스도께서 죽은 자 가운데서 살아나셨으매 다시 죽지 아니하[신다]"(롬 6:9)고, "우리가 그와 같을"(요일 3:2) 것이라고 말한다. 그러므로, 죽은 자 가운데서 살아난 우리 역시 더는 죽지 않을 것이다. (그건 그렇고, 믿음에도 이성과 마찬가지로 나름의 논법, 즉 대전제, 소전제, 결론이 있다는 점에 주의하라!)

2. **가벼움**(Levity) 또한 성경에 언급된다. 우리는 "갈대밭의 불꽃 같을"[지혜서 3:7, 두에랭스(Douay-Rheims) 성경] 것이다. 이는 지적 능력이 아니라 눈으로 볼 때 가장 잘 이해된다. 이 비유의 요점을 직관적으로 이해하기 위해서는 이 광경을 실제로 봐야 한다. 아니 그 광경을 생각만 하는 게 아니라 갈대밭의 불꽃이 어떻게 움직이는지를 적어도 상상은 해 봐야 한다. 최소한 이 비유에는 우리가 천사들처럼 날아다닐 것이라는 메시지가 담겨 있다. 체스터턴(Chesterton)이 그 이유를 설명한다. "천사들이 날아다닐 수 있는 것은 스스로 가볍게 여길 수 있기 때문이다."[15] 여기에는 주도면밀한 이중 의미가 있으니, 바로 겸손과 유머다. 겸손에는 유머가 없고 유머에는 겸손이 없기에 이 둘은 필연적으로 연결된다. 또한 이는 천국에 유머가 존재할 것이고, 완전케 될 것을 암

---

[15] G. K. Chesterton, *Orthodoxy* (John Lane Company, 1908; repr., San Francisco: Ignatius, 1995), p. 127. 『G. K. 체스터턴의 정통』(아바서원).

시한다. "천국은 유머러스할까 진지할까?"라는 질문은 너무 유머러스해서 진지할 수가 없는 질문이다. C. S. 루이스의 말처럼 "기쁨은 천국의 진지한 관심사다."[16]

3. **기민성**(Agility) 덕분에 우리는 그리스도와 천사들처럼 벽을 통과해 다닐 수 있고, 동시에 두 장소에 있을 수 있고, 순간적으로 한 장소에서 다른 장소로 이동할 수 있을 것이다. 왜냐하면 성 토마스의 설명처럼 "인간의 몸과 그 몸에 있는 모든 것[능력]은 이성을 지닌 영혼에 완전히 복속될 것이고, 동시에 그 영혼은 하나님에게 완전히 복속될 것"이기 때문이다.[17] 우리는 양자 이론에서 전자가 궤도를 바꾸듯 "갈대밭의 불꽃처럼 이리저리 달릴" 것이다. 성 토마스가 말하다시피, "영화롭게 된 몸은 한 장소에서 또 한 장소로 갈 때 그 간격을 통과하지 않고 옮겨 다닐 것이다."[18]

4. **투명함**(Clarity)은 우리가 '빛나는' 존재가 되리라는 뜻이다. 변화산에서의 그리스도처럼, 빛으로 만들어지든지 아니면 적어도 빛으로 충만하고 빛을 발생시키리라는 것이다. 이는 "영혼의 영광이 몸으로 흘러넘치는 데 따르는 결과일 것"이라고 성 토마스는 말한다.[19] 그리스도처럼 우리는 상징적 의미 그 이상의 "빛의 자녀들"(엡 5:8)이 될 것이다. 빛은 하나님이 창조하신 첫 번째 물질이며, 늘 신비주의자들이 좋아하는 물질 이미지가 되어 왔다. 중

---

16 Lewis, *Letters to Malcolm*, p. 93.
17 Peter Kreeft, *Practical Theology: Spiritual Direction from Saint Thomas Aquinas* (San Francisco: Ignatius, 2014), p. 331, Supplement, Question 82.1 of *Summa Theologiae*(New York: Benziger, 1947)를 인용.
18 Kreeft, *Practical Theology*, p. 331 (Supplement, Question 84.3을 인용).
19 Aquinas, *Summa Theologiae*, Supplement 85.2.

력이 물질 형태의 사랑인 것처럼, 빛은 물질 형태의 진리다. 사랑이 영적 중력인 것처럼, 진리는 영적 빛이다.

5. **신묘함**(Subtlety)은 어떤 물질도 우리를 차단할 수 없고 우리를 꿰뚫을 수 없다는 점에서 우리가 천사들과 비슷하리라는 의미다. 타락은 반전될 것이다. 범죄하기 전 우리 몸은 영혼 속에 있었다. 우리가 죄에 빠진 후에는 우리 영혼이 우리 몸으로 들어갔다. 같은 내용을 다른 비유로 말하자면, 우리 영혼이 하나님에게 반역했을 때 우리 몸이 우리 영혼에게 반역하고 죽을 수밖에 없는 운명이 되었다. 마찬가지로, 물질세계 또한 장애물로 가득한 고통스러운 곳이 되어 우리 영혼에게 반역했다. "동산"은 아담이 하는 일에 "가시덤불과 엉겅퀴"가 되었고, 출산은 하와에게 고통스러운 일이 되었다(창 3:16-19). 우리 영혼이 완전히 하나님에게 순복할 때, 우리 몸은 우리 영혼에 완전히 순복할 것이며, '새 땅'의 물질은 우리 몸에 완전히 순복할 것이다(이것이 이러한 것들의 '신묘함'이다).

8. 우리는 이생의 비극적인 사건들을 기억하게 될까? 지옥에 있기 때문에 천국에서 우리와 함께하지 못하는 사랑하는 사람들을 기억하고 이들의 부재를 아쉬워하게 될까?

이는 아주 다른 두 가지 질문이다. 두 번째이자 좀 더 어려운 질문에 먼저 답변해 보자.

이 질문은 우리를 삼자택일의 궁지에 빠트린다. 사랑하는 사람들을 기억하지 못하기 때문에 이들의 부재를 아쉬워하지 않는다면, 우리의 행복은 이들이 지옥에 있다는 진실을 모른다는 것에 의존하는 셈이다. 우리가 이들을 기억하기는 하되 이들의 부재를 아쉬워하지 않는다면, 우리의 행복은 우리의 사랑 없음에 의존하는 셈이다. 하지만 진실과 사랑은 신적이고 천상적인 두 가지의 절대 가치(absolute)다. 만약 우리가 이들을 기억하고 이들의 부재를 아쉬워한다면, 천상의 세 번째 절대 가치, 즉 기쁨이 희생될 것이다.

C. S. 루이스는 『천국과 지옥의 이혼』(The Great Divorce)에서 참으로 까다롭고 곤란한 이 궁지에 응수하는데, 먼저 우리가 기쁨이나 사랑이나 진실을 잃는 일은 없으리라는 것이 이 질문에 대한 답변일 것이라 말하고 이를 증명한다. 하나님이 어떤 방식으로 행하시든 우리도 그렇게 할 것이다. 사실(facts)은 확실하고 명쾌하다. 그 사실이 **어떻게** 작동할 수 있는지에 대한 설명은 명확하지 않더라도 말이다. "사랑 없는 사람들과 스스로 (지옥에) 갇힌 사람들은 자신들이 우주를 갈취할 수 있게 해 달라고, (자신들의 방식대로) 행복해지기로 동의할 때까지 다른 누구도 기쁨을 맛보아서는 안 된다고, 최종 권력은 자신들 것이 되어야 한다고, 지옥은 천국을 **거부**할 수 있어야 한다고 요구"하지만 천국은 이 요구를 들어줄 수 없다. "기쁨이 우세해지고 불행을 만들어 내는 모든 이들이 이제 더는 기쁨을 오염시키지 못할 날이 오든지, 아니면 불행을 만들어 내는 이들이 언제까지나 영원히 타인의 행복을, 자기들 스스로 거부한 그 행복을 파괴할 수 있든지 둘 중 하나다."[20]

---

20 C. S. Lewis, *The Great Divorce* (San Francisco: HarperSanFrancisco, 2001), pp. 135-136. 『천국과 지옥의 이혼』(홍성사).

이어서 루이스는 성 토마스가 구별한 능동성과 수동성, 혹은 행위와 잠재력을 연민이나 동정의 정서에 적용함으로써 어떻게 이런 일이 일어날 수 있는지를 설명한다.

연민의 행위는 영원히 존속할 테지만, 연민의 정념은 그렇지 않다. 연민의 정념, 우리가 그저 경험하는 연민, 용인해서는 안 되는 것을 용인하게 만들고 진실을 말해야 할 때 아첨하게 만드는 그 통증, 숱한 여자들을 기만해 순결을 잃게 만들고 숱한 정치가들을 기만해 정직을 잃게 만드는 연민, 그런 연민은 죽을 것이다. 이는 악인이 선인을 대적하는 무기로 쓰인다. 악인의 무기는 망가질 것이다.

[그러나 연민의 행위는] 반대편의 무기다. 이는 가장 높은 자리에서 가장 낮은 자리로 빛보다도 빨리 뛰어내리며 치유와 기쁨을 안겨 준다.…치료받기로 하는 질병은 모두 치유될 테지만, 우리는 고집스레 편견을 품는 사람들을 기쁘게 하려고 파란색을 노란색이라고 하지는 않을 것이다.[21]

연민 혹은 동정의 이 두 측면은 이생에서도 구별할 수 있다. 물론 이 측면들은 늘 서로 뒤섞여 있기는 하다. 사랑하는 사람이 무언가 자기 파괴적인 행동을 할 때, 우리는 "어떻게 네 자신에게 그런 짓을 할 수 있어?"라고 묻는다. 이는 능동적인 동정, 순수하고 이타적인 자비다. 하지만 이 말에는 "나한테 어떻게 이럴 수 있어?"라는 의미가 바탕에 깔려 있다. 그리고 이는 수동적이고 자기중심적인 연민이다. 이생에

---

21 Lewis, *Great Divorce*, pp. 136-137.

서는 이 두 측면을 분리할 수 없고 분리하려고 해서도 안 되지만, 내생에서 하나님은 이 두 측면을 분리하실 것이다. 사랑·자비·연민·동정의 능동성은 존속할 테지만, 수동성이나 정념은 그렇지 못할 것이다.

이제 다른 질문으로 넘어가 보자. 우리는 이 땅에서 살 때 우리 삶에 일어난 비극적인 일들을 기억하게 **될 것이다**(천국은 행복한 치매 상태가 아니다!). 하지만 이 문제에서도 행동이 정념을 이긴다. 우리는 그 사건들을 마치 사진을 볼 때처럼 우리 마음이 그 사건들에 순응만 하고 아무것도 덧붙이지 못한 채 그저 수동적으로 기억하지 않을 것이다. 그보다 우리는 마치 화가가 사진을 보고 그림을 그리듯, 혹은 작가가 비교적 훌륭하지 못한 자기 작품에 관해 비교적 훌륭한 해설을 쓰듯, 그 일을 능동적이고 창조적으로 기억하게 될 것이다. 보잘것없는 책에도 훌륭한 해설이 붙을 수 있다. 우리는 이 비극적인 사건을 당시 우리가 그 일을 볼 때처럼 보는 게 아니라 하나님이 보시듯 보게 될 것이다. 이러한 교정과 재해석 과정을 통해 그 사건의 더 깊은 의미가 드러날 것이다. 어떻게 이런 악조차 하나님의 완벽한 섭리에 의해 선을 이루어 냈는지 알게 될 것이다(롬 8:28). 우리는 지금 여기서도 이를 **믿을** 수 있지만(이는 자유로운 선택이므로 정념이 아니라 행동이다), 천국에서는 하나님이 그렇게 하시듯 이를 눈으로 **보고 기뻐하게** 될 것이다. 우리의 불완전한 이야기들을 하나님의 완전한 이야기의 일부분으로 보게 되기 때문이다. 우리는 역사(history)를 그분의 이야기(His-story)로 보게 될 것이다.

이렇게, 어떤 의미에서 우리는 인과관계가 시간을 역행해서 작용하게 만든다. 우리의 천국관이 교정되면 과거에 이 땅에서 있었던 사건들에 작용해 그 사건의 사실성이 아니라 사건의 의미가 달라지게 한다. 그 사건에서 무언가를 덜어 내는 게 아니라 그 사건에 신적 해석을 덧붙인다. 이 땅에서의 삶에 대해 우리가 쓰게 될 천상의 해설은 어떤 **자료**를 추가하는 게 아니라 이 땅에서의 우리 삶의 음울한 자료에 **빛**을 더해 준다. 우리는 이 음울한 부분마저도 하나님의 완전한 계획의 빛에 비춰서 보게 될 것이다.

나는 이것이 우리가 겪은 비극이나 물리적 악에만 적용될 게 아니라, 우리가 저지른 죄나 영적 악에도 적용되어야 한다고 생각한다. 성 베드로는 자신이 저지른 가장 큰 죄, 그리스도를 세 번 부인한 죄를 고백한 것을 아마 자랑스러워할 것이다. 왜냐하면 이 일이 회개 및 하나님의 놀라운 죄 사함의 은혜를 위한 재료와 계기가 되어 주었고, 하나님이 이 악을 수많은 그리스도인의 건덕(建德)이라는 큰 선을 위해 사용하셨기 때문이다. "죄가 더한 곳에 은혜가 더욱 넘쳤나니"(롬 5:20). 악은 선이 될 수 없지만, 2천 년 전 갈보리에서 그러셨던 것처럼 하나님은 악조차 합력시켜 선을 이루실 수 있다(롬 8:28). 하나님의 계시된 뜻과 법은 세상에 공개된 교향악 악보와 같은데, 우리네 오케스트라 단원들은 이 악보를 매우 서투르게 연주한다. 하지만 하나님의 은밀한 뜻과 은혜는 더 위대한 악보 같아서, 그분은 서툰 연주자들인 우리를 활용해 더 고귀한 하모니를 이루어 내신다. 우리는 보통 이를 눈으로 보지는 못하지만 믿을 수는 있다. 왜 믿을 수 있는가? 그저 하나님이 우리에게 말씀해 주셨기 때문이다. 여기에 예외는 없다. "보라 내가 만물을 새롭게 하노라"(계 21:5).

이는 근본적인 죄이자 세상 모든 악의 근원인 타락에도 해당된다.

아우구스티누스는 이 죄에 대해 이렇게 말한다. "그토록 큰 구속을 초래한 복된 죄여[felix culpa]!" 더 나아가 우리는 "성 금요일"이라고 하는 거룩한 날에 저질러진 가장 큰 죄를 기억한다.

비극(물리적 악)뿐만 아니라 죄(도덕적 악)까지, 모든 악은 천국의 영광과 기쁨의 요소일 수 있다. 하지만 비극은 신적 간섭이라는 문을 통해서만 들어오며, 죄는 인간의 회개라는 문을 통해서만 들어온다. 만사가 다 선하지는 않지만, 만사가 협력해 선을 이룬다. 만사가 덕스럽지는 않지만, 만사가, 심지어 죄까지도 덕의 계기가 될 수 있다. 성 토마스는 이것이 하나님이 우리의 가장 명백하고 당혹스러운 죄를 치유하는 은혜를 의도적으로 유보하시는 이유라고 한다. 자신이 그런 은혜를 베풀면 이는 더 악한 죄(교만)라는 결과를 낳을 테지만 은혜를 베풀지 않으면 그 결과는 큰 선(겸손, 자기를 아는 지식, 회개)이리라는 것을 하나님은 미리 내다보신다. 하나님은 공리주의자다. 우리는 하나님이 아니기 때문에 감히 공리주의자가 되지 못한다.

성경은 천국에서 하나님이 "모든 눈물을 그 눈에서 **닦아 주[실]**"(계 21:4) 것이라고 말한다. 성경은 그곳에 눈물이 없을 것이라고 말하지 않는다. 그곳에 눈물이 없다면 셰익스피어나 도스토옙스키나 톨킨을 어떻게 이해할 수 있겠는가? 닦아 낼 눈물이 없다면, 톨킨이 "행복한 결말"(eucatastrophe; "갑작스럽게 진리를 얼핏 봄으로써 이야기에 돌연 행복한 전환이 일어나, 눈물을 자아내는 기쁨이 스며드는 것")[22]이라 부른 그 독특한 기쁨은 어떻게 되겠는가? 천국이 단순히 우리의 성취와 번영과 정

---

[22] Tolkien Gateway contributors, "Letter 89," Tolkien Gateway, http://tolkiengateway.net/w/index.php?title=Letter_89&oldid=268504.

체성의 일부를 제거하거나 파괴하지 않고 오히려 이를 변화시킨다면, 이는 눈물과 비극에도 어떤 식으로든 해당될 것이 틀림없다.

9. 배우자 및 다른 가족과는 어떤 식으로 관계를 맺게 될까?

우리는 분명 이들을 알아보고 이해하며 사랑하면서 관계를 맺을 텐데, 이는 우리가 지금보다 더 어리석어지지는 않을 것이기 때문이다. 배우자와 가족의 대체불가능한 독특성을 포함해 이 관계의 모든 긍정적 측면은 천국에서도 여전할 것이다. 하지만 부정적 요소들, 일부 가족 관계(가장 잘 알려진 것은 부부 관계)의 배타성은, 비록 이 땅에서는 반드시 필요했지만 천국에서는 필요하지 않을 것이다. 정욕이나 배신 없이 순수하고 완전한 인격적·영적 친밀감, 이 땅에서는 친구 관계서만 근소하게 맛볼 수 있는 그런 친밀감으로 모든 사람의 영에 들어갈 수 있게 해 주는 일종의 고결한 문란함(virtuous promiscuity)이 있을 수 있다.

그리고 이 세상에서든 다음 세상에서든 우리는 순전한 영도 아니고 기계에 깃들인 유령도 아니기에, 또한 성별은 우리의 육체적 정체성뿐만 아니라 영적 정체성의 중요한 측면, 사실상 가장 영적인 부분에까지 영향을 끼치는 어떤 것이기에, 천국에서 우리는 성별을 잃지 않을 것이다. 거세되는 게 아니라 완전케 될 것이고, 모든 선한 것이 줄어드는 게 아니라 고양될 것이다(물론 성별 혼란 같은 선하지 않은 것은 그렇지 않다). 성별은 아주 선한 것이다. 하나님이 창안하셨을 뿐만 아니라 이를 바로 하나님의 형상의 본질적 부분으로 선언하신 까

닮다. 창세기 1:26-27은 성경에서 하나님의 형상을 첫 번째로 언급한 부분이며, 이 구절이 그 형상에 관해 가장 먼저 하는 말은 이 형상이 "남자와 여자"라는 것이다. 천국에서 우리의 성별은 생식을 위해서가 아니라 영광과 아름다움을 위해서 있을 것이다. 천국에서도 성별은 단순히 공간적으로 분리된 신체 기관에만 있는 게 아니라 지금과 마찬가지로 우리의 총체적 정체성의 한 차원일 것이다. 조금 더 자세히 들어가자면, 우리가 지금 아는 것은, 우리는 알 수 없다는 사실뿐이다.

의복은 어떠한가? 천국에 있는 복된 이들을 얼핏 본 사람들(성도, 신비주의자, 유체이탈 체험자 등. 현대의 심폐기능 소생 기술 덕분에 이런 사람들은 급격히 늘어났다)에게 천국에서 본 사람들이 벌거벗고 있는지 옷을 입고 있는지 물어보면, 대답은 늘 똑같다. 천국에 있는 이들은 옷을 입고 있지만, 천국에서 옷은 몸을 가리는 게 아니라 오히려 몸의 아름다움을 드러내 준다고 한다. 마치 꽃이 줄기에서 자라나는 것처럼 이 아름다움도 이들의 몸에서 생겨나는 것 같다.

이는 천국의 답변은 언제나 우리 생각의 범주 및 이것 아니면 저것식의 질문을 초월한다는 것을 보여 주는 좋은 사례다. 나이도 마찬가지다. 복된 이들은 우리가 보기에 젊어 보이는 동시에 늙어 보인다. [특히 어린 나이에 이상(異象)을 본 이들이 이런 말을 한다.]

이런 유형의 범주 초월성은 비교 종교 관련 질문에 대한 천국의 답변 패턴이 아닐까 하는 생각이 강하게 든다. 힌두교도와 무슬림은 그리스도인이 아니기 때문에 천국에 못 갈까, 아니면 적어도 천국의 열등한 위치에는 도달할까?(선택지는 '배타주의자'나 '보수주의자') 아니면 종교 간에 완전한 평등이 있게 될까?(선택지는 '포괄주의자'나 '자유주의자') 여러 선택지 중 하나를 고르는 질문을 하나님 앞에 내놓을 때, 그 대답은 언제나 '위 선택지에는 답이 없음'이다. 우리가 제시한 '위' 선택지는 사실상 아래로부터 온 것이기 때문이다.

10. 우리는 최종 상태에서도 죄를 지을 수 있을까? 지을 수 없다면, 우리는 어떤 의미에서 자유의지를 갖게 될까?

사실에 근거한 답변은 명백하다. 우리는 죄를 짓지 않을 것이고(왜냐하면 죄를 짓는 것은 천국을 실제 악으로 오염시키는 행동일 것이므로), 실제 의미에서 죄를 지을 수도 없을 것이다(왜냐하면 죄를 지을 수 있다는 것은 적어도 악의 실재 가능성으로 천국을 오염시킬 것이므로). 확실히 천국에서는 누구도 죄를 지을 수 없을 것이며 이는 단순한 개연성이 아니다.

하지만 우리가 로봇처럼 되어 자유의지를 잃지는 않을 것이며(왜냐하면 자유의지는 선한 것이기 때문에), 다만 자유의지가 완전케 될 것이 확실하다. 그런데 어떻게? 그것은 분명하지 않다.

아우구스티누스는 자유의지의 세 가지 조건을 구별함으로써 이 질문에 답변할 수 있게 도와준다.[23]

1. 에덴동산에서 우리는 죄를 안 지을 수 있었고(*posse non peccare*) 또한 죄를 지을 수도 있었다(*posse peccare*).

---

[23] Augustine, *Admonition and Grace* 33.

2. 현재의 타락 상태에서 우리는 하나님이 초자연적으로 간섭하시지 않는 한 죄를 안 짓는 게 불가능하다(non posse non peccare). 하지만 이 '죄를 짓지 않을 수 없음'은 우리의 삶 전반을 가리킨다. 개인의 모든 도덕적 선택과 관련해 우리는 죄를 짓지 않을 수 있는 동시에 죄를 지을 수도 있다. 그렇지 않다면 우리에게는 자유의지가 없는 것이며 따라서 도덕적으로 아무 책임이 없다. 하지만 현재의 타락 상태에서 우리의 부패한 욕망·연약한 의지·어두워진 마음은, 죄는 수월하게 만들고 덕은 매우 어렵게 만드는 악을 향한 욕구와 적극적 기세를 만들어 낸다. 그 기세가 얼마나 강한지 삶 전반에서 우리는 죄를 짓지 않을 능력이 없다.
3. 천국에서 우리는 단순히 죄를 안 지을 수 있는(posse non peccare) 것이 아니다. 우리는 의로움을 확인받을 것이고, 그래서 죄를 짓는 게 불가능해질 것이다(non posse peccare). 이는 우리가 자유를 잃을 것이기 때문이 아니라 하나님이 이 자유를 완전케 하실 것이기 때문이다. 참된 자유 혹은 해방(libertas)은 우리가 완전케 되는 것, 완성되는 것, 우리의 기쁨을 방해하는 모든 것으로부터의 자유다. 그리고 무엇보다도 죄야말로 그런 방해물이다. 그보다 낮은 단계의 자유, 즉 리베룸 아르비트리움(liberum arbitrium), 혹은 자유로운 선택은 우리가 이 높은 단계의 자유라는 목적에 이르는 수단이다. (칼뱅과 루터와 달리, 그리고 또 한편으로 펠라기우스와 아르미니우스와 달리 아우구스티누스는 예정과 자유의지 두 가지 모두를 중시했다.)

우리가 천국에서 죄를 지을 수 없음은 하나님을 대면해 보게 될 것이기 때문이며, 이렇게 신적 아름다움을 대면하는 것이 너무 매력적이고 너무 빛으로 충만한 나머지 우리는 죄의 유혹을 받기가 불가능해질 것이다. 마귀가 마귀의 일을 하는 데는 어둠과 속임수가 필수적이다. 악의 유혹을 받으려면 악을 어쨌든 바람직한 것으로 보아야 하는데, 이것이 바로 무지(無知)의 본질이다. 그래서 무지는 죄의 필연적, 부분적 원인 또는 조건이다. 천국에서는 이 무지가 제거될 것이다. 플라톤은 이렇게 절대 선(the Absolute Good)을 보지 못하는 것(플라톤이 말하는 무지란 바로 이런 의미다)이 우리가 저지르는 악의 충분하고도 유일한 원인이라고 잘못 생각했지만, 이것이 악의 필수적인 부분이라고 본 것은 옳았다.

우리는 악을 선택할 힘을 가질 테지만(자유 선택), 그런 선택을 할 **동기**는 없을 것이다. 수학의 고수가 "2 더하기 2는 얼마?"라는 질문을 받고 "22"라고 대답할 수 있는 힘은 있지만 그럴 동기는 없는 것과 마찬가지다. 또는 눈멀었다가 고침받은 사람과도 비슷하다. 이 사람은 주변 세상의 아름다운 빛깔과 모양을 보지 않을 능력이 있다. 원하기만 한다면 오이디푸스처럼 자기 눈을 고의로 파낼 수도 있을 것이다. 하지만 이 사람은 절대 그러기를 원치 않을 것이다. 그리고 우리가 일단 하나님을 보면, 결코 하나님을 사랑하고 순종하기를 원하지 않을 수가 없을 것이다.

결국에는 모두 자기가 원하는 것을 얻을 것이다. 그것이 바로 그리스도가 요한복음에서 가장 먼저 하시는 말씀이 "무엇을 구하느냐"(요 1:38)인 이유다. "구하는 이마다 받을 것"(마 7:8)이기 때문이다. 인생의 요점은 우리의 구함(seeking)을 정화하는 것이다.

이 소론은 시종 정신적 구함에 대한 설명이었다. 구해서 나온 결과들이 잡다한 이유는, 그 구하는 행위의 동기가 잡다하기 때문이다. 일부는 거룩하고(하나님의 뜻), 일부는 순전하며(진실 자체를 위한 진실), 일부는 저급하고(게으르고, 이기적이고, 동물적인 호기심), 일부는 음험하다(내가 얼마나 지혜로운지 보라!). 내 탓이로소이다.

피터 크리프트에 대한 답변 존 파인버그

크리프트 박사는 우리에게 주어진 대다수 질문에 대한 자신의 답변이 나머지 개신교도 세 사람의 답변과 일치할 것이라고 자신의 소론 서두에서 말한다. 하지만 연옥과 중간 상태에 관한 크리프트의 견해는 나머지 세 사람과 결정적으로 다르다. 이제부터 할 이야기에서 나는 두 가지 주요 쟁점에 초점을 맞추고자 한다. 첫째는 권위 문제고, 둘째는 연옥 관련 문제다.

권위와 관련해 핵심 쟁점은, 크리프트가 천국이라는 주제를 신학적으로 다룰 때 무엇을 자료로 사용하고 각 자료의 중요도를 어떻게 평가하느냐는 것이다. 크리프트 박사는 천국 및 천국 관련 주제를 신학적으로 다룰 때 무엇을 자료로 사용하는지 자신의 소론 아주 초반에서부터 분명히 밝힌다. 그는 이렇게 말한다.

나는 네 가지 자료에 근거해서 답변할 것이다. 첫째는, 성경이다. 둘째는, 성경의 의미가 다른 유력한 해석에 열려 있는 경우, 2천 년 역사를 지닌 보편적(catholic) 교의로 해석한 성경으로, 이는 가톨릭교도는 물론 개신교도들에게도 없어서는 안 되는 신성한 전통의 또 한 부분이다. 셋째는, 성경으로도 보편적 교리로도 질문이 해결되지 않을 때, 지혜롭되 그저 인간 차원일 뿐인 주류 신학 의견의 전통('theologoumena')에 의해 비교적 확신이 덜한 형태로 해석되는 성경이다. 마지막으로, 나 자신의 견해를 아주 조금 덧붙일 것이다.…

천국에 대한 이 열 가지 질문을 받은 우리 네 사람은 상이한 기독교 공동체 사이의 유사성과 차이점을 탐구할 사람들로 선정되었는데, 나는 로마가톨릭의 답변만 내놓으면 된다. 하지만 연옥과 중간 상태에 관한 질문을 제외하면 내 답변과 전통 복음주의 개신교도의 답변 사이에 첨예한 차이는 많지 않을 것이라고 생각한다. 왜냐하면 내가 대다수 답변을 지난 2천 년 동안 정통 그리스도인들이 합의한 주요 내용에서 취했기 때문이다. 내 답변은 대부분 독창적인 답변이 아니라 아우구스티누스, 아퀴나스, 정통 신비주의자, 성인들, C. S. 루이스에게서 가져왔다(pp. 252-253).

크리프트 박사의 글을 길게 인용한 것은, 그가 무슨 말을 하며 어디에 강조점을 두느냐가 그의 소론의 핵심이기 때문이다. 앞에 인용한 첫 번째 단락은 개신교, 복음주의 신학자들의 전략과 아주 일치하는 것으로 보일지 모른다. 크리프트가 사용하는 네 가지 자료와 관련해 첫 번째 자료를 문제 삼는 복음주의자는 아무도 없을 것이다. 세 번째 자료는, 내가 생각하기에 개신교 신학자들이 말하는 역사신학 혹은 교리의 역사를 말하는 게 아닐까 싶다. 이는 또한 개신교 신학 연구와 관련 있다. 두 번째 자료는 역사신학과 관련 있다고 볼 수도 있지만, 개신교도는 이 자료가 세 번째 자료에 포함된 여러 사상가들보다 높은 자격을 가진다고 볼 것 같지 않다. 그리고 물론 네 번째에는 별

반론이 없을 것이다. 신학 작업을 할 때 자신의 세계관, 지금까지 받은 훈련 등이 완전히 배제되기는 불가능하니 말이다. 신학은 성경에 충실할 수 있지만, 그러면서도 인간 저자가 자신의 특별한 글쓰기 양식, 세계관, 특정 신학적 믿음을 가지고 그 신학을 구성하고 있음을 보여 주는 특징을 지닐 것이다.

"우리는 성경만을 신학의 원천으로 삼는다"고 말하는 사람들이 있는데, 성경만 사용해서 모든 그리스도인이 견지하는 신학을 순수하고 빈틈없이 정확하게 진술하는 결과를 낳을 수 있다고 생각한다면 이는 순진한 생각이다.[1] 물론 개신교도로서 나는 두 번째 항목을 세 번째 항목의 중요도보다 더 중시하는 것에 관해 의구심이 든다. 나라면 두 번째 항목을 신성한 전통의 또 한 부분으로 (신성한 전통의 첫 번째 부분으로서의 성경과 함께) 언급하지 않을 것이다.

내 말이 크리프트의 신학 작업의 자료와 그 중요도에 관해 그가 주장하는 말과 대략 비슷하다고 생각하는 독자들이 많을 수도 있다. 하지만 나는 크리프트에 비해 성경에 훨씬 더 높은 지위를 부여한다. 나에게 성경은 영감으로 기록된, 오류 없는 하나님의 말씀이다. 성경은 성경이 다루는 모든 주제에 대한 최종 권위다. 그래서 다른 자료의 어떤 내용이 성경과 모순되면 그 자료를 거부하고 성경의 가르침을 지지해야 한다. 그렇게 말하기는 했어도 독자들은 크리프트의 방법론과

---

[1] 여기서 내 말은, 인간이 자신의 개념 체계를 써서 어떤 관점을 표현할 때는 반드시 착오가 생긴다는 뜻이 아니다. 예를 들어, 성경의 가르침을 똑똑히 반영하는 신학을 하는 게 가능하다고 나는 다른 글에서 길게 주장했다. 내 말의 요점은, 단순한 교리 진술이 그 진술을 하는 사람의 사고 방식을 완전히 벗어날 수 있다고 생각한다면 이는 틀린 생각이라는 것이다. 내 저서 *Can You Believe It's True: Christian Apologetics in a Modern and Postmodern Era* (Wheaton, IL: Crossway, 2013), section 1을 보라.

내 방법론에서 그다지 많은 차이를 찾아내지 못할 수도 있다.

이것이 내가 크리프트의 글 두 번째 단락을 인용한 주요 이유다. 크리프트 본인이 인정하다시피, 그는 "대다수 답변을 지난 2천 년 동안 정통 그리스도인들이 합의한 주요 내용에서 취했…다. 내 답변은 대부분 독창적인 답변이 아니라 아우구스티누스, 아퀴나스, 정통 신비주의자, 성인들, C. S. 루이스에게서 가져왔다"(p. 253).

이 부분에서 우리는 크리프트에게 공정해야 한다. 크리프트는 성경 이용하기를 아예 회피한 채 수 세기에 걸쳐 교회 역사에 등장한 이 그리스도인 거성(巨星)들을 지지하지는 않는다. 실제로, 그는 특히 처음 다섯 질문에 답변하면서 성경에 호소한다. 이따금 자신이 인용하는 성경의 요구를 넘어선다고 생각되기는 하지만, 그의 답변에는 성경의 근거가 결여되어 있지 않다. 내가 보기에 문제는, 연옥을 논의할 때 그의 견해를 지지해 줄 만한 성경의 근거가 거의, 혹은 전혀 없다는 것이다. 크리프트는 하나님이 (자신이 거룩하신 것처럼) 거룩함을 요구하신다고 말하는 성경 구절을 인용하는데, 그 구절은 연옥에 관해서나 혹은 죽음 후 그 거룩함을 획득하기 위한 어떤 보호 관찰 기간에 관해 아무 말도 하지 않는다.

반대로 성경은 우리가 이 땅에서 살 때 먼저 죄를 회개하고 그리스도를 구주로 받아들여야 한다고 가르친다. 일단 그렇게 하면 성령이 우리 삶에서 강력하게 일하셔서 우리를 성화시키신다(즉, 유혹에 저항하고 우리 삶에서 죄를 몰아낼 수 있게 도우신다). 이생에서는 성화가 완성되지 않을 테지만(요일 1장을 보라), 진정으로 구원받은 사람은 거룩함이 자라나는 데 진보를 보인다. 성경에 따르면, 신자의 성화는, 말하자면 단계적으로 이뤄진다. 이 땅에서 지금과 같은 삶을 사는 동안 주님을 따르고 순종함에 따라 우리의 영혼과 몸 모두 주님에게 조금씩 더 가까워진다. 죄의 결과에서 완전히 벗어나지 않은 만큼, 죽을 때 우리 몸은 무덤으로 가지만, 우리 영혼은 즉시 하나님의 임재 안에 있게 된다(고후 5:8—몸에서는 떠나지만 그리스도와는 함께 있다). 신자의 영혼이 죄를 지을 수 있다거나, 신자가 일단 죽은 뒤 더 정화될 필요가 있다는 성경의 증거는 없다.

하지만 성화 과정에는 한 가지 마지막 단계가 있는데, 이는 연옥에서 보내는 시간하고는 무관하다. 그보다, 이 시대가 끝날 때, 그리스도를 믿는 신자들은 몸으로 부활할 것이다. 이들의 몸은 이들의 비물질적 부분과 다시 만날 것이다(고전 15장; 살전 4:13-18을 보라). 바울은 이를 이렇게 표현한다. "우리가…다 변화되리니"(고전 15:51). 개신교 신학자들은 몸과 영혼이 다시 만나고 죄 및 죄가 우리에게 끼친 영향이 제거되어 **영화**(榮化)가 이뤄지는 것을 언급한다. 요한의 말처럼 "우리가 그[예수]와 같을" 것이다(요일 3:2). 요한이 여기서 말하는 예수는 이 땅을 순례하시는 동안의 예수가 아닌 것이 분명하며, 우리가 '작은 신들'이 되리라는 뜻도 분명 아니다. 요한의 말은, 부활 후의 예수처럼 우리가 부활체를 갖게 되리라는 뜻이다.

그렇다면, 내가 여기서 크리프트에게 염려하는 부분은 무엇인가? 크리프트 본인이 인정하는 것처럼, 그가 핵심 신학 쟁점에 관한 자신의 답변을 성경보다는 아퀴나스, 아우구스티누스, 루이스에게서 찾는다는 점이다. 나는 이런 사상가들을 크게 존경하지만, 이들을 성경의 가르침보다 우위에 놓는 것은 허용할 수 없다. 그러므로 내 불만은 궁극적으로 권위의 문제에 관한 것이다. 크리프트의 신학을 살펴볼 때 (이 책에서 보는 것처럼), 무엇이 그에게 궁극적 권위를 갖는가? 크리프트는 성경이 자신의 궁극적 권위라고 항변할지 모르지만(비록 이런 항변은 찾아볼 수 없었어도), 나는 그저 그의 소론을 다시 한번 읽어 보라고 독자들에게 말하고 싶다. 성경 인용이 조금 있지만, 그는 역사 속 다양한 인물의 사상과 역사 교의에 훨씬 더 많이 의존하고 있는 것으로 보인다(그가 2천 년 동안 형성된 교회의 교의를 옹호하는 것을 보라). 나는 수 세기에 걸쳐 등장한 교회의 위대한 신학자들을 크게 존중한다. 이들은 성경에 바탕을 두었으나 성경에서 별 설명이 없는 교리들을 해석하는 데 특히 도움이 될 수 있다. 그러나 나에게 성경은 성경 주해와 신학의 출발점이자 시금석이다. 어떤 관점이 있는데, 성경에서 이를 가르치지 않았거나 전반적으로 성경이 지지하지 않는다면 이 관점은 거부되어야 한다. 성경은 나에게 교리의 궁극적 권위다. 그 교리가 천국에 관한 교리든 다른 어떤 주제에 관한 교리든 말이다. 이 점에서 크리프트와 나는 생각이 다르다. 우리 신학의 원천에 관해 우리가 하는 말에서도 의견이 다르고, 신학을 할 때 무엇을 자료로 쓰느냐에서도 다르다(이 책에 실린 우리의 소론에서 입증되다시피).

이제 남은 지면에서는 연옥 개념과 관련해 내가 생각하는 문제점들을 다뤄 보고자 한다. 연옥 개념에 따르면, 이 땅에서 어떤 삶을 살았느냐와 상관없이 죽음 후 연옥에서 죄가 정화될 수 있다고 하는 것으로 보인다. 이 땅에서 어떤 죄를 지었는지, 그리고 성화 과정이 얼마나 진전되었는지에 따라 연옥에서 보내야 할 기간이 결정된다. 그 정화 기간이 일단 끝나면 그 사람은 지복직관으로 들어간다. 이 모든 개념과 관련해 내가 느끼는 문제점은, 성경에서 연옥에 관한 그 어떤 가르침도 찾아볼 수 없다는 것이다. 연옥 개념과 관련해 내가 생각하는 핵심 문제점 몇 가지를 설명해 보겠다.

첫째, 크리프트가 제시하는 대로, "구원받으려면 무엇을 해야 하는가?" 또는 "영생을 유업으로 받으려면 무엇을 해야 하는가?"라는 질문에는 "요구된 기간을 연옥에서 보내야 한다"는 말이 대답에 포함되는 것 같다. 하지만 성경에 그런 말이 어디 있으며, 성경에 연옥을 언급이라도 하는 곳이 있는가? 성경은 이와 같은 질문에 답변하고 있는데, 그 답변은 연옥과 아무 상관이 없다. 누가복음 10:25-28에 따르면, 한 모세 율법 전문가가 영생을 유업으로 받으려면 무엇을 해야 하느냐고 예수에게 물었다. 예수는 율법이 뭐라고 말하느냐고 그 사람에게 되물으셨다. 그 전문가는 신명기 6:5과 레위기 19:18을 인용해, 마음과 목숨(soul)과 힘을 다해 주님을 사랑해야 하고 이웃을 나 자신처럼 사랑해야 한다고 대답했다. 여기서 죽음 후까지 미룰 수 있는 일은 아무것도 없다. 또한, 한 청년이 누가 내 이웃이냐고 질문하면서 율법의 시선 앞에 자신을 정당화하려고 했을 때 예수는 선한 사마리아인의 비유로 대답하셨다(눅 10:29-37). 이 비유가 사람이 죽은 뒤에 할 수 있는 일과 무슨 상관이 있는가?

요한복음 3장에도 어떻게 하면 구원받을 수 있는지 알고 싶어 하는 사람의 예가 또 있다(니고데모). 예수는 하나님 나라를 보고자 한다면 거듭나야 한다고 대답하셨다(요 3:3, 5). 또 조금 뒤에 예수는 하나님의 사랑이 동기가 되어 하나님이 자기 아들을 내어 주사 누구든 그 아들을 믿는 사람은 멸망하지 않고 영생을 얻게 하셨다고 말씀하셨다. "믿다"(pisteuein eis)라는 말은 예수가 실제로 존재해서 여러 가지를 말하고 행했다고 지적으로 인정하는 것 그 이상을 뜻한다. 이는 예수를 구주로 받아들이려면 자기 죄를 회개하고 자기를 맡겨야 한다는 뜻이다. 이 구절이나 다른 어느 구절에도 사람이 죽은 후에 이런 일이 처리될 수 있다는 증거는 없다.

사도행전 3장에는 베드로와 그 외 제자들이 병자를 고친 사건이 기록되어 있다. 이 치유 사건 다음 날, 관리들과 장로들과 서기관들과 대제사장들이 예루살렘에 모였다(4:5). 이들은 베드로와 그 무리를 데려다 놓고 누구의 이름과 무슨 권세로 이 사람의 병을 고쳐 주었느냐고 물었다(7절). 제자들은 예수 그리스도의 이름과 권세로 했다고 대답했다(10절). 더 나아가 이들은 "다른 이로써는 구원을 받을 수 없나니 천하 사람 중에 구원을 받을 만한 다른 이름을 우리에게 주신 일이 없음이라"(12절)고 덧붙였다.

사도행전 16장에서는 빌립보의 간수 이야기를 읽을 수 있다. 바울과 실라가 옥에 갇혀 있었는데, 큰 지진이 일어나 옥의 터가 흔들리고 문이 열렸고, 죄수들을 묶어 놓았던 사슬이 모두 풀렸다(26절). 잠에서 깨어난 간수는 바울과 실라의 사슬이 풀린 것을 보고 "선생들이여 내가 어떻게 하여야 구원을 받으리이까"(30절)라고 물었다. 두 사람은 "주 예수를 믿으라. 그리하면 너와 네 집이 구원을 받으리라"(31절)라고 대답했다.

요한1서 5:11-12도 주목하라. 요한은 예수를 믿는 사람은 자기 자신 안에 구원받았다는 증거가 있다고 말한다. "또 증거는 이것이니 하나님이 우리에게 영생을 주신 것과 이 생명이 그의 아들 안에 있는 그

것이니라. 아들이 있는 자에게는 생명이 있고 하나님의 아들이 없는 자에게는 생명이 없느니라." 어떻게 아들을 얻을까? 앞에 인용한 구절이 가르치고 있다시피, 아들을 자신의 인격적 구주로 받아들임으로써 아들을 얻는다. 이 구절의 요점은 무엇인가? 그리스도를 인격적 구주로 믿음으로써 영원한 생명을 유업으로 받는다는 것이다. 여기에는 그리스도가 내 죄를 위해 죽으셨으며 나를 구원하기를 원하신다는 사실을 알고 그분이 주시는 구원을 받아들이는 것이 포함된다. 연옥에서 일정 기간을 보내야 한다는 이야기가 이 구절 어디에 있는가?

마지막 질문으로 이야기를 마무리하겠다. 연옥 개념은 영생을 얻는 방법에 관한 성경의 가르침과 어떻게 연관되는가? 이 교리는 그리스도를 구주로 받아들이기를 요구하는가? 만약 그렇다면, 언제 그렇게 하기를 요구하는가? 죽기 전인가, 죽은 후 연옥에 있을 때인가, 아니면 다른 어떤 때인가? 크리프트는 그리스도를 구주로 믿고 의지하는 것에 대해서, 그리고 그 일이 어떻게 연옥과 연관되는지에 대해서 아무 말도 하지 않는다. 연옥을 논할 때, 구원받으려면 그리스도를 믿고 그 다음에 연옥에 머물러야 한다고 말하는 이들은 거의 없거나 있어도 많지 않을 것이다.

그렇다면 구원받는 방법에는 두 가지 상이한 답변이 있을 듯하다. 첫 번째 답변에 따르면, 이 땅에서 어떤 삶을 살았느냐와 상관없이 연옥에서 충분히 시간을 보내면 마침내 천국에 들어갈 수 있을 만큼 정결케 되리라고 한다. 두 번째는, 갈보리에서 그분이 당하신 죽음을 내 죄에 대한 값을 치르신 것으로 받아들이고, 믿음으로써 그리스도를 구주로 삼아 영생을 받는다. 구원에 이르는 이 두 방식은 상호 배타적으로 보인다. 연옥을 거쳐 천국에 들어갈 수 있다면 그리스도를 구주로 믿어야 할 이유가 무엇인가? 한편, 그리스도를 구주로 믿으면 죄를 용서받고 그리스도의 완전한 의로 옷 입고 서게 된다. 그렇다면 길든 짧든 왜 연옥에서 시간을 보내야 하는가?

천국에 들어가는 이 두 가지 방식은 서로 상충하며, 그래서 둘 다 맞을 수가 없다. 어느 쪽을 믿어야 할까? 성경이 가르치는 방식을 믿고, 성경이 가르치지 않는 방식은 거부해야 한다! 그런데 성경이 두 가지 방식을 다 가르친다면? 그렇지 않다! 성경은 구원이 오직 그리스도를 믿는 믿음을 통해서만 온다고 가르친다(앞에 인용한 구절들을 보라). 연옥 같은 곳이 있다고, 혹은 신자들이 죽은 후 크리프트나 그 외 로마가톨릭교도들이 말하는 그런 연옥을 거쳐야 한다고 성경 어느 구절에서 가르치는가?

크리프트가 연옥이나 연옥에서 일어난다고 하는 일을 묘사하는 방식을 보면, 마치 육체적 죽음 후 모든 사람(또는 거의 모든 사람)이 다 연옥에 간다는 말처럼 들린다. 게다가, 시간만 충분히 주어진다면 연옥에 있는 모든 사람이 언제라도 천국에 들어갈 수 있을 정도로 정결케 된다는 말로 들린다. 독자들은 이것이 거의 보편구원론에 가깝다는 것을 깨달아야 한다. 크리프트는 그런 표현을 절대 쓰지 않고 그런 개념을 언급도 하지 않지만, 그가 하는 말에 비춰 보면 그의 입장이 보편구원론으로 이어진다는 견해를 피하기 어려워 보인다. 하지만 한 사람의 인생 경로와 궁극적 운명에 관한 말씀에서 예수는 "좁은 문으로 들어가라. 멸망으로 인도하는 문은 크고 그 길이 넓어 그리로 들어가는 자가 많고 생명으로 인도하는 문은 좁고 길이 협착하여 찾는 자가 적음이라"(마 7:13-14)라고 하셨다. 내가 듣기에 이 말씀은 보편구원론(혹은 그와 비슷한 무언가도)이 아니다.

피터 크리프트에 대한 답변 리처드 미들턴

대학원생이자 캠퍼스 사역자였던 1980년대에 피터 크리프트의 『천국과 지옥 사이』(*Between Heaven and Hell*)와 『낙태되지 않은 소크라테스』(*The Unaborted Socrates*)를 처음 읽었다.[1] 그 당시에도 나는 크리프트의 예리한 철학적 지성에 경외감을 느꼈다. 그래서 이 책에서 그의 글에 화답하게 된 것은 나로서는 진귀한 특권이다. 이제 내가 크리프트와 생각을 달리하는 부분에 대해 이야기할 것이고 그에 대해 크리프트가 다시 응답하게 될 텐데, 부디 너무 날카롭게 지적당하지 않기만 바랄 뿐이다!

크리프트는 매력적인 저술가로, 그의 글은 생생한 비유와 위트로 가득하다. 크리프트가 (스스로 인정하는 것처럼) 즐겁게 글을 썼을진대, 나는 그의 (진지한) 가벼움에 전염성이 있음을 깨달았다. 그래서 예리한 분석 중에도 상상력 넘치는 반전 어법을 구사하는 그의 글을 따라가며 종종 웃음을 터뜨렸다. "오 크리프트!"라고 여러 번 탄성을 지르

---

[1] 첫 번째 책은 현재 개정판이 나와 있다. Peter Kreeft, *Between Heaven and Hell: A Dialog Somewhere beyond Death with John F. Kennedy, C. S. Lewis, and Aldous Huxley*, rev. ed. (Downers Grove, IL: InterVarsity Press, 2008); idem, *The Unaborted Socrates: A Dramatic Debate on the Issues Surrounding Abortion* (Downers Grove, IL: InterVarsity Press, 1983).

고 싶었던 만큼, 그도 혹시 하나님처럼 아일랜드인이 아닐까 하는 생각이 들었다.

새 땅에 관한 내 소론을 읽었으므로 크리프트는 종말론에 대한 우리 입장 사이에 모종의 간극이 있음을 깨달을 것이다. 이 도입부에 내가 기록해 두고 싶은 것은, 내가 크리프트의 고전적 신학 견해에 이의를 제기한다 해도 크리프트 개인이나 그가 그토록 달변으로 또박또박 이야기해 주는 유서 깊은 전통을 폄하할 의도는 전혀 없다는 것이다. 하지만 나는 어떤 부분에는 의견을 달리할 수밖에 없다. 크리프트가 쓰는 용어에 관해서, 그리고 그 기저의 개념이나 범주에 관해서 이제부터 문제를 제기하겠다.

천국

무엇보다 먼저, 종말을 나타내는 말로 크리프트가 왜 **하늘**이라는 표현을 자꾸 쓰는지 의아하다. 그는 종말론적 미래를 가리켜 '새 땅', '새 하늘과 새 땅'이라고 하면서, "새 하늘과 새 땅"은 "완전히 새로운 우주를 뜻한다"고 덧붙인다(p. 250). 물론 **하늘**은 신학의 역사에서 종말론적 미래를 가리키는 말로 쓰이는 전통적 표현이지만, 성경에서 이 표현은 의인의 최종 운명을 가리키는 말로는 절대 쓰이지 않는다.[2] 내 생각에, 의인의 최종 운명을 가리키는 말로 **하늘**이라는 표현을 쓰면 의미의 혼동을 일으키는 원인이 된다.

---

[2] 나는 몇 년 전 이런 주해 사항을 입증하는 것으로 종말론 연구를 시작했으며, 이 주제에 관해 발표한 글에서 이 점을 설명했다.

크리프트는 **하늘**의 다양한 의미를 정의하면서 글을 시작하는데, 이조차도 혼란을 말끔히 없애 주지는 못한다. 크리프트는 복수 '하늘들'과 단수 '하늘'을 구별한다. 하늘이 복수로 쓰이면 "저 위와 저 밖에 있는 것"(즉, 창조 세상의 일부분, p. 250)을 가리킨다고 본다. 그리고 단수 하늘은 "하나님의 영원한 '거처'"(문자 그대로 하늘에 계시지는 않는 것으로 이해됨; "하나님 자신의 생명 혹은 존재 양식"을 가리키려고 이 용어가 상징적으로 쓰인 것, pp. 250-251)를 뜻하는 말로도 쓰고, "우리가 장차 그 '거처'에, 더 정확히 말해 하나님의 그 초자연적 생명에 참여하는 것"의 의미로도 쓴다(p. 251). 크리프트는 이 세 가지 의미에다가 세 번째 의미의 한 변형, 즉 우리가 **현재** 그 "초자연적 생명"에 참여한다는 의미까지 추가한다(p. 251).

이제 언어적이고 개념적인 설명을 시작해 보자.

첫째, 영어로 단수 '하늘'과 복수 '하늘들' 사이에는 구별이 있을 수 있지만, 이는 구약에 나오는 단어 샤마임(*shamayim*, 또는 아람어 셰마인 *shemayin*)과는 상관이 없다. 이 단어는 형식상 양수형(일종의 복수형)이며, 단수형은 없다. 이 단어는 영어 성경에서 '창공'(sky), '하늘', 또는 '하늘들'로 다양하게 번역된다. 시간이 흐르면서 일부 학자들은 이 양수형 단어가 눈에 보이는 창공(sky) 및 하나님이 거하는 비가시 영역, 또는 (별이 있는) 위쪽 하늘/창공과 (대기 현상이 일어나는) 아래쪽 하늘/창공을 가리키는 말로서 생겨났다고 주장하기도 한다. 하지만 구약에서 이 단어의 쓰임새는 어느 가설도 지지하지 않는다. 영어로 번역될 때 단수로 번역되었든 복수로 번역되었든, 구약에서 샤마임은 (이 땅을 넘어) 초월적 영역으로 이해되며, 이 영역에 거하는 이들로는 하나님과 천사들이 있고, 해·달·별·구름·바람·번개 등과 같은 천체와 기상 현상이 있다(시 104:1-4과 148:1-4 같은 본문에서는 이 모두가 동일한 영역에 거하는 것으로 그려진다).[3]

히브리어 샤마임은 양수형인데, 70인역(LXX) 번역자들은 거의 항상 그리스어 단수형 오우라노스(*ouranos*)를 쓴다[복수형 오우라노이(*ouranoi*)를 몇 번 쓰기는 하지만].[4] 단수형은 신약에서도 지배적으로 쓰이지만, 몇몇 책에서는 복수형이 우세하다. 그중 하나가 마태복음인데, 여기서는 크리프트의 말과 **정반대** 의미로 복수형과 단수형을 쓴다. 마태에게 단수형은 눈에 보이는 하늘(위에 있는 창공)을 가리키며, 복수형은 (눈에 보이지 않는) 하나님의 거처를 뜻하는 말로 쓰인다[마태 특유의 표현인 '천국'(kingdom of heaven)에서처럼—문자적으로 이 말은 '하늘들의 나라'(kingdom of the heavens)다].[5]

하지만 마태는 문자 그대로 두 하늘이 있다고 생각하지는 않는다. 그보다 마태는 하늘/창공을 하나님이 계신 '곳'을 가리키는 말로 쓰는 구약의 상징적 용법의 논리에 의지한다. 하늘/창공은 땅에 사는 우리에게는 초월적 영역이기에(말 그대로 우리가 **갈 수 없는** 곳이기에), 하늘/창

---

3   양수형[하나님에 대해 쓰이는 복수형 용어 '엘로힘'(*elohim*)과 마찬가지로]은 원래 장엄함이나 탁월함의 의미를 전달하려는 것이거나, (이 경우처럼) 여러 부분으로 이뤄진 복합적 전체를 나타내는 데 쓰인다(확장이나 확대 의미를 지닌 복수형).
4   70인역(히브리 성경 정경과 외경 모두)을 연구한 조너선 페닝턴(Jonathan Pennington)은 복수형으로 쓰인 예는 9퍼센트에 지나지 않는다고 말한다(복수형은 70인역 외 고전 그리스어에서는 보기 드물기도 하다). Jonathan T. Pennington, *Heaven and Earth in the Gospel of Matthew* (Grand Rapids: Baker Academic, 2007), p. 100를 보라. 70인역과 제2성전기 유대교에서의 단수형과 복수형에 대한 페닝턴의 연구로는, *Heaven and Earth in the Gospel of Matthew*, pp. 39-65 (ch. 5)를 보라.
5   마태가 단수형과 복수형을 어떻게 쓰고 있는지를 페닝턴이 전체적으로 분석한 글로는, *Heaven and Earth in the Gospel of Matthew*, pp. 67-76 (ch. 6)를 보라.

공은 하나님의 초월성을 강조하기 위해 은유적으로 쓰일 수 있다(즉, 하나님은 '하늘에' 계신다). 나는 크리프트가 "'천국'은 문자 그대로 '하늘들'에 있지 않다. 물론 하늘들이 천국을 상징할 수는 있다. 천국은 하나님 자신의 생명 혹은 존재 양식을 가리킨다"(p. 251)라고 설명할 때는 바른 궤도를 가고 있다고 생각한다. 여기서 크리프트는 마태가 단수형과 복수형을 쓰는 용법을 뒤엎기는 하지만, 요점만 보자면 마태가 단수형과 복수형을 구별하는 방식에 동조하고 있다.

단수형과 복수형의 의미를 뒤집는 것은 접어 두고, 여기서 진짜 문제는 하늘을 하나님의 (일시적이고 부분적인) 거처(지성소에 있는 하나님의 '위치'와 유사한)라는 의미로 쓰는 상징적이고 은유적인 용법에서 하나님과 하늘(heaven)을 확고하게 형이상학적으로 동일시하는 것으로 넘어간다는 점이다. 하지만 성경을 후기 형이상학적 발전의 관점이 아니라 유대 성전의 렌즈를 통해 읽는다면 우리는 하나님이 종말론적으로 땅에 임하시는 것에 대비할 것이며, 이 오심(coming)은 구약 시대에 시작되어 성육신과 오순절을 거쳐 새 예루살렘에서 절정을 이룬다. 그래서 예루살렘 성전 지성소의 휘장이 갈라진 것은 하나님이 교회와 세상 속으로 선교적으로 임재하심을 상징한 것으로, 파루시아(parousia), 즉 하늘들(우주적 지성소)이 열리고 그리스도가 다시 오셔서 (땅을 포함해) 온 창조 세계를 자신의 우주적 성전으로 주장하실 (그리고 충만케 하실) 날의 전조였다.

이를 좀 엄격히 표현하자면, 대부분 기독교 신학 전통은 인생을 땅에서 하나님에게/하늘로 올라가는 여정으로 보는 반면, 성경은 정반대로 하나님이 땅으로 오셔서 존재하는 것으로 묘사한다.[6]

초자연

초자연(반대 개념으로서의 **자연**)이라는 표현에도 비슷한 혼동이 있다. (아퀴나스에 정통한 사람임을 고려할 때) 크리프트도 분명히 알고 있겠지만, 자연/초자연 구별은 13세기에 천사 박사(angelic doctor: 토마스 아퀴나스를 높여 부르는 별칭—옮긴이)와 더불어 잘 알려졌다. 아퀴나스보다 앞서서 '초자연'(*supernaturalis*)이라는 말을 쓴 선례는 페트루스 롬바르두스(Peter Lombard)의 글에서 찾아볼 수 있는데, 롬바르두스는 하나님이 자연의 통상적 기능 안에서, 그리고 그 기능을 초월해서 일하시는 것에 대해 말했다[후자가 '초자연적'(*praeter naturam*)이다].[7] 하지만 이런 구별은 그 후 이 용어들의 신학적 용법과는 다소 다르다. 원래 '자연'과 '초자연'은 피조물의 현실과 하나님 자신의 생명을 구별하는 말이 아니라 신적 인과관계의 두 가지 양식을 가리키는 말이었는데, "하나는 하나님은 자신이 사물에 깊이 새겨 두신 질서에 따라 일하신다는 것이고, 또 하나는 창조된 원인들과 관계없이 하나님이 기적적으로 행하신다는 것이다."[8]

---

[6] 신약학자 조지 엘든 래드(George Eldon Ladd)는 이 점에서 특히 명쾌한 입장을 보인다. "이렇게 최종 구속은 이 세상에서 다른 세상으로의 비상이 아니다. 이는 다른 세상, 곧 하나님의 세상이 하강해 이 세상의 변화라는 결과를 낳는 것으로 묘사할 수 있다"[George Eldon Ladd, *The Pattern of New Testament Truth* (Grand Rapids: Eerdmans, 1968), p. 37].

[7] Peter Lombard, *Sententiae in IV libris distinctae*, 2.18.5. 역사상 이 구별이 어떻게 설명되었는지에 대해서는, Robert Bartlett, *The Natural and Supernatural in the Middle Ages* (Cambridge: Cambridge University Press, 2008), pp. 1-33를 보라.

[8] Peter Harrison, "Introduction", in *Science without God? Rethinking the History of Scientific Naturalism*, ed. Peter Harrison and Jon H. Roberts, Ian Ramsey Centre Studies in Science and Religion (New York: Oxford University Press, 2019), p. 8. Peter Harrison, "Naturalism and the Success of Science", *Religious Studies* 56 (2020): p. 279 (전체 기사 pp. 274-291)도 보라.

자연과 **초자연**이라는 말을 이런 식으로 사용하면 어느 정도 타당성이 있으리라고 인정한다. 하지만 **초자연**이라는 표현이 하나님 자체나 하나님 고유의 생명 형태를 가리키는 말로 쓰이고 이어서 우리의 구원(현재의 구원이나 종말론적 구원)을 가리키는 말로 확장되고, 그리하여 그 신적 생명에 참여하는 것과 동등한 개념으로 이해되면 원래 의도와 차이가 발생한다. 그러면 모순이 증식하기 시작하는데, 그래서 우리가 신적 생명에 참여하기는 하지만 우리가 하나님이 되는 것은 아니고 여전히 완전한 피조물이요 완전한 인간으로 남는다는 말이 꼭 필요하다(사실 크리프트의 용법을 쓰자면, 우리는 아마 처음으로 완전히 인간이 된다).

그러나 나는 창조주-피조물 구별을 유지하는 한편 하나님의 임재 혹은 성령이 임해 이 땅의 창조 세계 안에 거하시고 하나님의 의도대로 그 세계를 변화시키는 것에 대해 이야기해 주는 성전 중심의 성례전적 구조를 참조함으로써 그런 모순을 피할 수 있을 것이라고 생각한다. 그러면 마지막 날에 하나님이 "만유 안에"(고전 15:28) 계실 것이라고, 범신론자로 오해받을 염려 없이 바울과 한목소리로 당당하게 말할 수 있을 것이다.[9]

---

9 마이클 고먼(Michael Gorman)은 우리가 그리스도와 하나님에 참여한다는 개념을 전적으로 수용하는[심지어 신화(*theosis*)라는 표현까지 쓰면서] 저명한 신약학자지만, 외부의 형이상학적 (본질적으로 신플라톤주의적인) 구조에 의지하지 않고 성경 내부의 개념성에 바탕을 두는 방식을 쓴다. Michael Gorman, *Becoming the Gospel: Paul, Participation, and Mission*, The Gospel and Our Culture Series (Grand Rapids: Eerdmans, 2015); *Participation: Paul's Vision of Life in Christ*, Grove Biblical Series 88 (Cambridge, UK: Grove, 2018); *Abide and Go: Missional Theosis in the Gospel of John* (Eugene, OR: Cascade, 2018); and *Participating in Christ: Explorations in Paul's Theology and Spirituality* (Grand Rapids: Baker Academic, 2019)를 보라.

성경과 전통의 관계

앞의 논의에서 알아차릴 수 있다시피, 내 입장과 크리프트의 입장 사이에서 내가 간파하는 주요 근원적 쟁점은, 성경을 이해하기 위한 성경 내부의 [혹은 '이미크'(*emic*)한] 틀과, 본문에 적용하는 외부의 [혹은 '에티크'(*etic*)한] 신학 개념 사이의 긴장이다.•

내가 일련의 외부의/'에티크'한 개념이라고 부르는 것이 유서 깊은 신학 전통이 되었다는 점을 나도 충분히 인식하고 있다. 그리고 나는 그 전통이 성경 시대 후에 생겨났다는 이유만으로 이를 무효화하고 싶지 않다. 나는 로마가톨릭교도 형제자매와 동일한 방식으로 전통에 의지하지는 않을지 몰라도, 웨슬리파 신학자로서 전통(초교파적 신조를 포함해)을 내 신앙에 중요한 부분으로 존중한다. 그래서 마치 신학적 틀 (그리고 그 외의 다른 많은 가설) 없이 성경을 읽을 수 있기라도 한 양 오직 성경에만 전념하자고 제안하는 게 아니다.

하지만 내가 근본적인 쟁점으로 여기는 것은, 성경 시대 후 교회가 당대와 대화할 때 성경에서 발전되어 나온 (모든 신학은 상황적이다) 신학 개념이 우리의 성경 읽기에 일방적 영향을 끼칠 수 있는가 여부, 또는 당대 성경 고찰이 우리의 신학을 새롭게 하는 (심지어 교정해 주는) 신선한 이해를 형성할 수 있는가 여부다. 이는 복잡한 문제로, 여기서 해결될 수 있다는 기대는 하지 않는다. 하지만 내가 대학과 대학원에서 처음에 신학과 철학을 공부하다가 성경학(전적으로는 아니지만 주로 구약)으

• *emic*: 언어학자 케네스 파이크가 제안한 개념으로, 특정 집단의 관점에서 관찰하거나 연구하는 것을 말한다; *etic*: 이미크의 반대 개념으로 외부자의 입장에서 관찰하거나 연구하는 것을 말한다—옮긴이.

로 방향을 바꿔 박사과정 및 그 후 교수와 연구 활동을 하게 된 것은 바로 이 질문 때문이었다. 나는 가능한 한 성경 자체의 역사 맥락에 따라 읽은 성경 해석으로 내 신학 성찰이 이루어지기를 바랐다.[10]

연옥

크리프트는 자신의 글 서두에서 "[열 가지 질문에 대한] 내 답변과 전통 복음주의 개신교도의 답변 사이에 첨예한 차이는 많지 않을 거라고 생각한다"(p. 252)라고 말하면서 가톨릭교도로서의 자신의 신학적 위치를 밝힌다. 크리프트는 개신교도 대담자들이 이의를 제기할 만한 것은 연옥 교리와 중간 상태 두 가지뿐일 것이라고 말한다. 하지만 이 책에 기고한 개신교도 중 중간 상태에 의견을 달리하는 사람은 나뿐인 것 같다(아마 이는 내가 성경적이고자 하고, 때로 '복음주의자'라는 이름표를 받아들이는 한편, 필요하다고 여겨질 경우 전통에 반하는 방향으로도 가기 때문일 것이다).

그런데 놀랍게도 내가 가장 흥미롭다고 생각한 것은 크리프트가 해설하는 연옥이다. 이는 하나님이 우리를 위해 예비하신 새 창조에 합당해지려면 우리가 근본적으로 변화되어야 한다는 주장에 내가 전적으로 공감하기 때문이다. 하지만 나는 연옥을 이 세상과 내세 사이의 (아마도 육체 없이 존재하는) 상태로 볼 필요는 없다고 생각한다. 그보

---

10 책임 있는 신학적 성경 해석을 위한 고대의 역사 맥락의 중요성에 관해서는, Joel Green, "Rethinking 'History' for Theological Interpretation", *Journal of Theological Interpretation* 5.2 (2011): pp. 159-174를 보라.

다, 요한계시록에 묘사된 새 창조의 개방성과 진보적 특성을 고려할 때, 나는 이 변화 자체가 종말에 육체를 가지고 존재하는 삶의 일부라고 생각한다. 달리 표현해, 나는 구속받은 이들에게 내세에 어떤 종류의 정체(停滯) 상태가 있으리라고는 추정하지 않는다.[11]

주어진 열 가지 질문에 유쾌하고 명료하며 신중한 답변을 제시한 피터 크리프트에게 감사와 존경을 보내며 글을 맺는다. 크리프트의 답변에 비판적으로 응수한 것은 철이 철을 날카롭게 한다는 정신으로, 이 중요한 문제들에 관한 대화를 고무시키기 위해서다. 부디 대화가 계속될 수 있기를!

---

[11] 여기서, 우리가 장차 완전해질 것을 계속적인 에네르게이아(*energeia*: 아리스토텔레스 철학의 중요 개념의 하나로, 가능성으로서의 어떤 사물이 그 목적을 실현한 상태, 곧 생성의 최종 형태를 이르는 말—옮긴이)나 활동으로 특징짓기 위해서는 나도 크리프트처럼 아퀴나스를 거쳐 아리스토텔레스에 의존하는 방식을 써야 할지도 모른다. 하지만 '순수 현실태'(pure actuality)로 이해되는 에네르게이아에 대한 여러 신학 개념은 결국 (내가 저항하는) 일종의 정체 상태와 뜻이 같다.

피터 크리프트에 대한 답변 마이클 앨런

크리프트 교수에게 감사하다는 말로 이야기를 시작하겠다. 로마가톨릭 철학자와 개혁주의 교의신학자 간의 몇 가지 현격한 의견 차는 아마 의외가 아닐 것이다. 나는 연옥을 믿지 않으며, 크리프트가 짠 틀은 중간 단계를 다소 공공연히 배제하고 뛰어넘어 간다는 것을 발견했다. 즉, 죽은 신자가 영광을 향해 가는 그 고된 여정을 예수의 재림 때 (지루한 도덕적 술책의 과정으로가 아니라) 우리를 즉시 변화시키겠다는 신적 약속과 어떻게 조화시킬지를 다루지 않는 것이다. 하지만 나는 길든 짧든 이 문제에 논쟁적으로 뛰어든다는 것은 크리프트 교수가 하는 말의 취지를 놓치는 것이요, 솔직히 말해 연옥 논쟁 비슷한 것으로 독자들을 강제로 밀어넣는 셈이 될 것이라고 생각한다. 그래서 그 문제에 대한 내 이견은 한쪽으로 제쳐 두고 기꺼이 다른 문제로 시선을 돌려 보겠다.

크리프트의 소론은 우리 모두에게 주어진 열 가지 질문이 유발하는 수많은 논제를 종횡으로 고찰한다. 그 광폭의 논의에 경의를 표한다. 특히 그가 현재와 내세의 관계를 설명하는 방식, 표징에서 시작해 더 깊고 심지어 신비로운 실체를 다루고, 그러다가 완전케 된 인간으로서의 부활하신 그리스도에게로 다시 돌아오는 것을 높이 평가한다. 또한 그는 그리스도를 천상의 삶의 중보자로, 우리가 그 복된 직관으로 볼 수 있는 분으로 밝힌다. 이를 비롯해 다른 여러 영역에서 그와 나란히 생각해 보고 그의 유능한 지적 작업에 도전도 받고 힘도 얻는 기회를 누린 것에 감사한다.

특히 인상적인 부분은, 적절한 질문, 즉 생산적이고 중요한 질문을 받는 것이 사실상 지적 작업의 절반이라는 말로 이야기를 시작한 것이다. 달리 말해, 우리는 그저 대답을 구하는 게 아니라 먼저 올바른 질문 위에 자리를 잡을 필요가 있다. 그래서 바로 그런 정신으로 나는 크리프트 교수의 말에서 두어 요소를 끄집어내서 새로운 질문의 틀을 짠 뒤 이것을 크리프트와 함께 생각해 보는 수단으로 삼고자 한다. 그리고 나서 그가 응답 부분에서 뭐라고 말할지 열심히 지켜보겠다. 그런 유형의 변증법적 주고받음은 신학의 성장 및 우리가 지적 제자도(intellectual discipleship)라고 부를 만한 작업에 결정적으로 중요하다.

그래서 한 가지 질문과 씨름해 보고 싶은데, 이 질문은 더 광범위하고 더 직설적으로 구성될 수 있다. 먼저 이 질문을 더 광범위하게 표현하자면, 우리는 천국의 영원한 상태에서 어떤 방식으로 개체성과 독특성을 가지고 살며, 또 어떤 방식으로 우리 형제자매와 나란히 예수 그리스도 안에서 발견되는 인성의 특정 모형을 본받게 되는가? 좀 더 직설적으로 표현하자면, 개체성과 일치성 모두를 어떻게 동반해서 생각해야 할까?

어째서 이런 것도 질문이 될 수 있을까? 크리프트 교수는 이 질문에서 종말론 교리의 두 가지 요소를 역량 있게 확인해 준다. 첫째, 개별 인간은 하나님에 의해 구속받고 영화롭게 된다. "그리스도께서 당신을 위해 죽으시고 다시 사셨다"는 복음의 약속을 들을 때마다 우리는 특정하고 개별적인 사람을 거론한다. 크리프트 교수는 여기서 더 나아가 그 특정성의 그물에 걸린 몇 가지 독특한 요소를 정리하려고 한다. 지복직관 논의에서 크리프트는 C. S. 루이스의 고찰로 시선을 돌린다. "각 영혼마다 신적 아름다움의 어느 한 측면을 다른 어떤 사람보다도 영원히 알고 찬양할 것이다. 각 사람을 무한히 사랑하시는 하나님이 각 사람을 서로 다르게 사랑하실 수 있다는 것 말고 우리가 창조된 이유가 무엇이겠는가?"[1] 크리프트 교수는 이어서 이렇게 덧붙인다. "그래서 천국에서는 우리가 창조된 목적대로 하나님의 그 독특한 측면을 살펴 알아서 서로에게 영원히 이야기할 것"이다(p. 263).

어떤 이들은 전체를 더 많이 볼 것이고, 또 어떤 이들은 겉보기에 별개의 순간으로 보이는 신적 자기 계시의 틈새 너머를 보면서 그 순간들을 종합하기에 힘쓸 수 있다. 루이스와 크리프트가 묘사하는 지적·신학적 성장 프로젝트는 각 사람이 청지기 같은 태도로 다른 사람들과 나눠야 할 독특한 능력과 역량의 여지를 많이 남기는 것 같다.

루이스의 또 한 가지 고찰도 이 지점에서 도움이 된다.

내 친구들은 다른 친구들이 있어야만 완전히 드러나는 어떤 것을 저마다 갖고 있다. 나의 경우, 내 전인을 다 활성화시킬 수 있을 만큼 도량이 넓지 않다. 그 전인의 모든 면모를 다 보여 주려면 내가 가진 빛 외에 다른 빛이

---

[1] C. S. Lewis, *The Problem of Pain*, in *The Complete C. S. Lewis Signature Classics* (San Francisco: HarperOne, 2002), p. 642.

필요하다. 찰스가 죽은 지금, 로널드[톨킨]가 특히 찰스의 농담에만 보이는 반응을 다시는 볼 수 없을 것이다. 찰스가 가 버렸으니 이제 로널드를 '독차지'해 그를 더 많이 누리기는커녕 오히려 로널드를 덜 누리게 되었다.… 이런 점에서 우정은 천국 자체를 '닮음으로써' 영광스럽게 '가까워지는' 모습을 보여 주는데, 이 천국에는 (어떤 인간도 수를 헤아릴 수 없을 만큼) 무수한 복된 이들이 저마다 하나님에게서 맺는 결실을 늘려 간다. 모든 영혼이 나름의 방식으로 하나님을 보고 그 독특한 장면을 다른 모든 이들에게 틀림없이 전달한다. 어떤 옛 작가가 말하기를, 그것이 바로 이사야의 환상에서 스랍들이 서로 "거룩하다, 거룩하다, 거룩하다"(시 6:3)라고 외친 이유다. 이렇게 우리가 천국의 양식을 서로 더 많이 나눌수록 우리는 더 많은 것을 갖게 될 것이다.[2]

개인의 은사에 대한 이 개념, 즉 자기 유익뿐만 아니라 모든 동무를 위해 거룩한 것을 더 많이 보고, 더 많이 이끌어 내고, 더 많이 나눈다는 이 개념은 구속받고 영화롭게 된 각 성도의 특이성과 특별성을 가리키는 데 도움이 된다.

이 일은 자주 간과되는데, 나는 성경의 아가를 들어 이 점을 입증하고자 한다. 아가는 연인을 위한 신부의 노래에 대해 말할 뿐만 아니라 사랑하는 이를 두고 부르는 그 연인의 노래에 대해서도 말한다.[3] "내 사랑 너는 어여쁘고도 어여쁘다"(4:1). "네 눈이…네 머리털은…네 이는…네 입술은…네 뺨은…네 목은…네 두 유방은…"(4:1-5). 하나님

---

[2] C. S. Lewis, *The Four Loves* (New York: Harcourt, Brace, and Jovanovich, 1960), p. 92. 『네 가지 사랑』(홍성사).

은 자기 백성의 구체적인 모습을 매우 기뻐하시며, 이는 이 백성이 은혜로 구속받을 때뿐만 아니라 그리스도 재림 시의 영광스러운 부활을 통해 변화될 때에도 분명해질 것이다. 그래서 우리는 여기서 각 성도가 가진 신적 환호가, 마치 연인의 노래가 사랑하는 이의 몸의 곡선을 찬양하는 것처럼 이들의 특정한 은사와 은혜와 영광 위에 머무는 것을 보게 된다. 하나님은 그저 어떤 포괄적인 방식으로 우리를 너그럽게 보아 주시거나 사랑하시지 않는다. 하나님은 궁극적으로 자신의 몸의 각 지체의 영화롭게 된 부분 하나하나를 기뻐하신다. 그것이 우리가 감히 잃을 수 없는 우리의 영광스러운 결말에 관해 성경이 가르치는 첫 번째 요소다.

두 번째 요소도 우리를 압박한다. 크리프트 교수는 부활하신 그리스도를 완전케 된 인류의 형상이라고 부르며, 이어서 "우리는 모든 면에서 그리스도를 더욱 닮을 것"이 복음의 약속이라고 말한다(p. 258). 이 결정적 단언의 기저에는 우리가 그리스도의 모습을 본받는 경험을 한다는 성경의 가르침이 자리 잡고 있다. 로마서 8장은 예정을 확언할 뿐만 아니라 예정의 목적도 언급한다. "하나님이 미리 아신 자들을 또한 그 아들의 형상을 본받게 하기 위하여 미리 정하셨으니"(8:29). 택함받은 모든 이들에게는 구체적 목표가 있다. 바로 하나님 자신의 아

---

3 이 단락에 대한 이해는 아가를 궁극적으로 인간의 성적 사랑에 관한 노래가 아니라(비록 이것이 더 깊은 신학적 진리를 위한 2차적 상징이기는 하지만) 신적 사랑(하나님과 이스라엘, 그리고 그리스도와 교회)에 대한 노래라고 명백히 기독교적으로 읽는 데 달려 있다. 에로틱한 노래가 어떻게 성경에서 "노래 중의 노래"(Song of Songs: 아가의 영어명—옮긴이)요 미리암, 한나, 마리아나 스가랴의 노래 혹은 시편 같은 다른 노래들보다 위대하다고 일컬을 수 있는지 의아하기도 하다. 초기 기독교가 발전할 때 아가 읽기가 어떤 역할을 했는지 분석한 글로, Karl Shuve, *The Song of Songs and the Fashioning of Identity in Early Latin Christianity*, Oxford Early Christian Studies (New York: Oxford University Press, 2016)를 보라.

들, 나사렛 예수라고 하는 성육신하신 아들의 형상을 본받는 것이다. 앞 본문은 한 걸음 더 나아가 이 약속의 의미를 알아낸다. "이는 그 [하나님의 아들]로 많은 형제 중에서 맏아들이 되게 하려 하심이니라"(8:29). 이 본받음으로 가족 간 닮은 모습이 완성될 뿐만 아니라 '그리스도인'이라는 이름을 지니는 일의 의미, 즉 어떤 사소한 방식으로든 점점 더 메시아의 성품과 임재의 특징을 나타내는 사람이 된다는 의미가 완성된다.

우리는 "그리스도의 법"을 따르고 "그리스도의 멍에"를 메지만, "그리스도를 본받기"도 한다(갈 6:2; 마 11:29-30; 요일 2:6). 이 표현들은 성육신하신 성자의 어떤 말씀을 행하는 것에 대해서만이 아니라 그분이 행하신 대로 행하는 모습을 갖춰가기나 형성하기에 대해서도 말한다. 이 본받음에는 기도에서부터 십자가 지기까지 온갖 것이 다 포함된다. **그리스도 본받기**(christoformity), 더 나아가 **십자가 본받기**(cruciformity) 같은 표현은, 좋은 소식은 죄 사함을 안겨 줄 뿐만 아니라 하나님이 자신의 성령으로써 마침내 우리를 그리스도 자신의 영광으로 변화시키신다는 약속도 제공한다는 개념을 전달하는 데 쓰인다. "우리가…하늘에 속한 이의 형상을 입으리라"(고전 15:49). "우리가" 저마다 그 공통의 형상을 입고 있기에, 어떤 의미에서 "각 족속과 방언과 백성과 나라 가운데에서"(계 5:9) 나오는 그리스도인은 여러 특질[(마 5장의) 복이든, (갈 5장의) 성령의 열매든, 혹은 (사 11장의) 성령의 은사든]을 점점 더 공유하는 게 틀림없다. 그렇게 해서, 그리스도인의 변화라는, 우리를 하나로 만드는 하나의 실마리가 존재한다. 그리스도를 본받을 때 우리는 서로 점점 공통점이 많아지는 경험을 한다.

한 요소는 사람마다 특유의 관점과 은사가 있다고 말하며, 또 한 요소는 우리가 모두 그리스도를 본받고 있다고 (그리하여 아마 서로 점점 비슷해지고 있다고) 일깨워 준다. 한 주장이 다른 주장을 무너뜨리지 않고, 또한 이 주장들이 반드시 서로 상충하는 양 행동하지 않으면서 각 주장을 존중하는 법을 아는 게 요령이다. 만약 서로를 무너뜨리면, 우리는 어떤 사람(들)의 개인적 또는 문화적 특이성이 그 자체로 그리스도 본받기의 형태에 일부 포함된다고 보는 식민주의의 위험에 빠질 수 있다. 이런 것이 문화적 우월감이 드러나는 방식이자 병폐의 근원이다. 또 우리는 다른 방향으로도 무너진다. 그리스도와 일체가 되면 이런저런 개인 자질은 별로 중요하지 않은 양 생각하는 것이다. 사실 개인의 고유한 특성은 모든 면에서 그 사람에게 맡겨진 것인데 말이다. 그런 특성은 계속 이어져야 할 것이다. 남성성이나 목공 기술은 서로의 발을 씻겨 주기나 기도만큼 도덕적으로 의미 있는 일로 생각해야 한다. 이 부분에서도 우리는 보편과 특수를 구별하지 못할 수 있다.

이와 반대되는 양태도 나을 것이 없으며, 이는 현재 우리 삶에 함축적 의미를 갖는다. 이는 예수의 특정 요소만 본받고 우리의 나머지 부분은 예수나 하나님의 영향을 받지 않은 양하는 세속적인 자기 보존 태도를 낳을 수 있다. 우리는 시간 면에서도 이 문제를 조각조각 나눌 수 있다. 안식일이나 주일을 지키는 것은 그분의 길을 본받는 것으로 보고, 주중(週中)이나 복된 주말은 여전히 그분의 권한 밖에 둔다. 어쩌면 우리는 자아의 부분이나 측면을, 마치 어떤 기능이 더 중요하기도 하고 덜 중요하기도 한 것처럼 고찰한다. 마음이나 영혼은 그리스도를 위한 것이지만 몸은 그분의 관심 밖이라고 말이다. 일치성과 특수성을 중첩되는 일이 아니라 서로 경쟁하는 것으로 보는 이런 모순적 접근 방식은 결국 충성심을 나누는 것으로 귀결된다. 즉, 하나님은 삶의 국면들을 통치하시되 전부 통치하시지는 않고, 하나님께 대한 헌신이나 사랑은 우리의 모든 면이 아니라 일부 측면의 특징이 되는 것이다. 이런 함정에 맞서 신명기 6:5은 우리가 가진 모든 것으로, 구석구석에 있는 모든 것으로 하나님을 사랑하라고 우리에게 명해야 했다. 하나님은 만물을, 우주 안에 있는 것과 우리 자아 안에 있는 모든 것을 새롭게 하신다.

영원한 자아, 곧 부활하고 변화되고 그리스도를 본받는 특별한 자아에 대해 생각해 볼 때, 특정성뿐만 아니라 이 타고난 권리를 공유하는 다른 형제자매와의 이 성화된 공통성을 모두 지니는 자아로 생각할 수 있는 방법이 있을까? 자, 먼저 이야기할 것은, 혼동과 모순은 우리 시선을 두 가지 현실 모두에 고정시키라는 경고 역할을 한다는 것이다. 개인의 정체성은 여전히 남아 있으며(변화산에서 모세와 엘리야를 알아볼 수 있었다는 사실로 아마 이를 알 수 있을 것이다), 이 정체성에는 독특하고 다채로운 외모, 능력, 어떤 면에서의 관점이 포함된다. 크리프트 박사는 영화롭게 된 삶에는 '기민성'이 증대된다고 말하는데, 이는 우리가 다 슈퍼히어로처럼 되어서 저마다 동일한 수준의 민첩한 능력을 갖게 된다는 뜻은 아닐 것이다. 하지만 개인의 정체성은 그곳에서도 그대로이고, 그래서 어린양의 피로 씻겨 예수 그리스도의 이름을 지니게 된 사람들도 계속 그 정체성을 갖게 된다. 이들은 그 이름을 지닐 뿐만 아니라 천상의 사람으로서의 그분의 형상도 지닌다. 이들은 그 경건한 특질을 나타내는 사람들로 변화된다.

내가 생각하기에 이제 우리에게는 의미심장하다고 여겨지는 한 가지 질문, 그릇된 길에 대한 몇 가지 경고, 그 경고의 중요성을 일깨워 주는 몇 가지 사실, 그리고 하나님 말씀의 규범적 목소리에 제약받지 않고 규율되지 않는 방식으로 추측하지 않도록 조심해야 할 필요성이 남았다. 먼저 의미심장한 그 질문은, 문화적 특정성은 정확히 어떤 식으로 발현되느냐는 것이다. 어떤 식으로든 발현되겠지만, 그 양상은 다양할 것이며 지금 우리의 상상을 능가할 것이 분명하다. 이 질문은 좀 더 개인적인 면에 초점을 맞출 수 있다. 다양한 성격 특성이나 독특한 능력들은 (지적으로나 생리학적으로) 어떤 방식으로 드러날까? 어떤 식으로든 드러나겠지만, 폭넓은 가능성들이 제시되며, 이 시점에서는 실제적이고 특정한 답변을 하려고 하기보다는 이 질문의 의미에 전념하는 게 아마 더 중요할 것이다. 이 질문은 우리가 성경의 가르침과 기독교의 교리라는 두 가지 요소 모두에 빈틈이 없어야 한다고 일깨워 준다. 즉, 하나님이 나를 (그리고 저마다 특정성을 지닌 개별적 인격체로 구성된 다른 그리스도인들 무리 전체를) 구원하시고 영화롭게 하신다는 것, 그리고 하나님은 성령의 능력으로 우리 모두를 천상의 사람 예수 그리스도의 형상으로 변화시키심으로써 우리 모든 사람 하나하나를 동시에 영화롭게 하신다는 것이다. 나는 어떤 특정 질문에 비록 완전히 답변할 수 없다 해도 그 질문의 도전 앞에 서성이면서 그 의미를 좀 더 깊이 헤아리고자 하는 게 시간 낭비라고 생각하지 않는다. 그런 질문은 성경 앞에 깨어 있게 할 뿐만 아니라 일치성과 다양성에 관해 좀 더 폭넓게 사유하는 방법의 틀을 짜 준다. 그런 질문은 우리를 (언젠가는 부활해 영화롭게 될 그리스도인들로) 하나로 묶어 주는 것은 무엇이고 우리를 (독특한 배경과 경험을 지닌 개별적 존재로) 구별시켜 주는 것은 무엇인지 생각하는 방식에 하나의 독특한 관점을 제공해 준다. 많은 성찰을 보여 주었을 뿐만 아니라 인간의 본성 및 그리스도 안에서 영화롭게 된 성품이라는 이 심오한 주제와 다시 씨름할 수 있게 해 준 크리프트 교수에게 감사한다.

응답 피터 크리프트

첫째, 진리를 찾아 구하는 나의 세 동료에게 진심으로 감사하고, "철이 철을 날카롭게 하는" 이런 자리를 만들어 준 마이크 위트머에게 감사한다. 이런 작업은 거듭거듭 반복되어야 한다. 이 작업에서는 세 가지 실질적 쟁점이 제기된다. 파인버그 박사는 연옥 문제를, 미들턴 박사는 종말과 하늘의 관계를, 앨런 박사는 천국에서의 개별성 문제를 주로 이야기했다.

파인버그 박사는 신학 작업이 무엇을 근거로 권위를 갖느냐에 초점을 맞춤으로써 핵심을 찌른다. 당연히 파인버그는 내가 로마 교회의 교도권에 너무 많은 권위를 부여한다며 이견을 나타낸다. 그런 이견이 없다면 파인버그도 가톨릭교도일 것이다. 그러나 교회의 교도권에 많은 권위를 부여한다 해서 성경을 깎아내리는 것은 아니다. 가톨릭 교의는 성경에 터를 잡고 있고, 성경을 해석한 것이며, 성경이라는 시금석으로 검증되기 때문이다. 아퀴나스는 신학[신성한 교의(*sacra doctrina*)]을 심지어 성경과 **동일시한다**(『신학대전』 1.1.1). 적어도 그 '질료인'(material cause) 혹은 데이터 면에서 말이다.

사실 **연옥**이라는 말은 성경에 없지만, **삼위일체**라는 말도 성경에는 없다. 삼위일체 교리는 성경의 모든 데이터에 대한 신학적 설명이다. 즉, 하나님은 한 분이고, 성부는 하나님이고, 성자는 하나님이고, 성령은 하나님이시며, 이 세 분은 서로 다른 위격이라고 말이다. 연옥도 마찬가지여서, 이는 성경의 두 가지 명백한 가르침에 근거한다. 즉, 이생에서는 성도들도 죄인이고(요일 1:8), 어떤 식으로든 죄가 있는 것은 그 어떤 것도 천국에 들어가지 못한다는 것이다(계 21:27).

연옥에 대해서는 (삼위일체에 대해서도 그렇지만) 여러 통속적 오해가 있다. 예를 들어, 연옥이 있다는 것은 그리스도가 십자가에서의 일을 완료하지 못했다는 의미다, 연옥 때문에 죽음은 기쁜 것이 아니라 음울한 일이 된다, 연옥은 우리가 그곳에서 보내는 시간이 끝날 때까지 그리스도와의 만남을 늦춘다, 연옥은 천국과 지옥의 '위대한 이혼'에 대한 세 번째 대안이다 등. 파인버그 박사의 오해는 연옥을 '보호 관찰 기간'이라고 부른다는 것이다. 하지만 연옥의 목적은 보호 관찰이나 처벌이 아니다. 연옥은 칭의의 완성이 아니라 성화의 완성이다.

파인버그 박사는 성화가 칭의처럼 단번에 이뤄지는 게 아니라 '단계'가 있음을 인정한다. 하지만 이생에서 성화의 마지막 단계에 이르는 사람은 거의 없는 게 분명하다. 바보나 바리새인들만 자기가 완전케 된 성도라고 생각한다. 정직한 그리스도인치고 영생에 들어가는 데 꼭 필요하다고 그리스도가 말씀하신 대로(눅 10:25-28), 마음과 목숨과 뜻과 힘을 다해 하나님을 사랑하고 "하늘에 계신 너희 아버지의 온전하심과 같이…온전"(마 5:48)해졌다고 정말로 자신하는 사람이 있을까?

연옥에 관한 또 하나의 일반적 오해는 기간에 관한 오해다. 연옥에 머무는 시간은 시계나 달력으로 측정되지 않는다. 사실 그 기간은 순간일 수도 있다. 연옥에 머무는 '날'(days)이라는 표현은 문자 그대로의 날이 아니라 상징적인 표현으로, 초기 교회에서의 참회 기간에서 가져온 비유이며, 이 기간은 죄의 경중에 따라 정해진다.

연옥은 죄 자체가 아니라 우리의 죄된 습관과 욕망을 정화한다. 우리는 죽음 후에는 더는 죄를 짓지 못한다. 하지만 여전히 영적으로 배우고 성장할 수는 있다. 연옥은 우리의 행위가 아니라 우리가 어떤 존재인지를, 죄가 아니라 죄인을 다룬다.

연옥에 대해 개신교도들이 제기하는 이의는 대개 루터가 '눈 덮인 똥더미'라고 부른 '법정적 칭의'(forensic justification), '법적 가정'(legal fiction)이라는 혁신적 이설(異說)에서 비롯된다.[1] 그래서 파인버그 박사는 우리에 대해 "그리스도의 완전한 의로 **옷 입고 서**" 있는 존재들로 말한다(필자 강조, p. 298). 하지만 단순히 그렇지는 않을 것이다. 겁쟁이는 기사의 갑옷을 입고 있어도 여전히 겁쟁이다. 천국은 코스튬 파티장이 아니다. 하나님은 완전케 된 **심령**을 요구하신다. 성경에 이보다 더 명백한 사실은 거의 없다. 그리고 우리 마음도 이 사실과 일치한다. 우리의 가장 거룩한 바람은 단순히 완전하다고 '인정받는' 것이 아니라 실제로 완전해지는 것이고, 단순히 하나님의 칭찬을 받는 것이 아니라 그 칭찬을 받을 만하게 되는 것이다. 하늘에 계신 우리 아버지는 완전한 사랑이실 뿐만 아니라 완전한 진리이기도 하시기 때문이다. 이것이 바로 하나님이 선량한 우리 육신의 아버지들처럼 "기쁘게 해 드

---

[1] 사실 루터의 글에서 정확히 이런 표현 그대로를 찾아낼 수는 없지만, 이런 정서가 존재하는 것은 사실이며 그의 글에서 발견되는 여러 진술을 종합하면 이를 알 수 있다. Dave Armstrong, "Luther's 'Snow-Covered Dunghill' (Myth?)", *Patheos*, April 7, 2016, www.patheos.com/blogs/davearmstrong/2016/04/luthers-snow-covered-dunghill-myth.html을 보라.

리기는 쉽고 만족시키기는 어려운"(조지 맥도널드) 분이신 이유다. 물론 하나님 자신의 은혜만으로도 하나님을 만족시킬 수는 있지만 은혜는 인간 본성을 포함해 본성을 무시하거나 대체하는 게 아니라 본성을 완전케 한다.

루터의 법정적 칭의 교리밖에 모르던 칼빈 칼리지(Calvin College) 재학 시절, C. S. 루이스의 『순전한 기독교』를 읽고 하나님이 우리에게 원하시는 것은 어떤 종류의 행위가 아니라 어떤 종류의 사람이라는 단순한 진리를 깨달았을 때 느꼈던 그 짜릿한 해방감을 나는 지금도 기억한다. 하나님은 우리의 변호사가 아니라 우리의 연인이시다. 우리의 고용주가 아니라 우리의 아버지시다.

마지막으로, 연옥은 보편구원론 혹은 땅의 모든 이들이 다 구원받는다는 개념을 함축하지 않으며, 오직 연옥에 있는 모든 이의 구원만을 뜻한다. 연옥은 천국의 욕실인데, 어떤 이들은 천국 저택의 현관에조차 들어가지 않으려 한다. 욕실에서 영원히 사는 사람은 없다. 연옥에 시간 개념이 있든 없든, 그곳은 잠시 머무는 곳이다. 이 '욕실'은 우리가 저택 식당에서 연회를 즐길 수 있도록 '똥더미 위의 눈'이 다 씻겨 내려가는 곳이다.

개신교도들은 연옥에 대한 일반적인 오해에 정당하게 항의한다. 즉, 그리스도의 얼굴빛을 누리기 전에 긴 징역형과 노동 수용소를 예상하게 함으로써 행복한 죽음에 대한 성경적 소망을 훼손시킨다는 것이다. 하지만 우리가 '그리스도 안에서' 살았고 '그리스도 안에서' 죽었다면 그분은 연옥에서도 우리와 함께하실 것이며, 지금 여기에서보다 나중에 그곳에서 훨씬 더 내밀하고 친밀하게, 우리가 섬뜩해하는 완전한 진리뿐만 아니라 우리가 매력적으로 여기는 완전한 사랑으로 우리를 가르치시고 정결하게 하시며 그 진리와 사랑을 우리에게 흠뻑 부어 주실 것이다. 뱀이 허물을 벗는 것처럼, C. S. 루이스의 『새벽 출정호의 항해』(*The Voyage of the Dawn Treader*, 시공주니어)에서 유스터스의 '용 껍질이 벗겨지는' 것처럼, 연옥은 심히 고통스럽기도 하고 심히 기쁘기도 하다.

웨슬리파 감리교도인 미들턴 박사는 루터교 (그리고 대개 칼뱅주의) 전통 밖에 서 있는 전형적 개신교도로서, 성화를 단순히 법적인 일로 보지 않고 형이상학적인 일로 본다. 비록 자신들이 이해하는 (혹은 오해하는) 것이 가톨릭의 연옥 교의임을 깨닫지는 못하지만 말이다. [루이스는 연옥을 믿었지만 그가 말하는 '교황주의자'판 연옥을 믿지는 않았다. 하지만 루이스는 존 헨리 뉴먼(Newman)이 "제론티우스의 꿈"(The Dream of Gerontius)이라는 시에서 말하는 연옥 개념은 찬양했다. 뉴먼의 연옥관이 사실은 '교황주의자'판 연옥인데 말이다!]

미들턴 박사는 천국과 이 땅의 종말 사이의 관계라는 중요한 문제에 주안점을 둔다. 우리가 천국으로 '올라가는' 것일까, 아니면 천국이 우리에게 '내려오는' 것일까? 내가 생각하기에 대답은 둘 다 맞는 동시에 둘 다 틀리기도 하다. 둘 다 맞다는 것은, 우리가 올라가는 것과 천국이 내려오는 것 두 가지 모두 성경적이고 전통적인 이미지이기 때문이다. 둘 다 틀리다 함은, 우리가 천국으로 '올라가든' 천국이 우리에게 '내려오든' 천국은 다른 행성처럼 이 우주 안에 있지 않기 때문이다.

새 하늘과 새 땅 모두 다른 세상인 동시에 다른 세상이 아니다. 이는 우리 세상이지만, 단순히 완전케 된 세상이 아니라 근본적으로 변화된 세상이다. 예를 들어, 그 세상은 우리의 작은 행성과 달리 죽은 신자와 살아 있는 신자, 그리고 장래의 성도들(그리고 천사들)로 구성된 인구를 다 수용할 수 있다. 또한 그 세상은 불멸의 세상이며 따라서 이 우주 안의 만물처럼 엔트로피의 영향을 받지 않는다. 내가 알기로, 둘 다이기도 하고 둘 다 아니기도 한 이 역설을 소설적으로 가장 훌륭하게 묘사한 것은 C. S. 루이스의 『마지막 전투』(*The Last Battle*, 시공주니어)다.

우리의 문제는 아마 늘 이 쟁점을 시간보다는 공간의 관점에서 생각한다는 점일 것이다. (또한 우리는 시간 자체를 도로나 선 같은 일종의 공간으로 생각하는 경향이 있으며, 이 때문에 온갖 철학적·과학적 난제가 발생한다.) 천국 그리고/또는 종말에는 우리의 모든 과거가 단순히 기억되는 게 아니라 부활할 것이다. 영원은 폐지된 시간도, 지속되는 시간도 아니며, 변화되어 완전히 현존하게 된 시간이다. 어떻게 그런 일이 일어날 것이며 그것이 어떤 모습이고 어떤 느낌일지는 아마 태아를 둘러싼 바깥세상만큼이나 상상불가능하다. 핵심 개념은 변화다. 옛것이 유토피아적으로 완전케 되는 것도 아니고 단순히 새것이 옛것으로 대체되는 것도 아니다. 하나님에 대해서와 마찬가지로, 우리는 그게 어떤 모습인지보다는 그게 어떤 모습이 아닌지를 더 잘 안다.

예수는 성경 마지막 장 바로 앞 장에서 말씀하셨다. "보라 내가 만물을 새롭게 하노라"(계 21:5). 여기에는 아마 공간, 시간, 운동, 물질, 에너지의 참 본질이 포함될 것이다. 우리는 부활체가 이 우주에서처럼 물질적인 몸이 아니라는 것을 성경을 통해 알고 있다(고전 15:35-50).

그리고 공간과 시간은 물질·운동·에너지에 상대적이지만, 물질·운동·에너지는 공간과 시간에 상대적이지 않다는 것도 현대 과학을 통해 알고 있다. 뉴턴식의 절대적 공간과 시간은 없다. 이 두 가지 진실을 종합하면 우리의 새로운 몸이 살게 될 새로운 세상에 관해 무언가를 깨닫기 시작할 것이다. 그 세상에 대해 우리가 말할 수 있는 가장 분명한 사실은, 그 세상은 "눈으로 보지 못하고 귀로 듣지 못하고 사람의 마음으로 생각하지도 못[한다]"는 것이다(고전 2:9). 세 동료 분들을 거기서 곧 보게 되기를, 그리고 우리의 유치한 공론에 관해 함께 큰 웃음을 터뜨릴 수 있기를 바란다.

앨런 박사가 초점을 맞춘 문제는 아마 가장 중요한 문제일 테지만, 그다지 많은 논쟁 없이 다룰 수 있다. 대략적으로 말해 앨런은 천국의 영원 상태에서 우리가 어떤 식으로 개별성과 독특성을 지니고 살며, 예수 그리스도에게서 볼 수 있는 특정 인성 모델을 어떤 식으로 우리 형제자매와 함께 본받는지를 궁금해한다. 좀 더 직설적으로 말해, 우리는 개별성과 일치성이 어떻게 병행한다고 생각하는가?

대답은, **모든 면**에서 그러하리라는 것이다. 그리스도 안에서는 모두가 다 최고 수준으로 개별화되어 있**고** 최고 수준으로 하나이기 때문이다. 사실 우리는 그리스도와 하나가 됨**으로써** 개별화된다. 이 역설은 인간의 사랑과 유사하다. 연인들은 자기를 잊을 만큼 서로에 대한 사랑에 완전히 빠져 있을 때 가장 개별화되고, 독특하고, 대체불가능하고, 충족감을 느낀다. 섹스도 이와 비슷하다. 남자는 여자를 알고 여자와 연합할 때에만 자신의 독특한 남성성을 발견하고, 여자는 남자를 알고 남자와 연합할 때에만 자신의 독특한 여성성을 발견한다.

이는 빛이 모든 색깔과 모양을 초월해 각 색깔과 모양을 완성하고 이끌어 내듯이, 그리고 지성이 대상들 사이의 상이점과 유사성을 모두 드러내듯이 은혜가 본성을 완전케 한다는 신학 원리를 적용한 것이다. 빛이 색을 초월하고, 생각이 대상을 초월하고, 하나님이 인간을 초월하며, 은혜가 자연을 능가하기에, 빛은 색에 존재하되 다른 어떤 색보다 더 많이 존재할 수 있고, 마찬가지로 생각이 그 대상에, 신성이 인간에게, 은혜가 자연에 존재할 수 있다.

토마스 아퀴나스의 형이상학에서, 존재 행위는 최고로 실제적이어서 존재의 잠재성에 지나지 않는 모든 본질을 초월한다. 하지만 존재 행위는 모든 본질, 모든 본성을 외부로부터가 아니라 내부로부터 하나의 부수적 사물로(as an accident) 현실화하기도 한다. 아우구스티누스의 경우, 하나님은 "나 자신보다 더 친밀하게 내게 임재하신다"고 한다.[2] 지고한 초월성은 지고한 내재성을 허용한다.

동일한 역설적 변증법이 개인과 공동체 사이에도 **양**방향으로 존재한다. 이 변증법에서 개인과 공동체는 저마다 상대에 의해 완전케 되는데, 왜냐하면 저마다 상대를 초월하기 때문이다. (1) '스스로 존재하시는'(I am) 하나님의 형상인 개인, 독특한 '나 됨'(I-ness)은 집단 정체성을 초월하며, 그러므로 그 정체성을 완전케 한다. 공동체 안에서 개인들이 독특할수록 그 공동체는 더욱 강해질 수 있다. (2) 개인이 공동체를 완전하게 하는 것처럼, 공동체도 개인을 완전하게 한다. 몸의 각 기관은 행진하는 군인이나 동전 무더기 속 동전보다 더 독특하고 더

---

2 Augustine, *Confessiones*, ed. James J. O'Donnell, 3 vols. (Oxford: Clarendon, 1992), 1:27.

통일성 있다. 공동선이 사적 선을 완전케 함은 공동선이 사적 선을 초월하기 때문이다. 개인이 공동체에 헌신하면 할수록 이들은 개인으로서 더 개별성을 갖게 되고 충족감을 느낀다.

소설 『삼총사』(The Three Musketeers)의 한 구절을 인용하자면, "모두를 위한 하나와 하나를 위한 모두"이다. 영화 〈스타 트렉〉의 대사를 인용하자면, "다수의 선이 한 사람의 선보다 중요"하다. **그리고** "한 사람의 선이 다수의 선보다 중요하다."

모든 세계 종교의 모든 현자와 성도는 심오한 심리학적 역설을 희미하게나마 알고 있다. 자아는 오직 자아를 잃음으로써만 자신을 발견한다는 것을 말이다. 그리고 그 이유는 그리스도인들만 안다. 자아를 잃음으로써만 자아를 발견한다는 것이 하나님의 피조물에게 해당되는 이유는 이것이 창조주 자신에게도 해당되기 때문이다. 하나님은 '나'이실 뿐만 아니라 '우리'이시기도 하고, 통합된 단일 본성이시자 사랑으로 상대에게 완전히 내어 주는 위격들의 삼위일체이시기도 한 까닭이다. 그 통합된 본성**은** 사랑이다. 사랑은 단순한 산술적 하나(oneness)보다 더 강력한 접착제, 더 강력한 단일성이다. 그리고 사랑이라는 단일성은 최고로 개별화되는데, 세 신적 위격은 세 쌍둥이가 아니라 모든 현실에서 가장 개별화되고 독특한 존재들이다. 이것이 바로 성도들이 모두 놀라울 만큼 괴짜들인 이유다. 이들이 독특한 자아들인 이유는, 자기 자신에 대해 죽고 그리스도를 본받기 때문이다. 위대한 성도들은 불가사의하고 경탄스럽다. 반면 큰 죄인들은 지루하고 예측 가능하다.

그렇다면 천국에서의 개별성과 그리스도를 본받기 사이의 이 변증법을 우리는 어떻게 상상해야 할까? 그리스도가 자주 그러셨듯 앨런 박사는 질문 자체를 질문한다. "이 시점에서는 실제적이고 특정한 답변을 하려고 하기보다는 이 질문의 의미에 전념하는 게 아마 더 중요할 것이다"(p. 319). 여기서 '이 시점'이란 우리가 연옥에 가기 전, 그리고 우리의 종말에 있을 변화 전을 뜻한다.

결론 마이클 위트머

학생들 입장에서 비용 대비 효과가 크기 때문에 강의 때 카운터포인트 시리즈 몇 권을 교재로 사용한다. 자기 분야를 주도하는 이들이 서로의 견해 차이를 철저히 논하는 이야기를 듣고 있노라면 늘 깨달음을 얻고 가끔 전율하기도 한다. 저마다 자기 입장을 명료히 하려 하고 상대방에게서 간파되는 오류를 받아치려고 하는 대답 글에서는 번뜩이는 통찰을 종종 얻는다. 이렇게 주거니 받거니 하는 글의 품질은 기고자들의 전문성과, 이해심을 갖고 반대 의견을 수용하려는 열심에 달려 있다. 이 책의 경우, 나는 승자가 있다고 생각한다. 존 파인버그, 리처드 미들턴, 마이클 앨런, 피터 크리프트, 이 네 분은 천국에 관해 그리스도인들이 의견 일치를 보이는 지점이 어디인지, 의견이 일치하지 않는 지점은 어디이고 이유는 무엇인지, 그리고 앞으로 어떤 작업이 더 필요한지를 조명했다. 이들은 대화를 진전시켰다.

한 가지 주된 요점에는 모든 기고자의 의견이 일치했다. 최종 상태에 관해 우리가 알고 싶어 하는 것 중에는 우리가 그곳에 이를 때까지 답변되지 않는 게 많으리라는 것이다. 이는 마치 안개 짙은 거대한 바다 가장자리에 서서 그 안갯속을 응시하는 것과 비슷하다. 등대 불

빛은 30초마다 회전하며 지나가고, 우리가 바라보고 있는 지점은 짧은 순간 낮처럼 밝아지다가 다시 안갯속에 파묻힌다. 우리 기고자들은 저마다 약간씩 다른 지점을 들여다보고 있으며, 그래서 자기 눈에 보이는 다양하고 중요한 부분들을 우리에게 이야기해 준다. 존 파인버그는 성경의 렌즈를 통해 종말을 똑바로 바라본다. 리처드 미들턴도 똑같은 렌즈를 사용하지만, 처음부터 렌즈의 각도를 넓혀서 하나님의 창조 계획, 그분의 우주적 성전, 그분의 형상으로 지어진 인간으로 이야기를 시작한다. 마이클 앨런은 동일한 렌즈를 사용하되 필터를 추가한다. 그는 개혁주의와 보편적 전통으로 해석한 성경을 바탕으로 주로 기독론에 초점을 맞춘다. 피터 크리프트의 시선은 가장 폭넓게 펼쳐진다. 그는 철학, 성경, 로마가톨릭 전통, C. S. 루이스의 성찰 사이로 시선을 던지면서 통찰을 모아들인다.

때로 기고자들이 보는 광경이 겹치기도 한다. 이들은 새 하늘과 새 땅에서 예수와 함께 살기 위해 우리 영혼이 우리의 부활체와 다시 만난다는 데는 모두 의견이 일치한다. 우리는 하나님, 상호 간, 그리고 새로워진 창조 세상과 더불어 만족스럽고 끊을 수 없는 교제를 누릴 것이다. 우리는 죄를 짓거나 고통을 당하거나 죽을 수 없을 것이다. 하나님은 우리가 짐작할 수 없는 방식으로 우리 눈에서 눈물을 닦아 주실 것이다.

이들의 시야가 다를 때도 있다. 새 창조 세계로 가는 여정과 관련해서는, 중간 상태와 연옥에 관해 기고자들의 의견이 다르다. (1) 우리 영혼은 한동안 몸 없이 존재할 것인가? (2) 우리는 주님을 만날 준비가 될 때까지 거룩함이 자라도록 이 기간을 이용할 것인가? 크리프트는 두 질문 모두 그렇다고 대답하고, 미들턴은 두 질문 모두 아니라고 대답하며, 파인버그와 앨런은 첫 번째 질문에는 그렇다고, 두 번째 질문에는 아니라고 대답한다.

기고자들은 새 창조 세계와 현재 우리의 세상과의 관계에 관해서도 다소 의견 차이를 보인다. 미들턴은 우리의 현 창조 세계는 대체된다기보다 회복될 것이라고 주장한다. 인간의 최고 문화 업적은 정결케 하는 불에서도 살아남을 것이고, 그래서 우리는 지금 주님을 위해 열심히 수고해야 한다고 한다. 파인버그는 우리의 현재 창조 세계가 소멸되고, 그 후 그 물질은 새 하늘과 새 땅으로 재건된다고 믿는다. 크리프트는 새 창조 세계가 지금 이 창조 세계에서 빚어질 수도 있지만 (혹은 무에서 창조될 수도 있지만), 우리의 최종 운명은 이 행성에 있지 않다고 말한다. 앨런은 우리의 현재 창조 세계는 구속받을 것이고, 다만 '새롭다'고 할 만큼 철저히 변화할 것이라고 주장한다.

기고자들은 또한 새 하늘과 새 땅의 관계에 관해서도 의견이 좀 다르다. 파인버그는 새 하늘과 새 땅이 여전히 별개일 것이라고, 그리고 우리는 새 하늘과 새 땅을 오가며 살 수 있을 것이라고 믿는다. 미들턴은 궁극적으로 하늘이 땅으로 임하고, 하늘과 땅은 하나가 될 것이라고 강조한다. 앨런은 구속받은 인간은 원래 땅에 살게 되어 있다는 미들턴의 의견에 동의한다. 크리프트는 이 문제에 대해서는 명시적으로 이야기하지 않는다. 그는 새 하늘과 땅을 구별하지 않고 하나의 단위로 보는 것 같다.

기고자들은 새 창조 세계에서 우리가 어떤 존재들이고 무슨 일을 하게 될 것인가에 대해서도 조금씩 의견이 다르다. 크리프트는 토마스 아퀴나스를 따라, 우리가 벽을 통과해 다니고 원격으로 이동하며 천사처럼 날아다닐 수 있는 불멸의 몸을 갖게 되리라고 한다. 앨런은 부활하신 예수가 그렇게 하실 수 있었고, 그래서 아마 우리도 그러할 것이라고 관측한다. 우리는 단호하게 그렇다 아니다 추측하기를 겸손히 거부해야 한다. 파인버그는 우리의 영적 몸이 불멸의 몸이리라는 데는 동의하지만, 인간인 우리가 지금은 갖고 있지 않은 초능력을 반드시 부여받지는 않을 것이라고 본다. 미들턴은 이 질문에 의견을 말하지 않고, 다만 우리의 부활체는 불멸의 몸일 것이라고만 한다.

모든 기고자는 새 창조 세계의 중심이 예수일 것이며, 보이지 않고 우리 입에 올릴 수도 없는 하나님을 예수를 통해서 어떤 친밀한 방식으로 '볼' 수 있을 거라는 데 의견이 일치한다. 하지만 우리가 주 예수를 통해 하나님에게 드리는 예배가 어떻게 평범한 인간의 삶과 연관되는지에 관해서는 의견이 다르다. 미들턴은 성속의 구별을 염려하며, 하나님에게 드리는 '좁은 의미의' 예배가, 새 땅의 문화 발전을 위해 우리의 일을 계속하는 '넓은 의미의' 예배에 영감을 줄 것이라고 주장한다. 그는 지복직관이 "이 땅에서 우리가 행하는 일상적인 활동과 얽혀 있을 것"이라고 한다. 크리프트는 천국에서 하나님을 예배하는 거룩한 행위는 "정원 가꾸기, 과학, 시, 파도타기 같은 '세속적인'" 활동과 "완전히 하나"가 될 것이라고 단언한다. 역으로, 앨런은 구속받은 우리 창조 세계의 '뚜렷한 중심'인 그리스도 안에 계신 하나님의 임재에서 관심이 흩어지는 일이 없도록, 장차의 문화 과제에 너무 많은 비중을 두어서는 안 된다고 경계시킨다. 새 땅에는 다양한 문화적 오락거리가 있을 수 있지만, 예수를 예배하는 일에 관심을 집중해야 한다는 것이다. 파인버그는 예배가 우리 최종 상태의 주요 활동이고 성경은 잔디 깎기나 정원 가꾸기나 주택 관리 같은 일에 침묵하지만 우리가 육체적·정신적 과제를 이행할 수 있으리라는 데 의견이 일치한다.

새 창조 세계에서의 활동에 대한 기고자들의 의견 불일치는 중요한 점을 시사한다. 우리는 예수를 예배하기와 문화적 과제 행하기 사이의 뚜렷한 긴장은 포용하는 한편, 각 요소에 주어지는 상대적 비중은 깊이 생각해 보아야 한다. 문화 발전을 경시하면 인간의 중요 측면을 경시하는 셈일 것이다. 하나님은 이 세상으로 무언가를 만들라고 우리에게 명하셨다. 이것이 우리가 행해야 할 일이다. 하지만 예수 예배하기를 소홀히 하면 우리는 가장 본질적인 부분을 상실한다. NBC 방송 시트콤 〈굿 플레이스〉(The Good Place)가 본의 아니게 보여 주었다시피, 예수가 천국에 안 계신다면 천국에 가는 게 사람들 말처럼 그렇게 좋은 일만은 아니다. 밀크셰이크를 원 없이 마시고, 불타는 노을을 멍하니 바라보고, 비디오게임 만점 받기를 싫증나도록 할 수 있을 뿐이다. 우리가 예배드릴 주님과 구주가 없다면, 결국 우리는 그런 존재 방식에 지쳐 차라리 죽는 게 낫겠다 생각하게 될 것이다. 간단히 말해, 예수는 새 창조 세계의 중심이시지만, 거기에는 그 중심을 에워싼 것이 있다. 에워싼 것이 있어도 예수가 여전히 중심이시다.

기고자들 사이의 의견 불일치는 다른 무언가를 드러낸다. 이들이 바닷가에 서서 안개에 쌓인 저 먼 곳을 응시할 때, 신적 계시라는 탐조등이 빙빙 돌면서 이들이 바라보고 있는 지점을 비춰 주고 그 지점으로 밀려드는 파도의 어두운 윤곽이 드러나게 해 준다. 빛과 어둠은, 구원의 최종 장소 문제에 관한 한 우리에게 답도 있고 질문도 있음을

결론

암시한다. 답보다는 질문이 더 많아 보일 수 있지만, 질문과 답 모두 우리의 흥미를 돋워야 한다. 마지막에 이를 본향에 관해 우리가 아는 것은 거대한 바다의 몇 개 지점에 지나지 않을 수도 있지만, 이 지점들은 앞으로 있게 될 더 많은 일들의 신호다. 앞으로 우리가 알게 될 일들에 대한 눈부신 약속을 감안할 때, 우리가 지금 알지 못하는 부분들이 무엇인지 과연 상상할 수 있겠는가? 이는 성경을 마무리하는 기도에서처럼 "주 예수여 오시옵소서!"라고 소리치게 만들기에 충분하다.

성경 찾아보기

구약

창세기
1장 107, 111-114, 230
1:1 108
1:1-2:3 111
1:2 111
1:26 113
1:26-27 112, 284
1:26-28 120, 136
1:28 113
1:31 115, 176
2장 112, 114
2-3장 75
2:2, 3 110
2:5 114, 132
2:7 111, 132, 138-139
2:8 114
2:15 114, 132, 137
2:19 139
3장 118
3:12-13 92
3:16 118
3:16-19 277
3:17 132
3:17-19 115, 118
3:19 138
3:23 114
3:24 75
4장 115, 119
4:2-4 115
4:8 118
4:10-12 118
4:17 115
4:20 115
4:21 115
4:22 115
4:23-24 119
4:26 115
6장 119
6:11-12 119
12:1-3 185
12:3 119
18:18 119
22:18 119
26:4 119
28:14 119
32:24-30 144

출애굽기
1:7 120
1:8-20 120
2:23-25 120
3장 85
3-19장 120
3:12 185
5:1 185
19:5-6a 120
19:6 122, 232
20-24장 120
24:9-10 143
24:10 107
31-40장 122
31:1-5 110
31:2-5 110
31:3 111
34장 85
35:30-33 110
35:31 111
40:34-35 111

레위기
18:25 119
19:18 295
20:22 119
26:11-12 122

민수기
5:2 139
6:6 139
9:6-7 139
14장 124
14:21 123

신명기
6:5   209
12:5-7   185
30:6   183

사무엘기상
4:4   126

열왕기상
6:20   135
8:10-11   111, 128
8:27   128
8:27-29   187

역대지하
7:1-3   111

시편
8편   114
8:3   114
8:4-5   114
8:5   114
15편   117
15:1   117
15:2-5   117
16:11   12
22:15   139
22:29   139
42:2   198
49:15   12
72:19   123
73:24-25   12
90편   138
90:3   138
90:10   138
102:25-26   21
103:14   138
103:19   108
104편   114, 139
104:1-4   304
104:14   115
104:15   115
104:29   139
111:10   244
115:16   113
148편   173
148:1-4   304

잠언
1:7   244
3장   107, 110
3:19-20   106
24장   107
24:3-4   106

전도서
3:21   12

아가
4:1   314
4:1-5   314
8:14   211

이사야서
1:10-20   117
1:12-17   117
6:1   108, 143
6:3   109
11장   316
11:9   123
40장   125
40:3   125, 127
40:5   125
40:9   125
52:7-8   125
52:10   125
54:5   270
56:7   110
58:1-14   117
60:5, 9   194
65:17   40, 250
65:17-25   11-12, 152
65:20   38, 49
65:21-22   49
66:1-2   73
66:1-2a   109

예레미야서
7:1-15   117
31:31-34   191
31:33   183

에스겔서
1-3장   124
9-11장   124
9:3a   124
10:1-5, 18-19   124
11:22-23   124
36:26   183
37:23   191
37:27-28   123
43:1-2, 4-5   126
43:7   126

다니엘서
9:27   37
12:2   139

아모스서
5:1-25   117
5:4-7   117
5:11-12   117
5:14-15   117
5:21-24   117

미가서
6:1-8   117
6:6-8   117
6:6a   117
6:6b-7   117
6:8   117

하박국서
2:14   123

스가랴서
8:3   126
12:1-3   38

말라기서
3:1   127

신약

마태복음
1:22-23   129
5장   316
5:5   145, 185, 230
5:8   55, 144, 197, 230
5:21-6:18   163
5:48   90, 270, 322
6:10   135, 146
6:33   165, 244
7:8   287
7:13-14   299
11:29-30   316
13:3-9   13
13:40   191
13:41, 43   191
13:52   236
17:1-8   57, 190
17:7   190
17:8   198
18:20   130
22장   195
22:23-30   59
22:23-33   195
22:30   195
22:37-38   209
23:23-24   116
24장   70
24:4-14   37
24:31   38
25:1-13   71
25:31-46   38, 49
25:34   38
25:46   38

마가복음
1:1-3   128
11:17   110
12:28-31   209

누가복음
10:25-28   209
10:29-37   295
13:31-32   152
16장   54, 76-77
16:19-31   41, 76
16:26   93
22:18   54
23장   75-76, 229
23:39-43   206
23:42-43   206
23:43   11, 42
24:13-31   190
24:36-37   190
24:38-40   190
24:39   140
24:39-40   202
24:40-41   140
24:41-43   190
24:42-43   140
24:47   188

요한복음
1:14   128-129, 200
1:18   144, 200
1:38   236, 287
3장   295
3:3   295
3:5   295
3:16   104-105, 147
4:24   199
5:29   189
10:9   93
12:13   71
14장   71-73
14:1   64
14:1-3   37
14:1-6   43
14:2-3   43, 71
14:4   43
14:9   129

19:30   265
20:19   190
20:22   130
20:27   190
21:9-14   84
21:19-23   92
21:21   92

사도행전
2장   130
3장   296
3:21   11
4:5   296
4:7   296
4:10   296
4:12   296
5:31   188
16장   296
16:26   296
16:30   296
16:31   296
28:15   71

로마서
1:20   199
5:12-19   129
5:20   281
6:5   189
6:9   275
8장   315
8:11   141
8:19-21   132
8:21   19
8:28   61, 280-281
8:29   137, 315-316
9-11장   97

12:1   116
14:17   193
14:18-19   193

고린도전서
2:9   88, 138, 238, 256, 327
3:12-13   268
3:12-15   142
3:16-17   131
6:19   131
11:26   54
12:12-27   130
13:12   201, 264
15장   293
15:20-23   141
15:26   134
15:28   134, 307
15:35-50   326
15:36-54   141
15:42-49   12
15:42-50   31, 46, 188
15:43-44   141
15:44   139, 257
15:45   139-140
15:46   139
15:47-49   138
15:49   189, 316
15:50-57   43
15:51   45, 256, 293
15:51-55   45
15:51-57   37
15:52   45, 272
15:53   45
15:54   45
15:58   77

고린도후서
3:18   131
4:4-6   128
4:6   198
4:14   74
4:16   183
4:18   211
5장   73-75
5:1   74
5:1-8   12
5:1-10   74
5:2   74
5:3-4   74
5:4   74, 265
5:6-8   11
5:8   10, 41, 73-75, 265, 293
5:8-12   74
5:14   74
5:17   183
6:16   131
12:2-4   47

갈라디아서
5장   316
6:2   316

에베소서
1장   133
1:10   133
2장   131
2:15   131
2:21   131
2:22   131
4:10   134
4:23-24   183

4:24   131
5:8   276
5:25-33   196
5:32   196

빌립보서
1장   40
1:21-23   11

골로새서
1장   133
1:15   128, 144, 198
1:15-20   189
1:16   133
1:17   81
1:19   129
1:20   11
3:1   211
3:9-10   131

데살로니가전서
4장   45, 70-71
4:13-18   37, 43, 70-71, 223, 293
4:14   11
4:16   10, 44
4:17   15, 70
4:18   64, 77

디모데전서
6:16   144

디모데후서
3:1-9   37

히브리서
1:3   128
2:7   114
4:16   144
5:14   207
7:16   202
11장   93, 207-208
11:13-16   12
11:39-40   207
12:1   80, 93
12:29   270
13:14   186

베드로전서
1:3   209
1:4-5   72
1:4-7   209

베드로후서
1:4   251
3장   39, 51, 64
3:10   21
3:10-12   50-51
3:10-13   12
3:11   64
3:11-13   40, 77
3:12-14   65
3:13   12, 133, 152

요한1서
1장   292
1:8   90, 266, 322
2:6   316
3장   45
3:1 2   37
3:2   43-45, 144, 191, 201, 275, 293
5:11-12   296

요한계시록
2:7   76
4:8   231
4:9-11   231
5장   231
5:8   194, 231
5:8-10   231
5:9   232, 316
5:9-10   136-137, 147, 151
5:10   232
5:11-12   231, 296
5:13   231
5:14   231
7장   48
7:9   136, 147, 151, 231
7:11-12   231
11:15   193, 233
11:16-19   231
14장   48
14:2   194, 231
15:2   194, 231
15:2-4   231
19장   60, 203
19:1-2   203
19:1-3   231
19:4   231
19:6-8   231
19:6-10   203
19:7   203
19:8   60
19:11-14   57
19:11-21   38

성경 찾아보기

20장 221
20-22장 11
20:1-3 38, 221
20:1-4 221
20:1-10 51, 221
20:4 38, 221
20:5 221
20:7-9 54
20:7-10 39
20:11 39, 50
20:11-15 39, 51, 221
21장 50, 72, 220
21-22장 51, 186-187, 219-222
21:1 132-133, 255
21:1-3 12, 220-221
21:1-5 12
21:2 136
21:3 134-135, 188
21:4 191, 282
21:5 135, 189, 255, 281, 326
21:9 196
21:11 135
21:16 135, 188
21:22 135, 186, 188, 259
21:22-23 158
21:23 135
21:24 136
21:26 136
21:27 50, 90, 266, 322
22장 50, 220
22:1 135
22:2 76
22:3 132, 135
22:5 137, 233
22:7 76, 188
22:12 188
22:14, 19 76
22:20 188, 245

주제/저자 찾아보기

가벼움(levity)　275, 301
가브리뤼크, 폴(Paul Gavrilyuk)　86
가인　115, 118
가정생활, 천국에서의　59
게르하르트, 요한(Johann Gerhard)　19
결혼, 천국에서의　141, 195-196, 223
고먼, 마이클(Michael Gorman)　307
고통불가성(impassibility)　169, 238, 274
교회, 하나님의 성전으로서의　130-133
구름같이 둘러싼 허다한 증인들　93
구속
　새 창조로서의　182-184
　회복으로서의　182-184
궁창　105
권위　36, 90, 100, 289, 291, 294, 321
그린, 조엘(Joel B. Green)　205, 309
기민성(agility)　169, 238, 276, 318

나사로　41-42, 54, 76
나이, 천국에서의　284
낙원　42-43, 75-76, 84, 206-208, 224
니고데모　295
니버, 라인홀드(Reinhold Niebuhr)　25
니사의 그레고리우스　81-82
니체, 프리드리히(Friedrich Nietzsche)　256

대환란　37-39, 43, 48-49
더프, 존(John Duff)　22

던, 제임스(James D. G. Dunn)　205, 227
데일리, 브라이언(Brian E. Daley)　13-15
데카르트적 불안　175
도마　189, 202
동정(compassion)　279-280
땅
　구속받은　149
　새(새로운). '새 땅'을 보라
　에 하나님이 임재하심　103-104, 107-110, 122-123, 127-137, 184-188, 306-307
　위의 천국　219-222
　의 갱신　131-136
　현재 땅의 소멸　39-40

라멕　119
라이트, 에드워드(J. Edward Wright)　13
라이트(N. T. Wright)　27, 130, 176, 208, 226
래드, 조지 엘든(George Eldon Ladd)　306
랭, 베른하르트(Bernhard Lang)　13
러셀, 제프리 버튼(Jeffrey Burton Russell)　13, 17
레논, 존(John Lennon)　24
레버링, 매튜(Matthew Levering)　208
레벤슨, 존(Jon D. Levenson)　109, 186

로빈슨, 매릴린(Marilynne Robinson) 205
롬바르두스, 페트루스(Peter Lombard) 306
루이스(C. S. Lewis)　238-239, 243, 253, 262-263, 266-270, 276, 278-279, 290, 292-293, 313-314, 324-326, 332
루터, 마르틴(Martin Luther)　18
루피누스(Rufinus)　14

마우, 리처드(Richard J. Mouw)　27
맥도널드, 수잔(Suzanne McDonald) 198
맥도널드, 조지(George MacDonald) 270, 324
맥도넬, 콜린(Colleen McDannell)　13
맥도웰, 캐서린(Catherine L. McDowell) 112
머피, 낸시(Nancey Murphy)　205
메토디오스(Methodius)　133
모세　53, 57, 60, 81, 107, 120, 190, 295, 318
몸, 인간의
　부활한. '부활체'를 보라
　불멸의　45-46, 138, 141-142
　영화롭게 된. '영화롭게 된 몸'을 보라
　자연적인　48-50, 139-140, 292-293
　죽음 후 인간의 몸에 대한 아우구스티누스의 견해　15
　죽음 후 인간의 몸에 대한 오리게네스의 견해　14
　향상되는　14-15
　휴거 때　15, 43-48
무디 성경 연구소　28
문화 명령　26, 113-116, 136, 167, 230-231

뮬러, 존 시어도어(John Theodore Mueller) 19
미들턴, 리처드(J. Richard Middleton) 27, 29, 67, 70, 73, 91, 98, 104, 106-107, 112-113, 118, 120, 132, 140, 145-146, 149-171, 185, 208, 225, 229, 241, 301, 321, 325, 331-334
민첩성(lightness)　19, 238, 318
밀러, 데이비드(David A. Miller)　230

바르트, 카를(Karl Barth)　181
바빌론 포로　109, 119, 124, 126
바빙크, 헤르만(Herman Bavinck)　26, 184, 186, 237
바울　30, 40-41, 44-47, 53, 64, 70-71, 73-74, 77, 116, 130-131, 133-134, 137-142, 188, 193, 198, 211, 223, 228, 293, 296, 307
바틀릿, 로버트(Robert Bartlett)　306
발생학적 오류　98-99
번스타인, 리처드(Richard Bernstein) 174-175
법정적 칭의 교리　324
베드로　53, 57, 60, 64-65, 92, 209, 281, 296
베르카우어(G. C. Berkouwer)　198-199
변화　19, 45-46, 64, 80, 82, 84, 131, 138, 140, 176-177, 183, 191-192, 236, 238, 256-258, 265, 271-272, 293, 309-311, 315-316, 318-319, 326, 330, 333
보편구원론　189, 298, 324
부어스마, 한스(Hans Boersma)　162, 212
부활
　그리스도의 임재 안에 있는 것으로서의 19, 73-75
　생명의 본질　138-142, 151

예수의   60, 81, 130, 140-141, 293,
    312
  의 때   48, 185-188, 265
부활체
  그리스도의 부활체와의 유사성   257
  그리스도인의 소망의 절정으로서의
    207-208
  를 받는 시기   293
  불멸인   334
  비물질적인   140, 326-327
  '영화롭게 된 몸'도 보라
  음식을 필요로 하는   84
  의 특성과 능력   19, 169, 237-238
불 못
  에 있는 구원받지 못한 자   63
  에 있는 부자   41-42, 76
  의 사탄   39
브레이, 제럴드(Gerald Bray)   18
브살렘   110-111
비비아노, 베네딕트 토마스(Benedict
    Thomas Viviano)   130
비환원적 물리주의   205-206, 208
빌(G. K. Beale)   27
빌링스, 토드(J. Todd Billings)   27
빛   17-18, 132, 136, 170, 190-191, 198,
    238, 258, 276, 279, 281, 287, 313, 328

사탄
  무저갱에 던져지다   38
  불 못에 던져지다   39
사회 복음   25
삼위일체   93, 156, 201, 264, 321-322,
    329
새 땅
  갱신으로서의   131-133
  에 대한 역사상의 견해   12-28
  에 인간이 들어가기   51, 155-156,
    220-222
  에서의 인간 문화와 삶   51-65, 103-
    104, 136-137
  의 창조 시기   39-40, 220-222
  의 형성   39-40, 51, 220-222
  인간이 새 땅에서만 산다는 주장에 대
    한 반론   150-154, 219-222
  '천국(하늘)'도 보라
  현재 땅과의 연속성   168-170
새 하늘
  갱신으로서의   131-133
  에 대한 역사상의 견해   12-28
  에 인간이 들어가기   51, 152-156,
    220-222
  에서의 삶   39-40, 51-65
  에서의 예배   193-194
  을 설명하기의 어려움   152-154
  의 정의   250-251, 256, 303, 324-327
  의 창조 시기   39-40, 49-50
  의 형성   39-40, 51, 220-222
  '천국(하늘)'도 보라
생명나무   75-76
성도의 교제   93, 207
성령   40, 55, 111, 130-131, 193, 200-
    201, 218, 257, 292, 307, 316, 319, 322
성례전적 세상   161
성막
  에 하나님이 임재하심   123, 128-129
  의 목적   122-123
성별, 천국에서의   51, 60 194, 237, 283-
    284
성육신   81, 84-85, 128-129, 144, 147,
    186, 237, 244, 264, 305, 316
성찬   54
세대주의   25-26, 28, 67-69, 89-90, 95-

98, 165, 184-185, 226
세례 요한   128
소크라테스   250, 301
솔로몬   126, 128, 187
쉐키나   111, 127, 129-131
슈브, 카를(Karl Shuve)   315
스프링클, 프레스턴(Preston Sprinkle)   12
스텍, 존(John H. Stek)   121
스웨인, 스코트(Scott R. Swain)   27, 86
스미스, 게리 스코트(Gary Scott Smith)   24-25
신묘함(subtlety)   169, 238, 277
신칼뱅주의   26-27, 29, 162, 184
신학적 자유주의   25
실라   296
심판
　나라들에 대한   11, 38
　크고 흰 보좌   39, 42, 50-51, 221

아론   107
아르미니우스   286
아리스토텔레스   252, 310
아마겟돈 전쟁   37-38
아벨   115, 118
아브라함   23, 41, 53, 76, 119-120, 185, 236
안식일   117, 123, 237, 317
알리기에리, 단테(Dante Aleghieri)   16-18
알콘, 랜디(Randy Alcorn)   27
알트하우스, 폴(Paul Althaus)   18, 20
암스트롱, 데이브(Dave, Armstrong)   323
앨런, 마이클(Michael Allen)   27, 29, 79, 86, 91, 157, 167, 171, 173-175, 208, 212, 215-241, 311, 321, 327, 330, 331-334
야고보   57, 60

야곱   143-144, 236
양립가능한 자유의지   216-217
언약궤   108, 126
에녹   12, 75
에드워즈, 조너선(Jonathan Edwards)   23-24, 82
엘리아데, 미르체아(Mircea Eliade)   167
엘리야   12, 57, 60, 75, 190, 318
연민   279-280
연옥
　과, 자신을 알고 사랑하기   260-262
　에 대한 기고자들의 견해 차이   332-333
　에 대한 성경의 근거가 부족함   292-299, 321-322
　에서 우리와 함께하시는 예수   324-325
　에서의 시간   265-266, 292-293, 322-323
　우리의 성화를 완성시키는 것으로서의   90-91, 265-270, 294-295, 309-310, 322-325
　의 근거가 되는 전제   90-91, 321-322
영원 상태. '천국'을 보라
영지주의   13, 237
영혼
　과 몸이 다시 만남   45-48, 54-55, 276-277, 293-294
　몸과 엮인 것으로서의   45-48, 257-258, 274-277
　에 대한 비환원적 물리주의의 견해   204-206
　영화롭게 된   45-48, 257-258, 295-296
　육체에서 분리된   35-36, 41-43, 54-55, 73-74, 227-229, 292-293

으로서의 인간　138-140
　　을 다해 하나님을 사랑하기　295-296
　　죽음 후의　35-36, 41-43, 45-48, 54-
　　　55, 73-74, 292-293
　　하나님의 임재 안에서의　35-36, 41-
　　　43, 54-55, 292-293
　　휴거 때의　44-46
영화롭게 된 몸
　　과 어린양의 혼인 잔치　54
　　과 영혼　45-48
　　과 죄　45-48, 215-216
　　과 크고 흰 보좌 심판　50
　　'부활체'도 보라
　　성도와　21-22, 47-48
　　의 능력과 특징　45-46, 49, 188-191,
　　　223-224, 257-260, 274-277
　　휴거 때의　14-15, 44-48, 215
예루살렘
　　새(새로운)　40, 50-51, 72, 76, 132,
　　　135-137, 142, 187, 219, 305
　　으로 하나님이 돌아오심　125-127
　　이스라엘 백성의 중심인　185-186
예루살렘 성전
　　에 하나님이 임재하심　108, 111, 128
　　의 멸망　124
　　의 목적　122-123
　　의 휘장이 찢김　305
예배
　　로서의 삶　116-118, 159-164, 231-
　　　234
　　로서의 예전　116-117, 142-143, 159-
　　　164
　　'이마고 데이'와　116-118, 159
　　천국에서의　52-54, 116-118, 136-137,
　　　143, 194, 259-260
예수

　　를 본받음　313-316, 319
　　새 창조 세계의 중심으로서의　336
　　연옥에서　324-325
　　영화롭게 된 존재　55, 188-191, 293-
　　　294
　　와, 인간의 구속　47-48, 55, 131-133,
　　　147, 209-210
　　의 부활　55, 141-142, 185-187, 209-
　　　210, 293
　　'이마고 데이'로서의　128-129, 198-
　　　199, 217-219
　　첫 열매로서의　141-142, 188-189
　　하나님과의 중보자로서의　257-258,
　　　264, 312
　　하나님을 보는 것으로서의　144-145,
　　　334
　　하나님의 임재로서의　103-104, 127-
　　　131
예전　159, 160-163, 174-175, 194, 254
예정　170, 207, 286, 315
오리게네스　14, 85, 211
오순절　130, 305
오웬, 존(John Owen)　198, 200
온전성(integrity)　237
요한　40, 45-47, 50, 57, 60, 128-129,
　　131-132, 134-136, 142, 151, 219-220,
　　293, 296
우량성(quality)　237
워런, 릭(Rick Warren)　26
월터스, 앨버트(Albert M. Wolters)　27
웨슬리, 존(John Wesley)　29, 85
웨어, 제임스(James Ware)　141
위쇼그로드, 마이클(Michael Wyscho-
　　grod)　185
위트머, 마이클(Michael Wittmer)　9, 27,
　　95, 177, 250, 321

윌리엄스, 마이클(Michael Williams) 25
윌킨슨, 데이비드(David Wilkinson) 177
은유 74, 82, 107, 139, 152-153, 155
은혜 26, 129, 144, 162, 170, 184, 188,
  191-192, 198, 200-201, 236-237, 242,
  251, 267, 281-282, 315, 324, 328
음부 76
음식 먹기, 천국에서의 18, 54, 58, 82-84
의복, 천국에서의 60, 284
이레나이우스 13-14
'이마고 데이'
  로서의 예수 128-130
  로서의 이스라엘 122-123
  와 문화 명령 113-116
  와 예배의 의미 116-118, 159
  와 하나님의 임재를 중개하는 103
  우주적 성전에서의 110-113
  의 본질에 속한 성 구별 283-284
  하나님이 정의하신 192
  회복으로서의 구속 233
이스라엘
  과 함께하시는 하나님의 임재 121-123, 127-130
  에 주신 하나님의 부름에 대한 장애물로서의 바빌론 포로 124-125
  에 주신 하나님의 부름에 대한 장애물로서의 이집트 노예 생활 121, 124-125
  '이마고 데이'로서의 121-123
  하나님의 왕 같은 제사장으로서의 119-121
인간
  과 목축업 113-115
  땅에 충만하라는 명령 113-115, 118-119, 136-137

부활 생명에서 불멸함을 입음 45-46,
  138-139, 141-142, 274-275, 334
새 하늘에 접근함 51, 153-156, 172-173, 219-222
완전케 된 256-258
의 구속 131-133, 150-151
의 영농 활동 113-115, 131-132
'이마고 데이'로서의 103-104, 110-113, 118, 128-129, 192-193
천국에서의 특별한 능력 55-57, 263, 274-272
하나님의 임재를 중간에서 전하는 자로서의 103-104, 111-115, 118-121, 128-131, 136-137
일치성, 천국에서의 313-316
임재, 하나님의
  교회에서의 130-133
  땅에서의 103, 107-110, 112-113, 124, 134-135
  로서의 예수 103
  를 위해 필요한, 하나님께 대한 순종 116-118
  를 중간에서 전하는 자로서의 인간 103, 112, 122
  새 예루살렘에서의 135, 137
  성막에서의 107-110
  예루살렘 성전에서의 107-110, 125
  와 바빌론 포로 124-127
  의 장애물로서의 죄 103, 118-119
  이스라엘에서의 122-123, 127-129
  중간 상태에서의 208
  창조 세계에서의 103, 107-110, 112-113, 131, 134-135, 307
  천국에서의 103, 107-110, 112-113, 212

자유, 천국에서의 63-65, 190-192, 215-218, 285-287
자유의지론자의 자유의지 217
정체성 57, 60, 184, 202, 208, 237, 260, 273, 283-284, 318, 328
제노바의 카테리나(Catherine of Genoa) 268-269
제이컵, 헤일리 고란슨(Haley Goranson Jacob) 137
존슨, 크로켓(Crockett Johnson) 271
종말론
　그리스도와 199-200
　기독교에 갖는 중요성 87-88, 157-158, 181
　성경 이야기의 논리적 절정으로서의 103-104
　연구의 일곱 가지 측면 241-245
　에 등장하는 사건들 개관 37-40
　현재 삶에 끼치는 영향 77-78, 92-93, 104, 146-147, 157-158, 209-213
죄
　땅을 저주하는 것으로서의 131-132
　의 부재 138, 168-169, 190-191, 285-287, 323-324
　천국에서의 40, 47-48, 190-191, 257-258, 285-287
　하나님의 임재의 장애물로서의 103-104, 118-119, 134, 136-137
중간 상태
　에 대한 묘사 207-208, 222
　에 대한 반대론 71-77, 145, 204-208, 227-229, 293-299, 309-310, 332
　에 대한 성경의 언급 11, 71-76, 206-207, 264-270, 295-296
　에 대한 찬성론 265-270, 332
　와 비환원적 물리주의 204-208

　와 하나님의 임재 11, 41-43, 47-48, 71-76, 207-208
지복직관(beatific vision)
　과 하나님을 알고 사랑하기 260-262, 313
　연옥 다음에 오는 293-294
　영적 지각으로서의 201
　우리의 부활체에 초자연적 능력을 불어넣어 줌 19
　의 수위성 226, 229-232
　즐거움과 고통이 근절됨 269-270
　지복직관의 주제로서의 예수 311-312
　'하나님: 을 보기'도 보라
지성소 108, 112, 124, 126, 134-135, 188, 305

창조 세계
　거주 가능한 건물로서의 105-107, 157-158
　에 대한 하나님의 사랑 104-105, 147
　와 함께하는 하나님의 임재 103-104, 107-111, 118-119, 134-137, 174-175, 188-189, 219, 307
　의 구속 103-105
　의 정의 250-251
　하나님의 우주적 성전으로서의 107-111, 118-119, 157-158, 185-186
천국(하늘)
　땅 위의 219, 243
　땅에서 정신적 외상을 남긴 사건에 대한 기억 61, 202
　비물질적 영역으로서의 173
　새(새로운). '새 하늘'을 보라
　에 대한 단테의 견해 16-17
　에 대한 루터의 견해 18-19
　에 대한 질문 30-32

에 대한 청교도의 견해　23-24
　에 대한 칼뱅의 믿음　20-22
　에 대한 플라톤의 견해　13
　에 신자들이 들어가는 때　37-38
　에서 인간의 일　51-54, 192-197, 258-262, 332-335
　에서 인간의 특별한 능력　55-56, 263, 272-277, 332-333
　에서 잃어버린 바 된 이들을 슬퍼함　61-63, 203, 277-280
　에서의 가정생활　59, 194-197, 283-284
　에서의 결혼　141, 195-196, 223
　에서의 고통과 질병　83, 258
　에서의 나이　45-46, 284
　에서의 삶의 생리학적 성질　82-85
　에서의 성(性)　194-197, 259-262
　에서의 성별　51, 60, 283-284
　에서의 예배　51-55, 116-118, 136-137, 142-143, 158-159, 193-194, 231-232, 258-259
　에서의 음식 먹기　54, 58, 82-84
　에서의 의복　60, 184
　에서의 인간 문화　134-137, 141-142, 159, 231-232, 332-335
　에서의 인간 정체성 유지　55-60, 146-147, 150-151, 313-315, 317-320
　에서의 일치성　312-313, 315-316
　에서의 자유　63-64, 190-192, 215-217, 285-288
　에서의 죄　45-46, 57-58, 62-63, 138-139, 190-192, 257-258, 285-288, 332-333
　에서의 학습　52-53, 80-81
　영원한 상태로서의　39-40
　의 역사　12-28

　의 정의　11, 250-253, 301-305
　이 땅으로 내려옴　72, 131-132, 324-325, 332-333
　인간 열망의 실현으로서의　18
　창조된 우주의 일부로서의　107-108
　하나님이 계시는 곳으로서의　107-110, 113, 135, 219-220, 302-305
　현재 하늘의 멸망　39-40, 51
천년왕국　29, 38-39, 48-51, 60, 98, 182, 222
천사들
　같은 영화롭게 된 성도들　21
　비(非)성애적인 존재로서의　195
　아마겟돈 전쟁에서의　38
　의 초자연적 능력　276
　죄인들을 거두어 냄　191
　천국 거민으로서의　173
　하나님을 예배함　231
체스터턴(G. K. Chesterton)　275
초자연적이라는 표현 사용　306-307

카이퍼, 아브라함(Abraham Kuyper)　26, 167, 184-185, 237
칼뱅, 장(John Calvin)　20-22, 53, 175, 286
케제만, 에른스트(Ernst Käsemann)　181
코스모스. '창조 세계'를 보라
코클리, 사라(Sarah Coakley)　86
퀜스테트, 요하네스(Johann Quenstedt)　19
크리프트, 피터(Peter Kreeft)　29, 87, 98, 167, 171, 173, 177, 263, 276, 289-321, 331-334
클라크, 윌리엄(William R. Clark)　133
클레르보의 베르나르(Bernard of Clairvaux)　15, 17, 261

타락 16, 83, 92, 115, 132, 277, 281, 286
터너, 제임스(James T. Turner Jr.) 176
토마스 아퀴나스(Thomas Aquinas) 16, 80-81, 83-84, 89, 169, 253, 290, 292-293, 306, 310, 321, 328, 333
톨킨(J. R. R. Tolkien) 168, 282, 314
투레티누스(Turretin) 201
투명함(clarity) 169, 238, 276
트리그, 조지프 윌슨(Joseph Willson Trigg) 14
틸리히, 폴(Paul Tillich) 25

파이퍼, 존(John Piper) 24
파이퍼, 프랜시스(Francis Pieper) 19
파인버그, 존(John S. Feinberg) 28, 57, 67-96, 149, 171-173, 215, 229, 241, 289, 321-323, 331-334
판 레이우엔, 레이먼드(Raymond C. Van Leeuwen) 106-107
페닝턴, 조너선(Jonathan T. Pennington) 304
페시오, 조지프(Joseph Fessio) 253
펠라기우스 286
플라스, 에발트(Ewald M. Plass) 18-19
플라톤 13, 20, 93, 175, 287
플랜팅가, 코넬리우스(Cornelius Plantinga Jr.) 27
피터슨, 데이비드(David Peterson) 162-163

하나님
 과의 교제 14-15, 103, 188-189
 사랑의 260-262
 세상을 위한 사랑 104-105
 우주에 내주하심 103, 107-110, 112-113, 131, 134-135, 307
 을 보기 84-85, 143-145
 을 지각적으로 인식함 84-85, 143-145
 의 거룩함 267-268, 292-293
 의 보좌 108, 134-135
 의 성막 107, 122-123
 의 성전으로서의 교회 130-133
 의 임재. '임재'를 보라
 천국에서의 107-110, 250-251
하워드, 톰(Tom Howard) 272-273
하이데거, 마르틴(Martin Heidegger) 168
학습, 천국에서의 56-57, 81-82
해리슨, 피터(Peter Harrison) 306
헤롯 152-153
헤셸, 에이브러햄 조슈아(Abraham Joshua Heschel) 237
형상(Forms) 13
호턴, 마이클(Michael Horton) 27
홍수 119
휴거 35, 37, 40, 43-48, 64-65, 70-73, 80, 185, 222, 226
흙 111, 118, 138-139, 267
히포의 아우구스티누스 14-15, 85, 165, 167, 236, 253, 282, 285-286, 290, 292-293, 328

옮긴이 **오현미**는 이화여자대학교 불어불문학과를 졸업했으며, 전문 번역가로 활동하고 있다. 옮긴 책으로는 『월경, 어떻게 생각해?』(IVP), 『마침내 드러난 몸』(학영) 『초기 교회에서 배우는 주기도문』(이레서원) 등이 있다.

천국에 대한 네 가지 견해

초판 발행_ 2023년 11월 24일

지은이_ 존 파인버그·리처드 미들턴·마이클 앨런·피터 크리프트·마이클 위트머
옮긴이_ 오현미
펴낸이_ 정모세

펴낸곳_ 한국기독학생회출판부
등록번호_ 제2001-000198호(1978.6.1)
주소_ 04031 서울시 마포구 동교로 156-10
대표 전화_ (02)337-2257 팩스_ (02)337-2258
영업 전화_ (02)338-2282 팩스_ 080-915-1515
홈페이지_ http://www.ivp.co.kr 이메일_ ivp@ivp.co.kr
ISBN 978-89-328-2208-2

ⓒ 한국기독학생회출판부 2023

책값은 뒤표지에 있습니다.
무단 전재와 복제를 금합니다.